UWE GEORGE

Regen-wald

Vorstoß in das tropische Universum

GEO

Gestaltung: Erwin Ehret
Dokumentation: Dr. Hans Klinge
Bildrecherche USA: Brigitte Barkley, Josef Urban
Herstellung: Jürgen Hartmann
Lithografie und Druck: Brillant Offset GmbH & Co.

Herausgeber: Adolf Theobald
Lektorat: Ortwin Fink
Bildredaktion: Doris Leuthold

1. Auflage 1985
ISBN: 3-570-04572-2

Im Labyrinth der Anderswelt

Abenteurer und Weltumsegler brachten die erste Kunde vom tropischen Regenwald nach Europa. Die größten Naturwissenschaftler wie Carl von Linné, Alexander von Humboldt und Charles Darwin waren der vielfältigsten Lebensgemeinschaft der Erde zeitlebens verfallen. Aber erst in unseren Tagen enthüllen Forscher im Detail die Zusammenhänge der Naturgesetze, die jenes tropische Universum am Leben erhalten

Die wissenschaftliche Expedition von Maximilian Prinz zu Wied-Neuwied 1815 durch die Urwälder Brasiliens, Lithographie von 1835

Der Wald an den steilen Bergflanken der Karibik-Insel St. Lucia entfaltet am Ende der Regenzeit seine Farbenpracht. Die Arten blühen nacheinander, so daß jede besonders zur Geltung kommt

Um ans Licht zu gelangen, umhüllen die Würgfeigen andere hohe Bäume mit ihren Luftwurzeln und bringen sie am Ende um. Nachdem der Wirtsbaum verrottet ist, ragt das Geflecht der Luftwurzeln kaminartig bis zu 50 Meter empor – der Stamm der Würgfeige

In Lichtungen des Regenwaldes Südostasiens bildet Bambus kleine Haine. Einige Arten dieses tropischen Riesengrases wachsen bis zu 50 Zentimeter am Tag und werden 40 Meter hoch

Viele der höchsten Baumarten des Regenwaldes bilden an ihrer Stammbasis über der Erde gewaltige flügelähnliche Brettwurzeln. Sie verleihen hohe Standfestigkeit, dienen aber auch dem Stoffwechsel, wie darauf besonders dicht wachsende, stickstoffbindende Flechten vermuten lassen

Im Bergregenwald von Costa Rica wurzeln Moose, Bromelien und Orchideen in Humus, der sich auf den Ästen hoch oben in den Baumkronen aus abgestorbenem Pflanzenmaterial gebildet hat. Das ist ihre Methode, sich einen Platz an der Sonne zu verschaffen

Der Regenfrosch *Eleutherodactylus sp.* in den Wäldern Mittelamerikas macht, im Gegensatz zu den meisten Fröschen, seine gesamte Metamorphose zum fertigen Tier im Ei durch

Der Paradiesvogel *Diphyllodes magnificus* stellt in der dunklen Tiefe des Waldes in Neuguinea sein Prachtgefieder zur Schau, um ein Weibchen auf sich aufmerksam zu machen. Die sonderbare Blütenform der *Anguloa rückeri* in Kolumbien hat sich in Lebensgemeinschaft mit einem ganz bestimmten Insekt herausgebildet, welches die Pflanze bestäubt

I
II
III

Das botanische Prachtwerk „Historia naturalis palmarum" aus dem frühen 19. Jahrhundert stellt mit seinen kolorierten Lithographien zum erstenmal detailgenau Blüten- und Fruchtstände tropischer Palmenarten dar – hier *Elaias melanococca* und *Maximiliana regia*

Im ewig nassen Bergregenwald Costa Ricas kämpften Tausende verschiedener Pflanzenarten um einen Platz am Licht. Einige bilden dabei quadratmetergroße Blätter; Farne erheben sich auf meterhohen Stämmen

Tab. T.

Die gezeichneten Tafeln der „Historia naturalis palmarum", 1837 erschienen, eröffneten den Botanikern die Möglichkeit, die Wuchsformen von Palmenarten unterschiedlichster Standorte vergleichend zu studieren

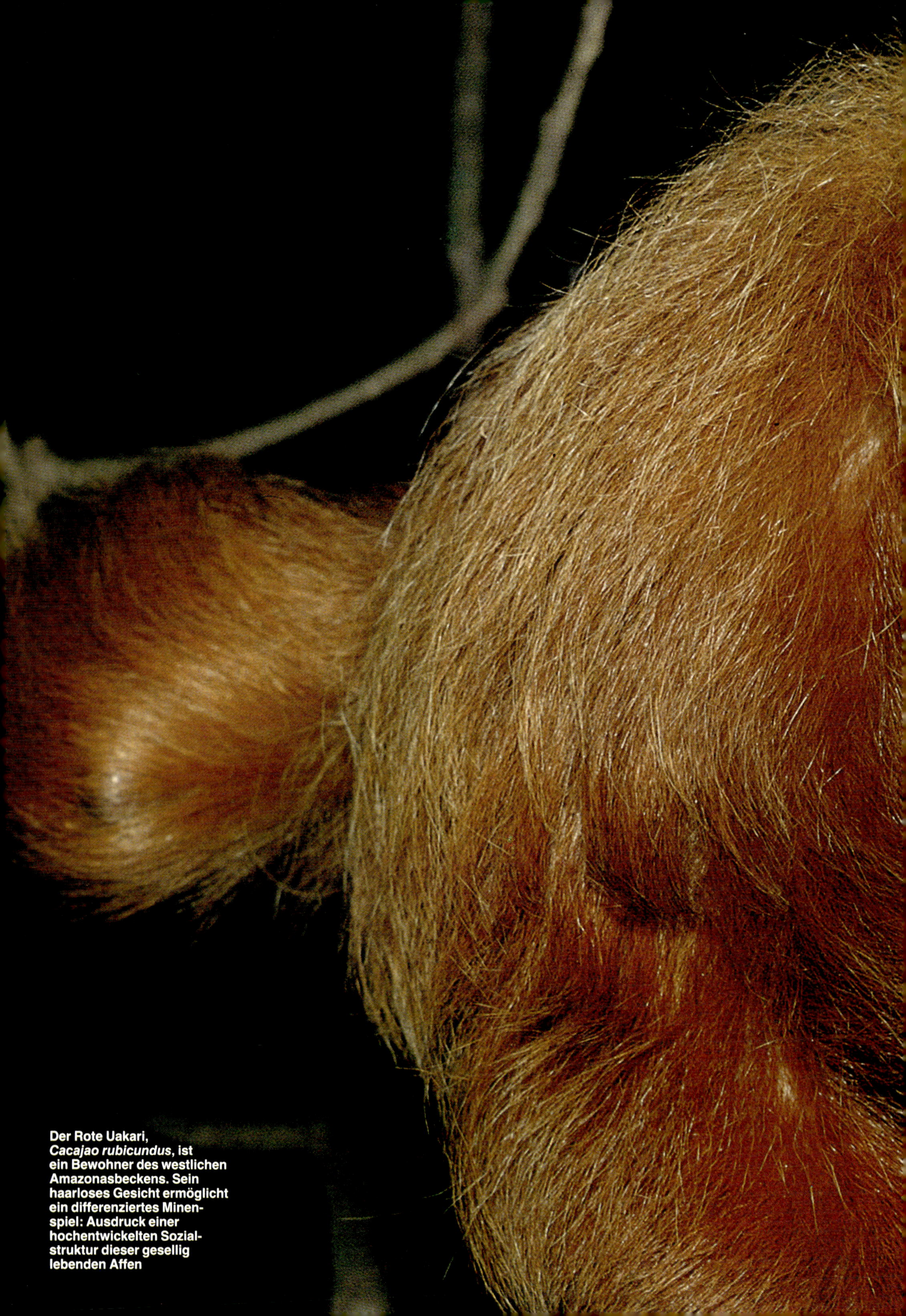

Der Rote Uakari, *Cacajao rubicundus*, ist ein Bewohner des westlichen Amazonasbeckens. Sein haarloses Gesicht ermöglicht ein differenziertes Minenspiel: Ausdruck einer hochentwickelten Sozialstruktur dieser gesellig lebenden Affen

Die 40 Meter hohen Bäume im Bergregenwald Costa Ricas tragen tonnenschwer an Klettergewächsen, die an ihnen empor zum Licht drängen. In dem labyrinthischen, humussammelnden Geflecht wurzeln wiederum Hunderte anderer Pflanzenarten – Moose, Farne, Orchideen und Bromelien

Im tropischen Regenwald zeigt sich eine unüberschaubare Vielfalt tierischer Anpassungen an die Umwelt. Ihre vier Augen verschaffen der Springspinne für die Jagd ein besonders weites Gesichtsfeld. Die Stacheln einer Blattheuschrecke sollen Feinde abwehren. Der glänzende Körper des Goldkäfers signalisiert vermutlich Ungenießbarkeit. Die plakative Farbe des Pfeilgiftfrosches zeigt potentiellen Feinden tödliche Gefahr an

Der tropische Regenwald an einem Berghang im australischen Queensland offenbart seine Architektur: Unter den weitverzweigten Kronen der größten Bäume entstand ein mittleres Vegetationsstockwerk aus nachwachsenden Riesen und kleinerwüchsigen Arten

Als ich vor vielen Jahren auf Borneo zum erstenmal einen tropischen Regenwald betrat, war so ziemlich alles anders, als ich es mir immer vorgestellt hatte. Der Wald ist weder undurchdringlich, noch ist ein ohrenbetäubendes Brüllen oder Kreischen im Laub verborgener Kreaturen zu hören. Die Pflanzenmasse schluckt alle Geräusche und läßt sie nicht über eine große Entfernung dringen. Der Unterwuchs ist licht und leicht zu passieren, sieht man einmal ab von den stachel- und hakenbewehrten Trieben kletternder Pflanzen, welche die Bäume als eine Art Leiter benutzen, um nach oben ans Licht zu gelangen und an denen ich mir anfangs Kleidung und Haut aufreiße, bis ich gelernt habe, ihnen auszuweichen. Die säulenartigen Stämme der großen Bäume, die sich nach oben kaum verjüngen und erst in vierzig Metern Höhe ihre untersten Äste treiben, und das Dämmerlicht am Grunde des Waldes verleihen mir das Gefühl, mich im Inneren einer gewaltigen, aus Holz erbauten Kathedrale aufzuhalten. So sehr hat sich mein Auge auf die Dunkelheit eingestellt, daß es die wenigen Lichtstrahlen, die durch kleine Lücken in der Kuppel des grünen Domes wie durch Fenster hinab zu mir ins Innere des Waldes dringen, als schmerzhafte Blendung empfindet. Die dünne Laubschicht, die einen sandigen, lehmigen Boden kaum verbirgt, steht in einem Mißverhältnis zu der tonnenschweren Blattmasse hoch über mir.

Die sicherlich mehr als dreißig Grad warme Luft ist so feucht, daß ich sie fast wie eine Flüssigkeit empfinde. Schon nach einer halben Stunde ist mein ganzer Körper schweißgebadet. Da der Schweiß in einer derart dampfgesättigten Luft nicht mehr durch Verdunstung kühlen kann, fühle ich mich bald überhitzt und bin deshalb gezwungen, langsam zu gehen und Pausen einzulegen.

Wind, der kühlen könnte, gelangt nicht ins Innere dieses Waldes. Die Luft steht. Nichts von dem frischen Hauch eines heimatlichen, mitteleuropäischen Laubwaldes. Es riecht nach Moder, Fäulnis, süßlich schwer und aufdringlich. Sobald ich stehenbleibe, bin ich wie in einer Hülle gefangen in meinem eigenen Körpergeruch. Die einzige Blüte, die ich entdecke, rot und seltsam blattlos, riecht wie verwesendes Fleisch und ist bedeckt von schwarzen Fliegen und Käfern. Ich kämpfe mit aufsteigendem Brechreiz.

Mitten am Tag wird es plötzlich noch dunkler um mich herum. Die Lichter in den Blattfenstern erlöschen. Ein seltsames, gedämpftes Grollen kündigt ein Gewitter an, dessen Blitze mir jedoch verborgen bleiben. Ich höre, wie der Regen fünfzig Meter über mir auf das Blätterdach prasselt, aber ich warte vergebens auf eine erfrischende Dusche. Hoch über mir wird das Elixier, das diesen Wald am Leben erhält wie das Licht, von der Blattmasse wie von einem Schwamm aufgesogen. Eine lange Zeit vergeht, bis es an den Stämmen herabläuft, unten aus dem übervollen Schwamm heraustropft und zu den Wurzeln versickert. Doch der Regen bringt meiner ohnehin schon nassen Haut keinerlei Kühlung. Im Gegenteil: Er transportiert die Hitze der tropischen Sonne vom Blätterdach ins Innere des Waldes, das wie eine Waschküche zu dampfen beginnt.

Feuchtigkeit und Wärme scheinen sich durch den hellen Hochzeitsgesang von Zikaden, irgendwo verborgen im Labyrinth von Zweigen und Blättern, noch zu steigern. Der Laut ist so dominant und monoton, daß ich nur ein rhythmisches Auf- und Abschwellen in ihm zu hören glaube. Und er ist auf merkwürdige Weise geeignet, Platzangst hervorzurufen. Für einen Moment überfällt mich das Gefühl der Ausweglosigkeit. Ich habe Angst, aus diesem grünen Hades nie wieder herauszufinden. In dieser Umgebung scheint sich kein Ziel abzuzeichnen. Man weiß nie, wohin man geht, hat nie einen Ausblick, einen Überblick, einen Orientierungspunkt. Der Himmel existiert nur noch quadratzentimeterweise. Durch diesen Wald könnte ich Hunderte von Kilometern gehen, ohne etwas anderes zu sehen.

Ich darf mich nicht auf die Zikaden einlassen. Jedesmal, wenn ihr Gekreische abrupt abbricht, um kurz darauf wieder anzuschwellen, glaube ich mich im Inneren einer schalldichten Kabine. Wie eine Last legt sich die kurze Stille schwer auf mein Trommelfell. Jetzt erst merke ich, wie wenig andere Geräusche in diesem Wald vorhanden sind. Er wirkt verlassen und unbewohnt. Diese Umwelt scheint mir einförmiger als die Wüste. Obwohl ich mich inmitten des vielfältigsten und artenreichsten Lebensraumes der Erde weiß, entdecke ich, anfangs noch ungeübt, während Stunden kaum einen Vogel oder irgend eine andere Kreatur. Jedesmal, wenn ich bei einer Bewegung über mir mein Fernglas hochreiße, sehe ich nicht viel mehr als ein paar bunte Federn eines Vogels oder die irisierende Farbigkeit eines großen Schmetterlings aufblitzen. Fast nie reicht diese Zeit aus, die Art des Tieres eindeutig zu bestimmen. Der größte Teil des Lebens in diesem Wald vollzieht sich, unzugänglich für meine Sinne, hoch über mir im Kronendach. Größere, bodenbewohnende Tiere wie Antilopen, Malayenbären, Tapire, Elefanten, Wildrinder und Schweine sind scheu und selten – im Gegensatz zu Tieren, die offene tropische Savannen und Grasländer bevölkern. Seit langem ist der Wissenschaft durch Fußspuren und durch Aussagen von Eingeborenen bekannt, daß in den Tiefen der Regenwälder Borneos Nashörner – wahrscheinlich eine Rasse des Sumatra-Nashorns – leben müssen, doch nie haben Forscher sie zu Gesicht bekommen.

Hier, am Grunde des Regenwaldes, wo es wegen des Lichtmangels nur eine spärliche Bodenflora gibt, können sich nur wenige große Pflanzenfresser ernähren. Entsprechend gering ist das Vorkommen von Fleischfressern. Die weitverbreitete Vorstellung vom Urwald als einem Ort, an dem gefährliche Raubtiere dem Wanderer auflauern, ist deshalb genauso unrealistisch wie der Mythos von seiner Undurchdringlichkeit. Die hier von Tieren drohenden Gefahren sind weitaus geringer als die Möglichkeit, sich in diesem Wald rettungslos zu verirren. Nachdem ich meine ängstlichen Vorurteile gegen den tropischen Regenwald überwunden habe, fühle ich mich also ziemlich sicher und habe keine Bedenken, ihn auch allein zu durchwandern.

Meine erste Begegnung mit einem Lebewesen dieses Waldes verläuft ebenfalls völlig anders als erwartet. Kurz nach dem Regenguß spüre ich in meinem rechten Fuß einen kurzen intensiven Schmerz. Mein erster Gedanke gilt natürlich einem Schlangenbiß, obwohl ich kein Reptil entdecken kann und es darüber hinaus unwahrscheinlich ist, daß ein Schlangenzahn das stabile Leder meiner hohen Schnürstiefel durchdringen kann. Vielleicht habe ich mir einen besonders harten Pflanzenstachel in den Fuß getreten? Beunruhigt ziehe ich den Stiefel aus, dessen Inneres sich bereits seit einer Weile merkwürdig matschig anfühlt.

Als ich die Socke abstreife, traue ich meinen Augen nicht: Mein ganzer Fuß ist blutüberströmt und scheint von dikken, ekelhaften Blutgerinnseln bedeckt. Entsetzt erkenne ich die Ursache: Ein halbes Dutzend Blutegel hat sich in Bein und Fuß verbissen und schmarotzt an meinem Kreislauf.

Mir fällt der gute Rat ein, den Kopf der Tiere mit Salz zu bestreuen, damit sie von mir ablassen, aber ich habe gar kein Salz bei mir. So beginne ich kurzentschlossen, mir die Egel vom Körper zu reißen. Damit freilich verletzen die

Ein Landblutegel richtet sich auf, um mit schwingenden Bewegungen seines rüsselförmigen Körpers ein Opfer auszumachen

drei halbkreisförmigen, mit rasiermesserscharfen Zähnchen besetzten Kiefer, die in dem saugnapfartigen Kopf wie die Miniaturausgabe eines Haimaules aussehen, die Haut nur noch mehr. Da die Egel nach dem Biß einen gerinnungshemmenden Stoff in die Wunde spritzen, fließt das Blut jetzt erst recht, ungehemmt in kleinen Rinnsalen.

Meinem anderen Fuß ist es natürlich nicht besser ergangen. Viele der Egel haben ihren Durst mit dem Tod bezahlt, indem sie zwischen Fuß und Leder zerquetscht wurden. Für ein Schmarotzen in einem Schuh hat die Evolution die Tiere noch nicht genügend gewappnet. Wie aber, so frage ich mich, sind die ekligen Schmarotzer da hineingelangt?

Des Rätsels Lösung bleibt mir nicht lange verborgen.

Normalerweise sind Blutegel Wasser- und Sumpfbewohner, aber bei dem extrem feuchten Klima im Inneren des tropischen Regenwaldes Südostasiens können viele Arten ein reines Landleben führen. Sie lauern überall auf dem nassen, herabgefallenen, faulenden Laub. Da Tiere am Waldgrund selten sind, müssen die Egel sicherlich Wochen, wenn nicht Monate auf ein Opfer warten. Einige Egelarten sind unscheinbar braun wie das modernde Laub gefärbt, andere prächtig orangerot mit gelben und roten Streifen.

Auf schmerzliche Weise achtsam geworden, sehe ich jetzt die Egel am Boden und wie sie sich verhalten. Sobald ich ihnen wenige Schritte nahe komme, erwachen sie aus ihrer Reglosigkeit. Dann richten sie sich auf und schwingen ihren rüsselartigen Körper hin und her, als ob sie Witterung aufnehmen wollten. Sie können Geschwindigkeit und Bewegungsrichtung ihrer Opfer ganz augenscheinlich genauestens schätzen. Wie sich streckend und emporwölbend voranbewegende Raupen kriechen sie mir ein Stück entgegen, um in meinen Weg zu gelangen. Ist abzuschätzen, daß ich einen meiner Füße in ihre Nähe setze, warten sie ab, um sich dann zum richtigen Zeitpunkt auf meinen Fuß zu schwingen. So schnell es geht, kriechen sie dann am Stiefel empor und verschaffen sich wie eine fließende, plastische Masse über den Rand Zugang ins Innere. Sie können ihren Körper sogar, vergleichbar einem Regenwurm, so sehr verjüngen, daß er noch durch die Löcher neben den Schnürsenkeln paßt. Wenn die Egel nicht zufällig in einen kleinen Nerv beißen, spürt man überhaupt nichts von ihrer blutsaugenden Tätigkeit. Glücklicherweise sind ihre Aktivitäten anscheinend nur auf Fuß und Unterschenkel gerichtet, und Krankheiten übertragen sie nicht. Von nun an bereitet es mir stets eine teuflische Freude, entdeckte Tiere kurz vor ihrem Ziel mit einem kräftigen Fingerschnippen zurückzuschleudern.

Wie die ewige Finsternis der Tiefsee, so ruht auch das Innere des tropischen Regenwaldes in einer Art zeitlosem Zustand. In dem Dämmerlicht kommt mir bald jedes Empfinden für die Tageszeit abhanden, und so werde ich von der schnell hereinbrechenden Nacht überrascht. Ich bemerke die Veränderung zuerst an einem Wechsel der Geräusche. Zwar bleibt auch jetzt das für die Nacht erwartete dramatische Stimmenkonzert aus. Aber die häßlichen Töne der Zikaden verstummen allmählich und werden ersetzt durch das mechanische schrille Gezirpe der Laubheuschrecken, die sich in Form und Farbe von Blättern nicht unterscheiden lassen.

Der Übergang vom Tag zur Nacht verläuft undramatisch, ohne die farbenprächtige Inszenierung, wie man sie allabendlich am Himmel über tropischen Küsten erlebt. Es ist, als ob ein ohnehin schwaches Licht einfach verglimmt. Absolute Dunkelheit steigt von unten nach oben empor, so daß ich das Gefühl habe, in ihr zu versinken. Damit kehrt auch eine unbestimmte, archaische Angst zurück, gegen die ich mich kaum zu wehren vermag. Ich greife nach Kompaß und Taschenlampe. Beunruhigt stelle ich fest, daß die neuen Batterien bereits den größten Teil ihrer Energie an die feuchte Luft verströmt haben. Ihr Licht soll noch für mehrere Kilometer reichen.

Eine Gruppe kleiner Leuchtpilze im Regenwald Sumatras. Botaniker vermuten, daß sie mit der Illumination nachtaktive Insekten anlocken, die im windlosen Inneren des Waldes die Sporen der Pilze verbreiten

Das Konzert der Laubheuschrecken währt nur so lange, wie die kurze Dämmerung dauert, etwa zwanzig Minuten. Den Rest der Nachtmusik bestreiten die Grillen mit ihrem monoton rhythmischen Zirpen. Ab und zu schreit irgendwo eine mir unbekannte Kreatur, in ihrem Schlaf gestört oder von einem ihrer Feinde verfolgt.

Die Nacht im Urwald Borneos gehört nicht den Geräuschen, sondern winzigen Lichtern. Zuerst sehe ich einzelne auf mich zukommen, bald fühle ich mich von ihnen umringt. Wie die Positionslichter von Flugzeugen blinken sie regelmäßig auf, beleuchten im Vorbeiflug ein nahes Blatt und verschwinden wieder in der Dunkelheit. Es sind Leuchtkäfer, die auf diese Weise Art- und Geschlechtssignale ausstrahlen. Auf niedrigen Pflanzen und auf der Bodenstreu funkeln Raupen und lange wurmförmige Gliedertiere, die an jeder Körperseite acht hellgelb leuchtende Punkte besitzen. Diese Tiere signalisieren ihren zahlreichen Feinden Ungenießbarkeit oder drohende Abwehrgifte.

Je mehr meine Augen sich an die Nacht gewöhnt haben, um so mehr nehme ich von der geheimnisvollen Lichterwelt des Urwaldes wahr. Vergleichbar dem Sternenlicht der Milchstraße scheinen phosphoreszierende Nebelschwaden über den Grund des Waldes zu ziehen. Es ist ein gespenstisches, unirdisches Licht, wie ich es niemals zuvor gesehen habe, und es ist immerhin so hell, daß sich die Stämme der Bäume davor wie schwarze Kulissen abheben. Als ich zögernd darauf zugehe, werden aus der Wahrnehmung Milliarden winziger, glühender Punkte und Adern. Später erfahre ich, daß das Licht von Bakterien und Pilzfäden, die die abgestorbene organische Substanz auf dem Waldboden zersetzen, als Nebenprodukt ihres Stoffwechsels erzeugt wird. Ein Blatt, das ich emporhebe, glüht in meiner Hand. Ganze Stämme umgestürzter, faulender Urwaldriesen leuchten in dem weißlichen Schein wie gewaltige, matt glimmende Neonröhren. Als ich mit dem Fuß dagegentrete, zerstiebt die verrottete, leuchtende Substanz wie pulverisiertes Licht nach allen Seiten. Bald laufe ich, jede Vorsicht vergessend, wie im Rausch durch eine Anderswelt. Ab und zu entdecke ich kleine Gruppen von charakteristischen, hutförmigen Fruchtkörpern, die die Pilzfäden oberirdisch ausbilden und die ebenfalls leuchten: in einem geisterhaften Grün. Einige Botaniker vermuten, daß die Pilze auf diese Weise nachtaktive Insekten anlocken, welche dann im windlosen Inneren des Waldes ihre Sporen verbreiten.

Zwei Stunden nach Einbruch der Dunkelheit erreiche ich endlich mein Quartier am Rande des Waldes. Es ist Sonntag. Das weiß ich nur deshalb so genau, weil dieser Tag aus der Zeitlosigkeit meines Waldaufenthalts herausragt. Immer am Sonntag nehme ich Resochin gegen Malaria.

Flughunde, die nachts auf der Suche nach Früchten durch das Kronendach des Waldes streifen, hängen sich am Tage mit den Klauen kopfüber an Ästen auf, um zu schlafen

In jener Nacht liege ich noch lange wach und horche auf die Geräusche, die aus dem nahen Wald kommen. In meiner offenen, nur durch ein Dach vor dem Regen geschützten Unterkunft fliegen Leuchtkäfer über mich hinweg. Als der Mond sich über die Silhouette des Waldes erhebt, verblaßt ihr Schein.

Flughunde heben sich vor der Mondscheibe wie Scherenschnitte ab. Sie landen in einem prächtigen freistehenden Baum neben meiner Hütte. Ich höre ihr lautes Schmatzen, als sie gierig die Früchte verschlingen.

Mir gehen die Bilder des Tages durch den Kopf. Ist es möglich, die Erscheinung dieses Waldes mit Hilfe naturwissenschaftlicher Analyse zu objektivieren, seine Geheimnisse zu lüften? Oder kann man sein Wesen nur in Erfahrung bringen, wenn man selbst Bestandteil dieses Überorganismus ist, wie seine Bewohner?

Die Freiheit, zwischen beidem zu wählen, hatte ich natürlich nicht. Mir stand nur der erste Weg offen. Ich mußte lernen, mich in Geduld zu fassen. Viele Jahre und unzählige Exkursionen sollten vergehen, bevor ich mir eine Vorstellung von dem grünen Universum machen konnte. Und ohne die Hilfe von Bibliotheken, in denen das Wissen ganzer Forschergenerationen festgeschrieben ist, wäre ich allein mit meiner Erkenntnis nicht weit gekommen.

Wahrhaft große Geister wie Charles Darwin, Alexander von Humboldt und Carl von Linné haben sich mit diesem Wald auseinandergesetzt und versucht, die Naturgesetze zu ergründen, die ihn geschaffen hatten und am Leben erhalten. All die Menschen, die im Laufe von Jahrhunderten einer Landschaft verfielen, in der die Entdeckung jedes Geheimnisses möglich erschien, widerspiegelten das gesamte Spektrum menschlicher Charaktere und Mentalitäten. Es waren Gute und Gauner, Geld- und Ruhmsüchtige, Schurken und Tapfere, Rastlose und Abenteurer, Missionare und Atheisten.

Der erste Hauch einer tropischen Anderswelt gelangte wohl früh in der Antike in Form von Gewürzen über den Nahen Osten in das Abendland. Aber erst mit dem Heer Alexander des Großen, der auf seinen Eroberungsfeldzügen die Grenzen der damals bekannten Welt des Mittelmeerraumes und Vorderen Orients gesprengt hatte und 327 v.Chr. bis nach Indien gelangte, kamen die ersten tropischen Pflanzen, Samen und Früchte nach Europa. Auf diese Weise wurden im alten Griechenland der Reis, die Banane und selbst zwei Mangrovenbaumarten bekannt. Die Beobachtungen und die Sammlungen der militärischen Expeditionen wurden dann von dem griechischen Gelehrten Theophrastos von Eresos um 300 v. Chr. zusammengestellt und ausgewertet. Seine Arbeit war der erste Ansatz zu einer wissenschaftlich exakten tropischen Botanik.

Aber lange, bevor Athen und Rom überhaupt existierten, wurden in den „Gärten der ewigen Jugend und nie endenden Glückseligkeit" am chinesischen Kaiserhof bereits tropische Gewächse studiert und kultiviert. Und 1500 v.Chr. sandte die ägyptische Königin Hatschepsut die vielleicht erste botanische Expedition in ein tropisches Land aus. Sie galt der Suche nach dem kostbaren Gummiharz des Weihrauchbaumes. Dieser Baum sollte im legendären Lande Punt wachsen, von dem wir heute annehmen, daß es an der Küste Ostafrikas lag. Dorthin segelten fünf Schiffe, die mit vielen Samen und Pflanzen zurückkehrten. Ein Wandrelief in den Tempelruinen von Deir Al Bahri im Niltal dokumentiert den Erfolg. 31 Bäumchen aus der Beute schlugen Wurzeln im Garten der Königin.

Die Entdeckungen der alten Griechen wurden im mittelalterlichen Europa kaum weiter verfolgt. Die vorwiegend von Mönchen betriebene Botanik hatte genug damit zu tun, die Pflanzen der eigenen Welt zu studieren und auf ihre Heilkraft zu untersuchen. Noch ehe sich die Wissenschaft mit den Pflanzen der Tropen wieder beschäftigte, nahmen sich jedoch die Künstler ihrer an. Sie verwendeten Pflanzenformen, die sie selbst nie gesehen hatten und deren

Albrecht Dürer unternahm mit seinem 1503 entstandenen Bild „Das große Rasenstück" die erste ökologische Darstellung einer Pflanzengemeinschaft. Mit seinem um 1505 geschaffenen Holzschnitt „Flucht nach Ägypten" hinterließ er das erste Abbild einer phantastisch-tropischen Vegetation

Vorlagen wahrscheinlich aus alten griechischen und römischen Darstellungen stammten, um die Fremdartigkeit biblischer Landschaften darzustellen. In Albrecht Dürers Bild „Flucht nach Ägypten" ist zum erstenmal in der Kunstgeschichte Mitteleuropas ein geschlossener subtropisch-tropischer Wald dargestellt. Typisch ist, daß Dürer selbst den tropischen Drachenbaum am rechten Bildrand als den biblischen Ölbaum bezeichnet. Im Jahre 1503 schließlich schuf Dürer mit seinem Bild „Das große Rasenstück" die erste exakte Darstellung einer natürlichen, komplexen Pflanzengemeinschaft, bevor der niederländische Botaniker Jules Thurmann, 346 Jahre später, diesen Vegetationsbegriff erstmals wissenschaftlich definierte.

Im 18. und angehenden 19. Jahrhundert begannen die großen Forschungsreisen zur Erkundung der Tropenwelt. Am 25. August 1768 lief die „Endeavour" unter dem Kommando von James Cook aus dem Hafen von Plymouth zu ihrer berühmt gewordenen Weltumseglung aus. Hauptziel der Expedition war die Suche nach der legendären „terra australis" inmitten der noch weitgehend unerforschten Weiten

Die 35 Meter lange Bark „Endeavour" vollbrachte unter dem Kommando von James Cook eine Expedition rund um die Welt. Mit an Bord war der Naturforscher Joseph Banks, der durch seine Arbeiten der bedeutendste Botaniker seiner Zeit wurde

des Pazifischen Ozeans. Spekulationen über eine gewaltige südliche Landmasse hatte es schon seit der Zeitenwende gegeben. Man glaubte, sie müsse existieren, um die Landmassen der nördlichen Erdhalbkugel auszubalancieren und den rotierenden Erdball im Gleichgewicht zu halten.

An Bord der „Endeavour" war auch der Naturforscher Joseph Banks, Sprößling einer der reichsten britischen Familien. Bereits als Schüler des vornehmen Internats Eton entdeckte er eine Vorliebe für die Botanik, die sein ganzes weiteres Leben bestimmen sollte. Mit nur 23 Jahren wurde er zur Aufnahme in die Royal Society vorgeschlagen und noch im gleichen Alter zum Fellow dieser altehrwürdigen wissenschaftlichen Gesellschaft gewählt. Als er die Universität von Oxford verließ, war er fest entschlossen, auf allen Gebieten der Naturwissenschaften, besonders aber in der Botanik der führende Mann seiner Zeit zu werden.

Zunächst schien es für Banks unmöglich, an der geplanten Weltumseglung teilzunehmen. Die britische Admiralität, deren Kommando die „Endeavour" unterstand, ließ keine Zivilisten zu. Erst durch Fürsprache einflußreicher Bekannter und durch Zahlung der enormen Summe von 10 000 Pfund erhielt Banks die Erlaubnis. Mit seinem schwedischen Freund, dem Botaniker Daniel Carl Solander, sowie den Malern Sydney Parkinson und Alexander Buchan, einem Privatsekretär, zwei weißen und zwei farbigen Dienern und seinen beiden Windhunden schiffte sich Banks schließlich auf der „Endeavour" ein.

Als die Expedition nach drei Jahren wieder in England eintraf, waren viele der Männer den Strapazen und Krankheiten erlegen, darunter auch die beiden Maler. Banks und Solander waren nur knapp mit dem Leben davon gekommen.

Die Rückkehr in London wurde zum Triumph. Neuseeland und die Ostküste Australiens sowie etliche kleine Inselgruppen waren entdeckt worden. Die Zahl der von den beiden Naturforschern gesammelten botanischen, zoologischen und ethnographischen Objekte war überwältigend. In ihrem Gepäck gab es allein 30 382 Exemplare von Pflanzen, die zu 3607 verschiedenen Arten gehörten. Rund die Hälfte davon war neu für die Wissenschaft. Die Aquarelle und Zeichnungen Alexander Buchans brachten Kunde von ei-

ner bis dahin unbekannten Welt und ihren Bewohnern. Hinzu kamen 920 Pflanzenbilder von Sydney Parkinson und viele Tierdarstellungen, darunter auch die der wohl eigenartigsten Kreatur, die man bis dahin gesehen hatte: ein Känguruh. Banks und Solander wurden die am meisten bewundertsten Forschungsreisenden ihrer Zeit.

Eine wahre Flut von getrockneten Pflanzen, fast alle völlig unbekannt, gelangte in der Folgezeit nach Europa. Die Botaniker waren verwirrt und versuchten erst einmal zu systematisieren. Aber es gab verschiedene Systeme der Klassifizierung. Ruhmsüchtig miteinander wetteifernde Botaniker verliehen den neuen Pflanzen überlange Namen und Beschreibungen. Bald war ein unübersehbares Durcheinander entstanden, Nährboden für jegliche Art von Irrtümern. Es bedurfte eines klar denkenden, selbstlosen Geistes, der dieses Chaos beendete.

Dieser Geist prägte Carl von Linné. Als Sohn eines Landpfarrers war er 1707 auf einem südschwedischen Gutshof geboren worden. Durch Förderung eines Dorfarztes, der das naturkundliche Talent des jungen Linné bemerkt hatte, begann er an den Universitäten von Lund und Uppsala zu studieren, zunächst Medizin, dann Botanik. Er zeichnete sich in seiner Leistung so sehr aus, daß er bereits als Student zum Assistenten des Botanikprofessors ernannt wurde. In dieser Position beauftragte ihn die wissenschaftliche Gesellschaft zu Uppsala bald mit einer Forschungsreise in das damals noch wenig bekannte Lappland. Linné kehrte mit nahezu hundert unbekannten Pflanzenarten zurück – und mit dem Vorsatz, eine ordnende Klassifizierung für das Pflanzenreich zu erarbeiten. Dieses große Werk begann er in den Niederlanden, im Botanischen Garten von Hatrekamp, dessen Kurator er nach seiner Promotion zwei Jahre lang war.

Linnés System der Klassifizierung baut auf exakten Beobachtungen und Untersuchungen der Fortpflanzungsorgane auf. Es ist ungewöhnlich einfach und klar. Es erfordert vom Botaniker, Verteilung, Zahl und Verwachsung der Staub- und Fruchtblätter zu analysieren. Danach lassen sich die verwandtschaftlichen Beziehungen der Pflanzen zueinander bestimmen. Darüber hinaus sorgte Linné dafür, daß sein System auch durch eine botanische Fachsprache universal anwendbar wurde, indem

Während der Weltumseglung mit Cook zeichnete der Maler Sydney Parkinson 920 Bilder von bis dahin meist unbekannten tropischen Pflanzen. Nach der Rückkehr wurden viele davon in Kupfer gestochen; vergessen im Keller des Britischen Museums, wurden sie erst 1978 wieder hervorgeholt, um Drucke herzustellen – hier die im tropischen Australien gesammelten Arten *Castanospermum australe, Ipomoea indica* und *Deplanchea tetraphylla*

er die von dem Baseler Professor Kaspar Bauhins bereits 1596 in die Naturwissenschaft eingeführte doppelte Namensgebung streng beibehielt. Linné unternahm die geistige Herkulesarbeit, alles Lebende, „vom Elefanten bis zur Sumpfdotterblume", zu benennen und zu klassifizieren. Sein Pflanzenregister, 1753 unter dem Titel „Species plantarum" veröffentlicht, war bahnbrechend.

Die neue Klassifizierung setzte sich sehr schnell durch. Sie ließ es endlich zu, von der Einzelheit in der Natur auf deren Einheit zu schließen. Da sie die verwandtschaftlichen Beziehungen der Arten aufzeigt, wurde sie zur Grundlage der Ökologie. Ohne Linnés Vorarbeit wäre es heutzutage undenkbar, auch in der verwirrenden Vielfalt des tropischen Regenwaldes die große Ordnung zu entdecken.

Carl von Linné kam in der Naturwissenschaft schon zu Lebzeiten zu ungeheurem Ansehen, und er hatte Einfluß. Als er auf den Lehrstuhl für Botanik in Uppsala berufen wurde, strömten Studenten aus ganz Europa in seine Vorlesungen. Er führte seine Hörer auf ganz neue Weise in die Natur ein und sandte sie aus in alle Welt, um nach wichtigen, noch unentdeckten Zwischengliedern seiner neuen Ordnung zu fahnden.

Viele seiner Jünger bezahlten ihren Enthusiasmus während der oftmals waghalsigen Expeditionen mit dem Leben. Linné, den diese Verluste tief trafen, versuchte seine toten oder verschollenen Schüler für alle Zeiten zu ehren, indem er ganze Pflanzengattungen nach ihnen benannte. Die dunkle „Linnésche Trauerblume" mit dem wissenschaftlichen Namen *Bartsia*, die in tropischen Gebirgen wächst, bewahrt so das Andenken an seinen Schüler Johann Bartsch, der während einer Expedition im südamerikanischen Surinam ums Leben kam.

Auf der Basis der von Linné geschaffenen Ordnung begann dann der preußische Botaniker Karl Ludwig Willdenow, das zu lehren, was wir heute „ökologische Botanik" nennen. In seinem 1792 erschienenen Werk „Grundrisse der Kräuterkunde" behandelte er in dem Kapitel „Geschichte der Pflanzen" als erster das Verhältnis der Pflanze zu ihrer Umwelt.

Auch Willdenow, damals Direktor des Botanischen Gartens von Berlin, hatte einen aufmerksamen Schüler, der begierig war, alles über die neue Wissenschaft zu erfahren: Alexander von Humboldt. Mit einem unvergleichlichen Eifer verschaffte sich der preußische Beamtensohn die notwendigen Fähigkeiten, um optimal gerüstet zu sein, den Traum seines Lebens in die Tat umzusetzen: ferne, fremde Welten zu erkunden.

Im Jahre 1799 brach Alexander von Humboldt zu einer der berühmtesten Expeditionen in der Geschichte der modernen Wissenschaften auf. Mehrere Jahre lang durchstreifte der unerschrockene Forscher zusammen mit seinem Freund Aimé Bonpland unter unvorstellbaren Strapazen und Schwierigkeiten das tropische Südamerika. Sie vermaßen fremde Küsten, befuhren unbekannte Flüsse und bestiegen unerforschte Bergmassive.

Alexander von Humboldt erwies sich als wahres Universalgenie, das fast über das gesamte Wissen seiner Zeit verfügte und es bei seinen Forschungen einsetzte. Von dem Leitgedanken einer praktisch alle Erdwissenschaften umfassenden Physikalischen Geographie

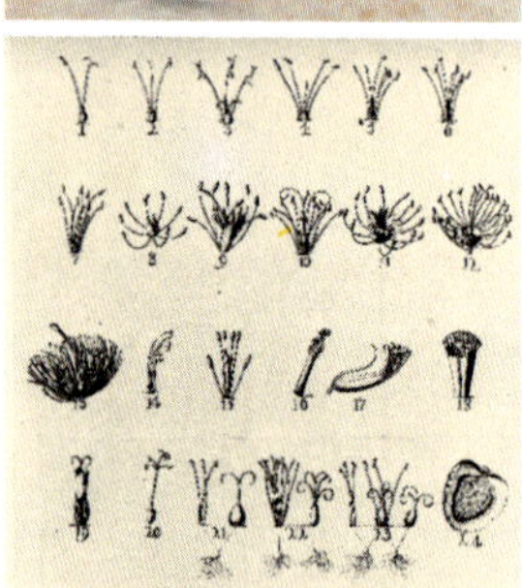

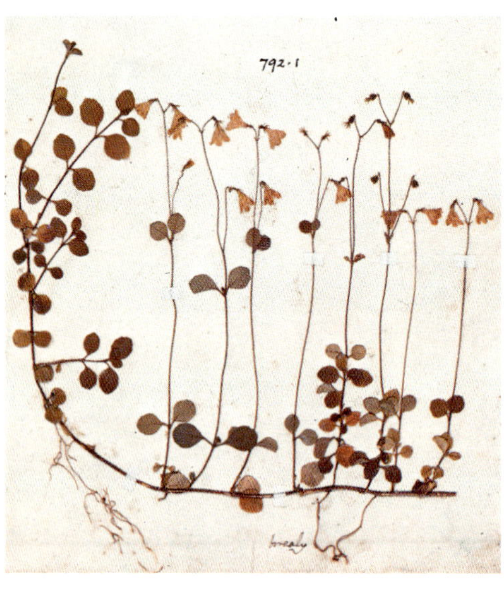

Carl von Linné schuf mit seinem System der Klassifizierung den ersten Bestimmungsschlüssel für Pflanzen. Er zeichnete und verglich die dabei wichtigen Fortpflanzungsorgane. Darüber hinaus legte er ein berühmtes Herbarium an

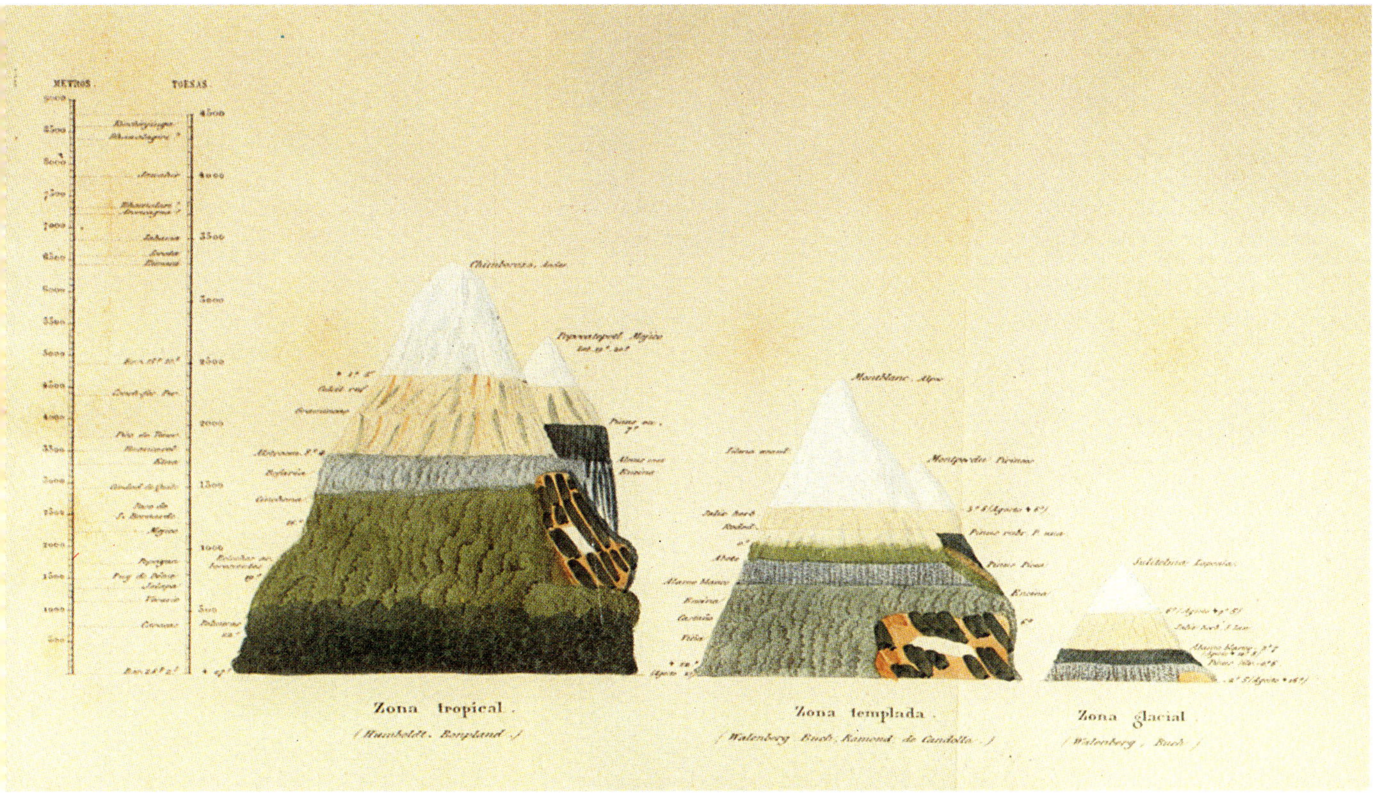

ausgehend, versuchte er in einer titanisch anmutenden Arbeitsleistung, die Natur als Ganzes, als Einheit zu erfassen und zu begreifen.

Seine Kenntnisse in Astronomie und Mathematik befähigten ihn, von den durchstreiften Ländern genaue Karten anzufertigen. Er entdeckte als erster, daß die riesigen Flußsysteme des Amazonas und des Orinocobeckens eine seltsame Verbindung miteinander haben. Seine Forschungen und Messungen führten zur Entdeckung des magnetischen Äquators, der sich aus der Abnahme der Intensität des irdischen Magnetfeldes von den Polen weg ergibt. Er experimentierte mit der körpereigenen Elektrizität der in den südamerikanischen Flüssen entdeckten Zitteraale. Als Klimatologe beobachtete Humboldt das tropische Wettergeschehen und seine Gesetzmäßigkeiten. Er entwarf die ersten Isothermen und zeichnete die ersten Wetterkarten. Er beobachtete das Verhalten von Urwaldtieren, beschrieb und zeichnete sie. Er sammelte in den Tropen der

Alexander von Humboldt, der mit seinem Freund Aimé Bonpland fünf Jahre lang Südamerika erforschte, wurde auch zum Begründer der Pflanzengeographie. Er skizzierte die Höhenverbreitung der Pflanzen vergleichend am Beispiel des Chimborazo, des Montblanc und des nördlich des Polarkreises liegenden Sulitjema

Neuen Welt mehr als 5000 Pflanzen und beschrieb davon 3600 als neue Arten; er untersuchte genauestens die Beziehungen zwischen dem Pflanzenwuchs, dem Klima, den Böden und der Höhenlage und fertigte auch darüber genaue Karten an. Ja, er untersuchte selbst noch akribisch den geologischen Unterbau für das Wachstum der Pflanzengesellschaften.

Humboldts im Jahre 1807 erschienenes Buch „Ideen zu einer Geographie der Pflanzen" ist eine Pionierleistung und der Grundstein der modernen Pflanzengeographie. Auch seine „Ideen zu einer Physiognomik der

In der „Aroideae maximilianae", einem Prachtwerk der Botanik über tropische Aronsstabgewächse von 1879, wird am Beispiel der Art *Zomicarpa steigeriana* deutlich, mit welcher systematischen Akribie Wissenschaftler Bestimmungsbücher ausstatteten

Pflanzen", ein Jahr zuvor erschienen, waren bahnbrechend. Auf Humboldt fußen alle berühmten Standardwerke der Tropenkunde. Ohne Vorbehalt läßt sich sagen, daß bis heute auch alle modernen Ökologen, die sich mit tropischen Lebensgemeinschaften beschäftigen, vom Humboldtschen Erbe ausgehen.

Die ganze Liebe, Hingabe und Universalität dieses Mannes galten aber auch den Menschen, denen er während seiner Forschungsfahrten begegnete. Als Anthropologe und Ethnograph verschaffte er sich ein Bild von der Lebensweise und der Kultur der Urwaldindianer und betrieb sprachliche Studien. Seine völkerkundlichen Aufzeichnungen versah er mit bemerkenswert klaren sozialkritischen Anmerkungen über den Einfluß spanischer und portugiesischer Kolonialherren in Südamerika. Unmißverständlich und mutig trat er immer wieder für das Menschenrecht unterdrückter Völker ein. Dieser Zug seiner überragenden Persönlichkeit machte ihn über alle seine genialen wissenschaftlichen Erkenntnisse hinweg auch zum Mitbegründer der Aufklärung und des Humanismus. Die Bilanz seines neunzigjährigen unrastigen Forscherlebens hat nicht ihresgleichen.

Aber nicht nur Wissenschaftler zog es auf Pflanzenjagd in die Tropen. Nachdem 1769 der in Paris geborene Offizier und Seefahrer Louis Antoine Bougainville in Begleitung von Philibert Commerson, dem Hofbotaniker des französischen Königs, von der ersten französischen Erdumseglung zurückgekehrt war und die staunende Öffentlichkeit von Paris mit höchst sonderbaren Pflanzen aus Südamerika bekanntgemacht hatte, erwachte das Interesse auch der nichtwissenschaftlichen Welt an diesen oft bizarren Gewächsen. Besonders der europäische Adel und die neue Oberschicht der Industriellen mit ihrem schnell erworbenen Reichtum waren begierig, ihre Residenzen und Gärten mit den exotischen Pflanzen als modischen Attributen zu schmücken.

Eine besondere Pflanzengruppe erfüllte auf geradezu ideale Weise die Anforderungen an ein derartiges Statussymbol: tropische Orchideen. Sie gelangten damals noch äußerst selten nach Europa, und sie waren darum entsprechend teuer. Die Damen und Herren der Gesellschaft trugen die begehrten Blüten wie Rangabzeichen vornehmer Kasten. Ein Zeitgenosse, der Engländer Frederik Boyle, verstieg sich in seinem Orchideenbuch zu der Behauptung: „Die Orchideen wurden eigens dazu geschaffen, die auserwählten Menschen dieses Zeitalters zu erfreuen." Man wetteiferte bei gesellschaftlichen Ereignissen damit, eine möglichst seltene, teure, wenn nicht sogar völlig neue Art zu tragen. Die anscheinend unerschöpfliche Farben- und Formenvielfalt der Orchideen war neben anderen modischen Attributen bestens dazu geeignet, ihre Träger voneinander zu differenzieren. Unbewußt übertrugen diese Menschen in gewisser Weise auf sich selbst ein Prinzip der Evolution, welches die Diversifizierung der Arten anstrebt.

Die Orchideen wurden so zur ersten Marktlücke im aufkommenden Luxus der industrialisierten Gesellschaft. Die Jagd auf sie versprach hohen Gewinn. Je seltener und ausgefallener, desto höher der Erlös. So manche Art verwelkte am Décolleté einer feinen Dame, bevor sie der Wissenschaft bekannt wurde. Da man zunächst das Geheimnis von Vermehrung und Aufzucht dieser Pflanzen noch nicht durchschaute, bestand die einzige Methode, ihrer habhaft zu werden, darin, immer wieder zu oft waghalsigen Expeditionen aufzubrechen und junge frische Pflanzen zu sammeln, die entweder zu blühen begonnen hatten oder von denen man hoffte, daß sie es nach langer Reise an ihrem Bestimmungsort tun würden.

Legt man die Gesichtspunkte der Botanik zugrunde, so kann man das 19. Jahrhundert als das Zeitalter der Orchideenjäger betrachten. Sie nahmen jede Strapaze auf sich und schreckten vor keiner Gefahr zurück, um an ihre gewinnbringende Beute zu gelangen, die

Louis Antoine Bougainville erweckte mit seiner Sammlung exotischer Pflanzen Aufsehen in der Pariser Gesellschaft. Bald waren Orchideen in ganz Europa Statussymbol eleganter Damen

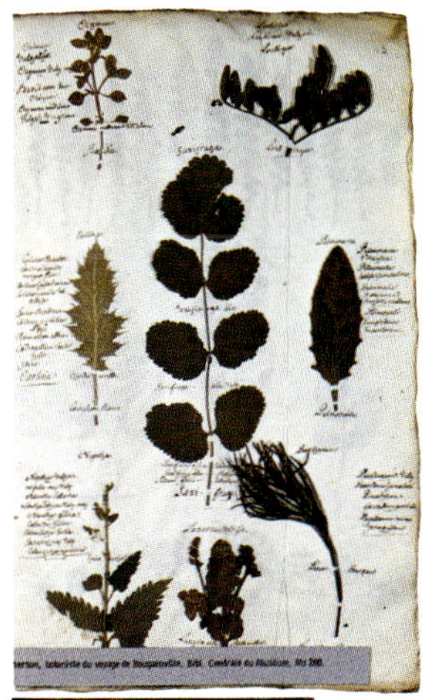

wie Vögel hoch oben im Kronengeäst der Urwaldbäume lebte. Sie waren monatelang in den unerforschten, endlosen Weiten amerikanischer, afrikanischer und asiatischer Urwälder unterwegs, drangsaliert vom Millionenheer blutgieriger Insekten, von denen viele tödliches Fieber übertrugen. Am Grunde der Wälder waren die Orchideenjäger Gefangene einer ewigen Schwüle und Finsternis, auf Gedeih und Verderb ihren eingeborenen Führern ausgeliefert. Viele endeten als Schrumpfkopf an der Lendenschnur eines Indianers – so jedenfalls die schauerliche Vorstellung ihrer Kundschaft.

Die Geschichten von diesen Abenteurern sind fast so zahlreich wie die Orchideenarten, denen sie nachstellten. Der Engländer Walter Davis beispielsweise überquerte in Südamerika zu Fuß die Kordillieren in eisigen Höhen von 5000 Metern. Dann zog er den ganzen Amazonas entlang von der Quelle bis zur Mündung, die er unbeschadet und mit großer Ausbeute erreichte. Sein Landsmann Gustave Wallis unternahm die gleiche Reise in umgekehrter Richtung; er aber starb in Ecuador qualvoll an einem tropischen Fieber.

Manchmal hatten die Orchideenjäger Glück und entdeckten irgendwo im Wald die inselartige Kolonie einer besonders seltenen, begehrten Art. Um ihren Fund geheimzuhalten, trugen sie ein solches Vorkommen auf ihren oft selbst angefertigten Landkarten mit verschlüsselten Angaben und Zeichen ein oder aber sie brachten absichtlich gefälschte Karten in Umlauf, um ihre Konkurrenten in die Irre zu leiten.

Der Heilige Gral der Orchideenjäger war die Art *Cattleya labiata vera*. Jahrelang suchten Botaniker und Abenteurer in Brasilien im Auftrag reicher Industrieller mit oftmals irreführenden Karten nach ihrem Wuchsort

Der erfolgreichste unter den Orchideenjägern war der Tscheche Benedict Roezl. Niemand übertraf seine Spürnase in den feuchtheißen, dampfenden Regenwäldern Mittel- und Südamerikas. Seine Leistungen wurden von allen seinen Konkurrenten neidlos anerkannt, und seinen reichen Auftraggebern ließ er zentnerschwere Sammlungen zukommen. Durch ihn wurden auch der Wissenschaft viele neue Arten bekannt.

Roezl war nicht nur ein kenntnisreiches Genie im Auffinden seltener Pflanzen – oft hatte er auch einfach nur Glück. Als er während einer bis dahin unergiebigen Expedition in den Urwäldern Kolumbiens zusammen mit seinem eingeborenen Führer auf einem nach heftigen Regenfällen stark angeschwollenen Fluß zur pazifischen Küste hinunterfuhr, überholte das Boot einen entwurzelten Baum. Die Borke seiner Äste war eingehüllt in Farne, Moose und Orchideen. Darunter war auch die äußerst seltene pelzblättrige rote *Monochaetum*, nach der Roezl monatelang erfolglos gesucht hatte. Jetzt brauchte er nur noch zu ernten.

Viele der mystischen, romantischen Geschichten über die Orchideenjagd handeln von verschollenen Arten und ihren geheimnisvollen Standorten. Eine der begehrtesten Arten war die Orchidee *Cattleya labiata vera*, von der einmal ein Exemplar nach Europa gelangt war und zahlreiche Ableger mit Blüten hervorgebracht hatte. Aber irgendwann waren alle diese Pflanzen erschöpft und gingen ein. Nur die Fama von ihrer besonderen Schönheit blieb am Leben und der Wunsch, sie wieder zu besitzen. Anhand alter Aufzeichnungen gelang es dann zufällig, den Ursprungsort dieser Orchidee herauszufinden. Sie war in einer Lieferung aus

dem brasilianischen Orgel-Gebirge nach England gekommen. Leidenschaftliche Sammler unter den reichen Industriellen sandten dorthin Expeditionen aus, aber auch Abenteurer brachen auf eigene Faust und Rechnung auf. Niemand von ihnen fand jedoch die blühende Kostbarkeit wieder. Je mehr Pflanzensucher scheiterten, desto größer wurde das Begehren nach dieser Art. *Cattleya labiata vera* wurde so zum Heiligen Gral der Orchideenjäger. Sie blieb zunächst verschollen. Erst siebzig Jahre später entdeckte ein Diplomat und Orchideenliebhaber die Art wieder: am Kleid einer Dame auf einem Ball in Paris. Die Spur führte zurück nach Brasilien.

Der Aufwand, der für die Suche nach Orchideen getrieben wurde, und der horrende Preis selbst für einzelne Blüten, der sich daraus ergab, hing mit den Schwierigkeiten des Transports lebender tropischer Gewächse im 19. Jahrhundert zusammen. Besonders Orchideen, die in schattigen Baumkronen wachsen und die, wie man heute weiß, nur unter ganz spezifischen mikroklimatischen Bedingungen gedeihen, erwiesen sich als hochempfindliches Transportgut. Sie reagieren oft schon auf nur geringfügige Schwankungen des Lichteinfalls, der Temperatur und Luftfeuchtigkeit dramatischer als alle anderen Pflanzen. Solange die Pflanzensucher ihrer Ausbeute durch die tropischen Regionen an die Küste geleiteten, ließen sich diese Schwierigkeiten durch große Sorgfalt einigermaßen bewältigen. Doch mit Erreichen des Hafens begannen die größten Probleme. Die Aussichten, daß die empfindlichen Pflanzen die wochen-, ja oft monatelangen Schiffsreisen überlebten, waren ungefähr gleichzusetzen mit der Chance, daß eine ins Meer geworfene Flaschenpost ihren Adressaten erreichte.

Nach dem Prinzip der Ward'schen Kiste entstanden Mitte des 19. Jahrhunderts in England schmucke Glasschatullen, in denen tropische Gewächse die Villen der Reichen verschönten

An Bord der Schiffe waren die Gewächse der Lichtlosigkeit der Laderäume, übergroßer Hitze oder wachsender Kälte sowie den Bewegungen des Seegangs ausgesetzt. Wenn sie überhaupt eine Überlebenschance haben sollten, so mußten sie regelmäßig und häufig an Deck geschleppt, gelüftet und bewässert werden. Aber auch dort drohten Gefahren: ein Übermaß an Sonne, salziger Luft und Sprühwasser. Herrschten gar lange Stürme, so war diese Pflege vollends unmöglich, und die Pflanzen verrotteten im Bauch des Schiffes. Es konnte auch sein, daß die gesamte Ausbeute einer Expedition hungrigen Ratten zum Opfer fiel, die genauso zur Besatzung des Schiffes gehörten wie die Matrosen. Das Schicksal jeder dieser kostbaren Pflanzenfrachten hing letztlich davon ab, ob der Kapitän an ihrem Erlös beteiligt war; das steigerte seine Bereitschaft, die empfindlichen Gewächse unter den günstigeren Bedingungen seiner komfortablen Kajüte in Obhut zu nehmen.

Aus zeitgenössischen Aufzeichnungen von Pflanzensammlern und aus Frachtbriefen geht hervor, daß im Schnitt von hundert im tropischen Amerika verschifften Pflanzen nur eine einzige lebend ihr Ziel erreichte. Bei Pflanzen gar, die aus Südostasien auf eine noch längere Reise geschickt wurden, war die Überlebenschance ungünstigenfalls sogar nur eins zu tausend. Verständlich, daß einige begehrte Orchideen in Europa Preise wie gediegener Schmuck erzielten.

Das Dilemma des Pflanzentransports wurde beendet durch eine Erfindung, die als Wardsche Kiste in die Geschichte der Botanik einging. Die Idee des britischen Arztes Dr. Nathaniel Ward erscheint aus heutiger Sicht simpel. Der Arzt züchtete Raupen in alten Gläsern, und der Zufall wollte es, daß er eines Tages im Frühjahr 1830 eines dieser mit einem blechernen Schraubdeckel verschlossenen Gläser für eine Weile zu versorgen vergaß. Als ihm die Raupe wieder einfiel, entdeckte er, daß aus verborgenen Samen im Erdreich am Boden des Glases kleine Pflänzchen emporgewachsen waren. Er beobachtete, daß die Feuchtigkeit, die während der Wärme des Tages aus der Erde verdunstet war, an der Innenseite des Glases und Deckels kondensierte und in Form kleiner Tropfen dorthin zurückrann, woher sie gekommen war. Erstaunt stellte er fest, daß die Pflanzen ganz offensichtlich nicht an Luftmangel gelitten hatten. Neugierig geworden, setzte er das zufällige Experiment fort. Die Pflanzen blieben jahrelang am Leben, ohne daß Dr. Ward den Deckel des Glases ein einziges Mal öffnete.

Nun setzte Dr. Ward seine Erkenntnisse in die Praxis um. Er ließ eine hermetisch abgeschlossene Kiste bauen, oben mit einem Glasfenster versehen, damit Sonnenlicht hineingelangen konnte. In diese Kiste setzte er einige Gewächse, versiegelte das Ganze und schickte es auf eine sechsmonatige Seereise nach Australien. Die Pflanzen überlebten nicht nur, sondern gediehen prächtig in ihrer abgeschlossenen Welt. Aber das war nur die erste Hälfte des praktischen Versuchs. Nach Wards Anweisung wurde die Kiste nun mit australischen Gewächsen bepflanzt, die nie zuvor eine Seereise nach Europa überlebt hatten. Diesmal kamen sie jedoch wohlbehalten, ja, sogar weiterentwickelt im Londoner Hafen an.

Durch diese Entdeckung, 1842 in einem Buch publiziert, hatte Dr. Ward nicht nur das Hauptproblem des Pflanzenversandes aus Übersee gelöst. Es war ihm auch eine bedeutende wissenschaftliche Erkenntnis gekommen: daß nämlich grüne Pflanzen in einem abgeschlossenen Kreislauf von Luft, Nährstoffen und Wasser in einem eigenen Binnenklima zu existieren vermögen. Nur Energie in Form von Sonnenlicht muß von außen hinzukommen. Mit diesem Wissen war den Botanikern der Schlüssel zum Verständnis der Lebensweise auch von Tropenwäldern in die Hand gelegt. Das Schloß dazu sollten sie jedoch erst fast 150 Jahre später öffnen.

Nach der Erfindung der Wardschen Kiste, die bald zum modischen Möbelstück in den Wohnungen der Reichen avancierte, stand den Liebhabern die Pflanzenwelt der ganzen Erde offen. Während die Sammler in immer fernere Winkel vordrangen, gelang jetzt bei immer mehr importierten Arten auch die Züchtung, und Europa erlebte

Die aus dem britischen Weltreich nach London geschafften tropischen Pflanzen gaben der Architektur einen ganz neuen Impuls: Auf Dächern und in Parks entstanden riesige gläserne Pavillons, in denen man zwischen den botanischen und bald auch zoologischen Raritäten seinen Tee zu trinken pflegte

Mitte des 19. Jahrhunderts einen wahren Boom an botanischen Exoten. Bald standen in fast jedem Bürgerhaus tropische Gewächse.

Selbst die Architektur wurde auf dieser Welle nachhaltig beeinflußt und verändert. Um all die neuen Pflanzen zu pflegen und auszustellen, wurden private und öffentliche Glashäuser gebaut. Es liegt auf der Hand, daß London als Zentrum eines weltumspannenden Kolonialreiches auch Mittelpunkt dieser neuen Architektur wurde. Mehrere günstige Faktoren kamen zusammen: die gesunkenen Preise für tropische Pflanzen, die Aufhebung einer Luxussteuer für Glas, seine Massenfertigung durch die Industrie sowie die Förderung billiger Kohle, die man zum Heizen der Glashäuser brauchte.

Alle diese Gebäude waren in sich abgeschlossene tropische Klimainseln, im Grunde nichts anderes als riesige Wardsche Kisten. Es wurden wahre Glaspaläste mit Grundflächen bis zu 4000 Quadratmetern erbaut, in denen selbst hohe Palmen und andere tropische Bäume ihren Lebensraum fanden. Die Besucher konnten sich dem Gefühl hingeben, in einem Tropenwald voller duftender Orchideen und kreischender Papageien zu wandeln.

Die Besitzer und Betreiber dieser neuartigen künstlichen Welten wetteiferten darin, immer ausgefallenere Kuriositäten auszustellen. Da gab es die drei Meter hohe kelchförmige Blüte des Riesenaron, *Amorphophallus titanum*, aus Sumatra. Die Menschen strömten zu Tausenden herbei, um diese größte Blüte der Welt zu bestaunen, die nach verfaulendem Fleisch stinkt und aasfressende Käfer zur Bestäubung anlockt. Noch grotesker erschienen die Würgfeigengewächse, die mit ihren fingerartigen Luftwurzeln andere Bäume, auf denen sie schmarotzen – wie grausig anzusehen! –, langsam erwürgen. Die meiste Aufmerksamkeit erregten aber die bizarren fleischfressenden Kannenpflanzen von Borneo und anderen südostasiatischen Inseln. An ihnen entzündete sich die Phantasie der Betrachter. Im Geiste

Eine besondere Kuriosität der ersten großen Gewächshäuser war der bis zu drei Meter hohe Blütenkelch des Riesenarons aus Sumatra

gingen sie selbst auf schauerliche Entdeckungsreisen in tropische Länder. Bald war in der populären Literatur von menschenfressenden Bäumen zu lesen, denen die zahlreichen verschollenen Forscher und Pflanzensammler zum Opfer gefallen sein mußten.

Natürlich hatte es auch von Anfang der Entdeckungsreisen an nahegelegen, gar nicht die empfindlichen Pflanzen selbst, sondern nur ihre Samen zu transportieren und erst in der fernen Heimat keimen zu lassen. Aber die Schwierigkeiten begannen damit, daß

Nach den phantastischen Vorstellungen des Bayernkönigs Ludwig II. vermischte sich im Wintergarten seiner Münchner Residenz einheimische mit tropischer Flora und Fauna

das Auffinden von Samen im Tropenwald ein oft größeres Glücksspiel war als die Entdeckung einer ganz bestimmten Pflanze. Die Zuordnung eines gefundenen Samens zu einer Pflanze ist in der verwirrenden Artenfülle des Tropenwaldes meist gar nicht möglich. Man konnte nicht wissen, ob sich aus einem beliebigen Samen etwas Begehrenswertes entwickeln würde. Da gab es Samen groß wie Kanonenkugeln, schwer zu tragen, oder welche, die man für eine abgeworfene Vogelfeder halten konnte. Und die Samen der Orchideen gar fand man lange Zeit überhaupt nicht. Sie sind so fein wie Staubpartikel. Hatte man schließlich einmal Samen von eindeutiger Zugehörigkeit, dann gelang es den Gärtnern daheim nur selten und lediglich bei ganz wenigen Arten, aus ihnen eine Pflanze zu ziehen. Bis heute ist es schwierig, die oft unendlich komplizierten Bedingungen nachzuahmen, unter denen eine exotische Pflanze an ihrem natürlichen Wuchsort keimt.

Und doch gibt es eine große, eine berühmte Ausnahme. Im Jahre 1839 war dem amerikanischen Chemiker und Techniker Charles Goodyear die Vulkanisation eines weißen, klebrigen Safts gelungen, den ecuadorische Indianer aus einem Baum zapften und den sie Cahuchu nannten. Dieser „Kautschuk", wie ihn die Weißen tauften, sollte zu einem der wichtigsten Rohstoffe des gerade begonnenen Industriezeitalters werden. Immer mehr Dampfmaschinen in Schiffen, Lokomotiven und Fabriken brauchten immer mehr Gummi für Dichtungen, Pumpen und Puffer. Die größten Bestände des Kautschukbaumes *Hevea brasiliensis* gab es im Inneren des Amazonasbeckens.

Dort liegt Manaus, damals noch ein kleines, unbedeutendes Provinznest mit ein paar tausend Einwohnern. Doch das änderte sich schnell.

Im Gummirausch, raschen Reichtum vor Augen, zogen bald Zehntausende von der Küste gen Westen in den größten Tropenwald der Erde. Bewaffnet mit einer Machete und einem Gewehr, ausgerüstet mit Eimern, molken die Männer den begehrten weißen Saft aus den Bäumen. Abends kochten sie ihre Ernte über Lagerfeuern zu schwarzen Klumpen ein, die besser zu transportieren waren.

Die Zapfer standen von Anfang an in einer ausweglosen Situation. Mit ihrem Lohn zahlten sie nur ihre Schulden bei den Gummibaronen ab – für die Passage in die Grüne Hölle und für die Vorschüsse auf ein Leben, das keine größere Qualität hatte als das der endlosen Kolonnen der Ameisen, von denen die Sammler Tag und Nacht drangsaliert wurden. Wer aufbegehrte, wurde von den Geldeintreibern der Gummibarone gnadenlos verfolgt. Jede Tonne Gummi, so heißt es, die damals verschifft wurde, hatte das Leben von sieben Sammlern gekostet.

Bald kamen zwei Drittel des Weltbedarfs an Kautschuk aus Manaus, das zur reichsten Stadt Südamerikas aufstieg. In ihrem Größenwahn bauten die Gummibarone, die den Markt beherrschten, inmitten des größten Urwalds der Erde ein Opernhaus, das

Während mit der industriellen Nutzung von Kautschuk und seiner Verarbeitung zu Gummi gegen Mitte des 19. Jahrhunderts die Ausbeutung der Regenwälder in großem Maßstab begann, romantisierten Maler wie der von Humboldt geförderte Ferdinand Bellermann tropische Natur in monumentalen Gemälden nach Art europäischer Landschaftsmalerei

„Teatro Amazonas". Die Eisenkonstruktion wurde aus Glasgow herangeschafft, der Marmor aus Carrara, die Kristallüster aus Venedig. Und kein Geringerer als Enrico Caruso, der berühmteste Sänger jener Zeit, kam angereist, um zur Eröffnung zu singen.

Nirgendwo sonst auf der Welt wuchs der Kautschukbaum – nur eben in Brasilien. Und der selbständige Staat wußte dieses Monopol zu nutzen. Der Export der Gewächse, die den begehrten Rohstoff lieferten, war von der Regierung bei Todesstrafe verboten.

Den Herren der industriellen Revolution, den Engländern, war das Kautschukmonopol Brasiliens ein Dorn im Auge. Sie sannen auf Abhilfe. Wenn überhaupt, dann ließen sich allenfalls die unauffälligen Samen des Baumes außer Landes schmuggeln. Damit eine solche Aktion auch nur einigermaßen Aussicht auf Erfolg hatte, sollte sie als wissenschaftliche Pflanzensammelexpedition getarnt werden. Es gab aber noch eine weitere Schwierigkeit: Die begehrten Samen sind nur für kurze Zeit keimfähig; ihr Transport mußte also so schnell wie möglich vonstatten gehen. Zu diesem Zweck wurde der britische Dampfer „Amazonas" mit der damals leistungsstärksten Maschine ausgerüstet und auf die Reise nach Brasilien geschickt.

Leiter der „Expedition" im Jahre 1876 war der Maler, Abenteurer und leidenschaftliche Botaniker Henry Alexander Wickham. Das Honorar, das ihm winkte: 200 Guinees in Gold für 10 000 Samen – eine verlockende Summe.

In den Wäldern am Rio Tapajós ließ Wickham heimlich die reifen Samenrispen der *Hevea brasiliensis* ernten. Sie wurden im Bauch des Schiffes zwischen Lagen getrockneter Bananenblätter und all den anderen Pflanzen, die nur zur Tarnung gesammelt wurden, versteckt. Scheinheilig besuchte Wickham in Begleitung des britischen Konsuls die brasilianische Zollbehörde und erbat eine Ausfuhrgenehmigung für die tropischen Gewächse, welche die inzwischen weltberühmten botanischen Gärten in Großbritannien verschönern sollten. Die Queen persönlich, so versicherten sie, würde sich unsagbar freuen, die floristischen Raritäten Brasiliens in ihren eigenen Gärten zu bewundern. So erhielten die Männer die notwendigen Ausfuhrpapiere, und sofort dampfte die „Amazonas" mit ihrer kostbaren Ladung von siebzigtausend Kautschuksamen aus dem Hafen von Pará hinein in den Atlantik. Zur eigenen Sicherheit fuhr der britische Konsul samt seiner Familie gleich mit.

Als die Nachricht von diesem Handstreich in der Handelskammer von Manaus eintraf, brachen die Gummibarone in brüllendes Gelächter aus. Sie verließen sich auf die kurze Keimfähigkeit der Samen – und wußten nichts davon, daß die „Amazonas" für ihren besonderen Zweck als einer der ersten Schnelldampfer der Seefahrtsgeschichte konstruiert worden war.

Immerhin: Nur ein kleiner Teil des Schmuggelgutes, etwa dreitausend Samen, überlebten die Seereise und entwickelten sich in den britischen Gewächshäusern zu Jungpflanzen. Weniger als zweitausend davon erwiesen sich als so widerstandsfähig, daß man sie abermals auf die Reise schicken konnte, diesmal in die britischen Kolonien, nach Burma und Malaya. Knapp vier Jahrzehnte brauchten die Briten dort, um die ersten erntereifen Kautschukplantagen heranzuziehen. Als sie dann mit ihrem eigenen Gummi auf dem immer noch expandierenden Weltmarkt erschienen, verging den Gummibaronen in Manaus das Lachen. Binnen zwei Jahren war das brasilianische Gummimonopol gebrochen.

Schon zu Beginn dieses bewegten Jahrhunderts, 1809, war in dem kleinen britischen Städtchen Shrewsbury ein Mann geboren worden, der zu einem der größten naturwissenschaftlichen Geister der Neuzeit heranwuchs. Sein Name: Charles Robert Darwin. In der Tradition eines Carl von Linné und eines Alexander von Humboldt stehend, sollte er den dritten Baustein für das Verständnis des tropischen Regenwaldes und weit darüber hinaus für das gesamte Geschehen in der belebten Natur finden. Seine Entdeckungen wälzten alle Vorstellungen um, die die Menschheit von sich selber hatte; dieser Mann leitete die große Revolution der Gedanken über die Natur der Lebewelt auf unserer Erde ein.

Darwin hatte in Cambridge zunächst Theologie studiert. „Ich liebte die Vorstellung, Landpfarrer zu sein", schrieb er später über diese Zeit, aber: „Es beeindruckte mich nicht mehr, wie unlogisch es war zu sagen, daß ich an etwas glaubte, was ich nicht verstand und was in der Tat unverständlich war." So träumte er davon, in fernen Ländern Beweise für die Richtigkeit der biblischen Schöpfungsgeschichte zu finden.

Wißbegierig, wie er war, hatte er auch die botanischen Vorlesungen von Professor John S. Henslow besucht, die Berichte Alexander von Humboldts über dessen Reise nach Mittel- und Südamerika verschlungen, die Werke des Astronomen Friedrich Wilhelm Herschel studiert und nach seinem Examen 1831 die Ferien genutzt, um Professor Adam Sedgwick bei dessen Untersuchungen des Aufbaues alter Gesteinsformationen in Nordwales zu assistieren. Dann bot sich für den erst 22 Jahre alten Naturforscher der glückliche Umstand an, auf dem für eine Erkundung der Erde besonders ausgerüsteten Schiff „Beagle" an einer mehrjährigen Reise um die Welt teilzunehmen. Aufgabe der Expedition war es, südamerikanische Küsten zu kartieren, die genaue Position von Inseln zu ermitteln und Meerestiefen auszuloten.

Im Dezember 1831 verließ die „Beagle" unter dem Kommando von Kapitän Robert Fitz Roy den Hafen von Devonport in Südengland. Während das Schiff zwei Monate später vor Brasilien kreuzte, um die Küste zu vermessen, hatte Darwin Gelegenheit, naturkundliche Exkursionen an Land zu unternehmen. Die Begeisterung des jungen Forschers für seine Beobachtungen einer völlig andersartigen Welt klingt noch heute in seinem Tagebuch nach: „Selbst das Wort Entzücken ist nur ein schwacher Ausdruck für das Gefühl eines Naturforschers, der erstmals allein

Das britische Forschungsschiff „Beagle" durchsegelte während seiner fünfjährigen Weltreise auch die Magellanstraße. Mit an Bord war der später berühmteste Naturforscher des 19. Jahrhunderts, Charles Darwin

den brasilianischen Urwald durchwandert. Die Eleganz der Gräser, das Ungewöhnliche der Schmarotzerpflanzen, die Schönheit der Blüten, das blanke Grün des Laubwerkes, vor allem aber die Üppigkeit der Vegetation erfüllen mich mit Bewunderung. Eine seltsame, widerspruchsvolle Mischung von Lärm und Stille waltet in den schattigen Teilen des Waldes. Das Geräusch der Insekten ist so laut, daß es selbst noch auf einem Schiff zu hören ist, das mehrere

Für die Besatzung der „Beagle" waren die Riesenschildkröten auf Galápagos nichts weiter als lebender Proviant, und auch Darwin erkannte ihre Bedeutung als Kronzeugen für die Evolution noch nicht

hundert Meter von der Küste entfernt vor Anker liegt. In den Tiefen des Waldes aber scheint völliges Schweigen zu herrschen. Einem Freund der Naturwissenschaften bereitet ein solcher Tag größere Freude, als er je wieder zu empfinden hoffen kann. Nachdem ich mehrere Stunden umhergewandert war, kehrte ich zum Landungsplatz zurück. Bevor ich jedoch dort ankam, wurde ich von einem tropischen Gewitter überrascht. Ich versuchte, unter einem Baum Schutz zu finden, der ein so dichtes Laub hatte, daß ein gewöhnlicher englischer Regen nie durchgedrungen wäre; hier aber floß nach wenigen Minuten ein kleiner Bach am Stamm herab."

Die ersten Eindrücke im tropischen Regenwald blieben so lebhaft in Darwins Erinnerung, daß er ihren starken Einfluß auf sein späteres Denken oft betont hat. So schreibt er Jahre später, als er sich noch einmal seinen Aufenthalt in Brasilien vor Augen ruft: „Das Land ist ein einziges großes, verwildertes, üppig wucherndes Treibhaus, das die Natur sich selbst geschaffen hat. Bei meinem letzten Gang blieb ich wieder und wieder stehen, um all diese Schönheiten zu bestaunen, bemüht, mir für immer ein Bild einzuprägen, das, wie ich wußte, früher oder später verblassen würde . . . Aber selbst wenn die Erinnerung schwächer wird, wie die an ein Märchen aus der Kindheit, wird noch ein Bild voller undeutlicher, aber schönster Gestalten bleiben."

Genau wie Alexander von Humboldt ein halbes Jahrhundert zuvor, zeigte Darwin ein universelles Interesse an der Natur. Beim Umherstreifen in den Wäldern, Steppen und Gebirgen Südamerikas beobachtete und sammelte er Insekten, Vögel und Pflanzen, untersuchte die Schichtung von Gesteinen und die darin eingelagerten Fossilien; er verglich versteinerte Knochen, Muscheln und Pflanzen mit noch lebenden Arten.

Im September 1835 erreichte die „Beagle" die Galápagos-Inseln im Pazifik tausend Kilometer vor der Küste Ecuadors. Entdeckt im Jahre 1535, war dieses vulkanische Archipel fast unbesiedelt geblieben, nur Freibeuter hatten hier vorübergehend ihre Schlupfwinkel gehabt, und zuweilen waren Walfänger gelandet. „Las Islas Encantadas" nannten sie die Spanier: die verzauberten Inseln.

Darwin bot sich hier eine geradezu höllische Szenerie dar: nacktes, schwarzes Basaltgestein, zerborsten, bedeckt mit vulkanischer Schlacke und Asche. Erstarrte, blasige Lavaströme wiesen von Bergen herab, deren Spitzen in Wolken verborgen waren. Ebenso fremdartig wie die Landschaft waren die Lebewesen, denen Darwin begegnete. Aus Höhlen starrten ihn riesige, erdfarbene Leguane an, und die düsteren Küstenklippen waren über und über bedeckt mit den dunklen, schwartigen Leibern riesiger Echsen. Darwin, der selten eine bildhafte Sprache benutzte, nannte sie „Kobolde der Finsternis". Er fühlte sich in den Urzustand der Welt zur Zeit der Schöpfung versetzt. „Hier", schrieb er in seinem Reisebericht, „scheinen wir sowohl im Raum als auch in der Zeit jener großen Tatsache – jenem Geheimnis aller Geheimnisse –, dem Erscheinen neuer lebender Wesen auf der Erde, nähergebracht zu werden."

An den Galápagos-Inseln haftet bis heute der Mythos, daß Darwin bereits hier vom Fundamentalisten, der von der Wahrheit der biblischen Schöpfungsgeschichte und der Unveränderlichkeit der Arten überzeugt war, zum Evolutionisten konvertierte. Als Kronzeugen dafür werden von Forschern immer wieder Vögel herangezogen, die mehr als hundert Jahre später zu Ehren des großen Forschers Darwinfinken genannt wurden.

Diese ausschließlich auf den Galápagos-Inseln und auf der nördlich davon gelegenen Kokosinsel heimischen Tiere sind eine Besonderheit der Evolution. 14 Arten, die sich sehr unterschiedlich an ihre Umwelt angepaßt haben, bilden genealogisch eine Gattung. Sie sind heute für die Forschung das klassische Beispiel dafür, wie sich eine Gattung durch den ständigen Kampf

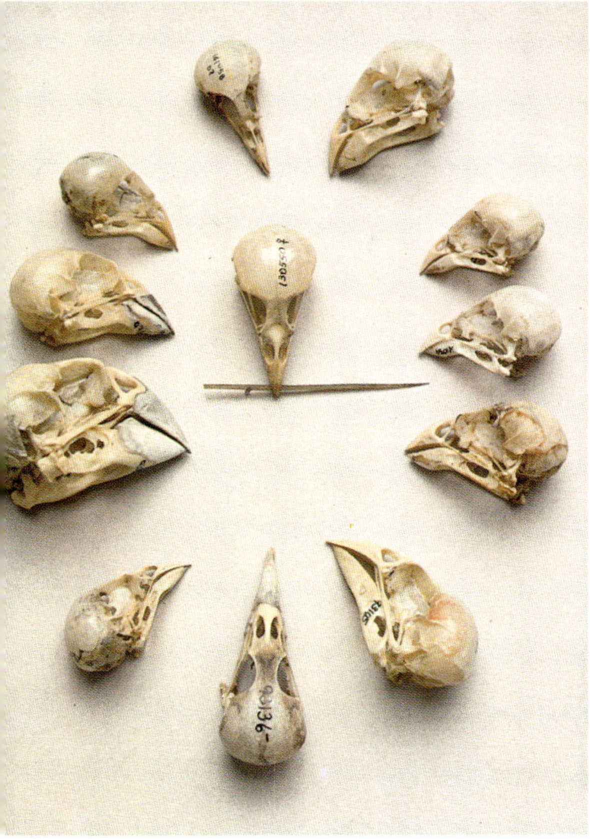

Als Darwin auf den ausgeglühten Lavaklippen von Galápagos die riesigen Leguane erblickte, fühlte er sich in den Urzustand der Welt zur Zeit der Schöpfung versetzt. Die zahlreichen Finkenarten dagegen, die heute seinen Namen tragen und deren Schnabelformen viele Wissenschaftler für Paradebeispiele der Evolution halten, hat er kaum beachtet. Gesammelte Tiere dienten dem Ornithologen John Gould später als Zeichenvorlage

ums Überleben zu einzelnen Arten aufspalten kann, um ökologische Nischen neu zu besetzen, die in alten, kontinentalen Lebensräumen normalerweise von unterschiedlichen Vogelfamilien ausgefüllt werden.

Einige der am Boden lebenden Finkenarten haben dicke, klobige Schnäbel, die der Größe der jeweils bevorzugten Körnernahrung angepaßt sind. Andere entwickelten Schnäbel, die geeignet sind, Knospen oder das saftige Fleisch von Kakteen zu fressen. Wieder andere besitzen schlanke, dünne Schnäbel, die zum Erbeuten von Insekten geeignet sind. Und die merkwürdigste Art benutzt einen langen Kakteenstachel als Werkzeug, um damit Insekten aus ihren Verstecken herauszustochern.

Nur die Legende schreibt Darwin diese Einsichten über evolutionäre Zusammenhänge auf den Inseln zu. In Wirklichkeit geht aus seinen Tagebuchaufzeichnungen eindeutig hervor, daß er die wahre Natur der für die später entwickelte Evolutionstheorie entscheidende Vogelgruppe gar nicht richtig deuten konnte. Denn er ordnete die Finkenarten mehreren Familien zu, weil er sie ausschließlich nach äußeren Merkmalen wie Größe und Form bewertete.

Die verschiedenen Darwinfinken konnten ihr evolutionäres Geheimnis keinem offenbaren, der nicht in der Lage war, durch ihr äußeres Erscheinungsbild und ihr Verhalten ihre enge Verwandtschaft zu erkennen. Auch Darwin, der als Kreationist von der Unveränderlichkeit der Arten überzeugt und zu diesem Zeitpunkt ein noch keineswegs besonders erfahrener junger Naturwissenschaftler war, hatte nicht die Möglichkeit, das Geheimnis dieser besonderen Vögel zu lüften. So blieb ihm die wesentliche Tatsache verborgen, daß er in Wirklichkeit eine einzige Vogelfamilie vor sich hatte, aus der sich durch Aufspaltung mehrere Arten gebildet hatten. In dieser Unkenntnis schenkte er jenen Vögeln denn auch nicht die Aufmerksamkeit, die ihnen gebührt hätte. Weder sammelte er diverse Exemplare – was für eine systematische Untersuchung unerläßlich gewesen wäre –, noch vermerkte er den Fundort der wenigen Bälge, die er an Bord der „Beagle" brachte.

Anderen Kronzeugen der Evolution auf Galápagos, den Riesenschildkröten, schenkte der Forscher ebenfalls wenig Interesse. Sie gehören, wie man heute weiß, sämtlich noch einer einzigen Art an, beginnen sich aber infolge der geographischen Isolation aufzuspalten. So beherbergt jede Insel des Archipels bereits ihre eigene Unterart, die sich nach den Formen der Panzer unterscheiden läßt. Darwin hat davon jedoch anscheinend nichts bemerkt.

Kapitän Fitz Roy von der „Beagle" nahm dreißig Riesenschildkröten der auf der Chatham-Insel heimischen Rasse als lebenden Fleischproviant für die lange Fahrt über den Pazifik an Bord. Darwin und die Mannschaft verzehrten sie – ohne sich dessen bewußt zu sein, daß die Tiere geeignet gewesen wären, die Wissenschaft vom Leben zu revolutionieren. Nicht einer der Panzer, geschweige denn einer der Knochen, wurde mitgenommen. Alle Reste gingen achtlos über Bord.

Dabei hatte der Vize-Gouverneur der Inseln, Nicolas Lawson, Darwin von dem unterschiedlichen Aussehen der Riesenschildkröten erzählt, und er hatte behauptet, er könne auf Anhieb erkennen, von welcher Insel ein Tier stamme. Daß sich Darwin zunächst dafür nicht interessierte, hatte seinen Grund. Kreationisten wie er bewilligten manchen Tierarten, die beispielsweise über einen Archipel verbreitet waren, durchaus ein unterschiedliches Aussehen zu. „Variationen" wurden derartige lokale Rassen genannt; diese Differenzierung verletzte keineswegs das Dogma von der Unveränderlichkeit der Arten.

Doch dann, während der langen Rückfahrt über den Pazifik, kam Darwin ins Grübeln. Er machte eine denkwürdige Eintragung in sein Tagebuch: „Gäbe es auch nur den geringsten Anhaltspunkt für diese Bemerkungen" – gemeint sind jene Hinweise des Vize-

Gouverneurs –, „verdiente die Zoologie von Inselgruppen eine eingehende Untersuchung, da solche Fakten die Unveränderlichkeit der Arten untergraben würden." Zum erstenmal hatte Darwin hier die damals gültige Meinung über die Variationen in Frage gestellt – und mehr noch: Hiermit war der erste Stein aus dem herkömmlichen Gebäude der Biologie geschlagen, das Darwin später völlig zum Einsturz bringen sollte.

Gleichwohl – noch im Jahre 1877 schrieb Darwin, inzwischen ein alter Mann, an den deutschen Naturforscher Otto Zacharias: „Als ich an Bord der Beagle war, glaubte ich noch an die Unveränderlichkeit der Arten, doch soweit ich mich erinnere, gingen mir hin und wieder vage Zweifel durch den Kopf." Aber er verwarf sie wieder.

Im Oktober 1836, nach fünf Jahren, kehrte Darwin auf der „Beagle" nach England zurück; reich an Erfahrungen, die Tagebücher und den Kopf voller Ideen, seine Kisten voll von Steinen, Knochen, getrockneten Pflanzen, Tierbälgen, Muscheln. Im Bewußtsein, daß diese Sammlung die Grundlage einer erhofften wissenschaftlichen Anerkennung schaffen werde, daß aber die Auswertung ihn weit überfordere, stellte er sie den besten Spezialisten in London zur Verfügung. Um an der Arbeit beteiligt sein zu können, zog er selbst aus der Provinz in die Hauptstadt.

Richard Owen, Englands bester Wirbeltierpaläontologe, informierte Darwin schon nach kurzer Zeit, daß mehrere große, fossile Säugetierskelette, die Darwin in Patagonien ausgegraben hatte, mit heute noch lebenden kleineren Arten – Gürteltieren und Faultieren – verwandt sein müßten.

Von dem Ornithologen John Gould, der die wenigen Vögel aus der Sammlung untersuchte, lernte Darwin, daß die drei Formen der von Galápagos mitgebrachten Spottdrosseln klar unterscheidbare Arten einer Familie waren und keineswegs Variationen einer einzigen unveränderlichen Art.

Darwin fügte diese Informationen mit jenen zusammen, die er von Richard Owen erhalten hatte. Und fortan war sein Glaube an die Unveränderlichkeit der Arten, wie sie in der biblischen Schöpfungsgeschichte festgeschrieben ist, zerbrochen. Er kam auf die Idee der Umwandlung der Arten, der Transmutation, wie er es nannte. Fast über Nacht wandelte er sich dadurch vom Kreationisten zum Evolutionisten –

Knochen, die Darwin in Patagonien ausgegraben hatte, wurden zusammengesetzt. Resultat: ein drei Meter hohes Skelett. Der Vergleich mit dem heute lebenden Faultier ergab, daß es sich um dessen ausgestorbenen Vorfahren *Megatherium* handelte

Noch einen ausgestorbenen Riesen hat Darwin in Patagonien entdeckt: Anderthalb Meter groß ist der Panzer des *Glyptodon*, Vorfahr des Gürteltiers

1809 hatte Jean-Baptiste Lamarck eine neue Theorie vorgelegt, wonach Arten nicht plötzlich aussterben, sondern sich immerzu fortentwickeln. Zeitgleich mit Darwin, aber unabhängig von ihm, erkannte Alfred Russell Wallace eines der Naturgesetze der Evolution

und er begann, die gesamte Reise mit der „Beagle" in einem neuen Licht zu sehen.

Jetzt wurde ihm klar, daß die Abfolge der fossilen Lebensformen, wie er sie reichlich in den Gesteinsschichten Südamerikas beobachtet hatte, den Aufstieg, das Sich-Durchsetzen, den Niedergang und schließlich das Aussterben von Arten erkennen ließ und so das Bild eines Daseinskampfes widerspiegelte, der so alt ist wie die Gesteine selbst.

Die deutliche Verbindung zwischen noch lebenden und bereits ausgestorbenen Tier- und auch Pflanzenarten bewies für ihn, daß sich alle Arten kontinuierlich umwandeln, so daß sich ständig neue aus schon bestehenden gebildet hatten und daß erst auf diese Weise die ungeheure Vielfalt der Natur entstanden war.

Aus der Sicht seiner neuen Weltanschauung ahnte der Forscher allmählich auch, welche Schlüsselrolle die Finken der Galápagosinseln für seine neue Theorie hatten. Nun erwies es sich als ein glücklicher Umstand, daß drei Mitglieder der Besatzung, darunter Kapitän Fitz Roy – der gottesfürchtige Mann gehörte später zu Darwins unerbittlichen Gegnern –, ebenfalls Vögel, darunter viele Finken, gesammelt und die Namen der Inseln als Fundorte notiert hatten. An Hand dieser Präparate versuchte Darwin nun die Fundorte seiner eigenen Bälge zu rekonstruieren und hoffte dadurch die Beweise, die seine Spottdrosseln für die Evolution erbracht hatten, zu ergänzen. Doch dieses Bemühen führte zu zahlreichen Fehlern und scheiterte letztlich. So ist es kein Wunder, daß Darwin ausgerechnet die Finken, die seinen Namen tragen, in seinem Hauptwerk nicht einmal erwähnt.

Die Idee von der Evolution war vor Darwin in Ansätzen schon von anderen gedacht worden. Im Jahre 1809 hatte der französische Philosoph und Naturforscher Jean-Baptiste Lamarck die erste großangelegte Evolutionstheorie vorgelegt, ohne indes den Begriff Evolution zu gebrauchen – darunter verstand man damals lediglich die Entwicklung des Embryos. Nach Lamarcks Ansicht verschwanden Arten weniger durch Aussterben als durch Umwandlung in neue Formen. Er postulierte ein Fortschreiten der Natur vom kleinsten sichtbaren Organismus zu den komplexen Pflanzen, Tieren und – damals eine ungeheuerliche Behauptung – zum Menschen. Aber für Lamarck hatte noch jeder Organismus eine eigenständige und spontan ausgelöste Entwicklung durchlaufen. Dem setzte Darwin die geniale Einsicht entgegen, daß einander ähnliche Organismen miteinander verwandt sind und von einem gemeinsamen Vorfahren abstammen. Alle Insekten besitzen gemeinsame Ahnen wie auch alle Säugetiere und alle anderen Lebewesen einschließlich der Pflanzen. Darwin schloß selbst den Menschen davon nicht aus und leitete dessen Herkunft aus einem tierischen Stammbaum ab.

Auch Darwins Großvater Erasmus hatte schon an eine Evolution geglaubt und seine Gedanken darüber in ein langes Gedicht mit dem Titel „Zoonomia" gekleidet. Der Antrieb der Evolution jedoch war unbekannt geblieben.

Bereits 1838, zwei Jahre nach der Rückkehr von seiner Weltreise, war Darwin dann überzeugt, die treibende Kraft der Evolution gefunden zu haben. Aber erst nach zwanzig weiteren Jahren des Beobachtens und Experimentierens, nach der Lektüre aller wichtigen Literatur der Geologie, Zoologie und verwandter Gebiete wagte er sich damit an die Öffentlichkeit. Indes erfuhren seine Thesen noch vor dieser Publikation eine merkwürdige Bestätigung. Unabhängig von Darwin war ein anderer englischer Naturforscher, Alfred Russell Wallace, in Südostasien zu ähnlichen Erkenntnissen gekommen und hatte ein Manuskript mit dem Titel „Über die Tendenz der Varietäten, unbegrenzt vom Originaltypus abzuweichen" an Charles Darwin geschickt. Zusammen mit Darwins Thesen wurde Wallaces Arbeit am 1. Juli 1858 vor der Linnean Society in London vorgetragen.

Ein Jahr danach, im November 1859, erschien dann Darwins Hauptwerk mit dem aussagekräftigen Titel „Die Entstehung der Arten durch natürliche Auslese oder Die Erhaltung begünstigter Rassen im Kampf ums Dasein!" Die Auflage von 1250 Exemplaren war sofort vergriffen, und weitere mußten umgehend gedruckt werden.

In Darwins revolutionärem Buch erschienen seine einst fragmentarischen Beobachtungen im brasilianischen Tropenwald unter einer ganz neuen, ordnenden, erkennenden Sicht: „Viele Insekten ähneln zu ihrem Schutz den verschiedensten Dingen, etwa grünen oder verwelkten Blättern, abgestorbenen Zweigen, Flechten, Blüten, Dornen, Vogelkot oder anderen Insekten . . . Die Ähnlichkeit ist oft wunderbar und sie erstreckt sich nicht nur auf die Farbe, sondern auch auf die Form, und selbst die Art und Weise, wie ein Insekt seinen Körper hält . . . In all diesen Fällen hatten die Insekten ursprünglich zweifellos nur eine sehr oberflächliche, zufällige Ähnlichkeit mit diesem oder jenem Gegenstand, der dort, wo das Insekt sich aufhielt, häufig vorkam."

Und Darwin folgerte: „Angenommen, daß ein Insekt ursprünglich rein zufällig in einem gewissen Grade einem toten Zweig oder einem welken Blatt glich; angenommen weiter, daß seine Nachkommen sich ganz allmählich in verschiedenen Richtungen veränderten, dann müssen all die Variationen durch Mutationen, die diese Insekten dem genannten Gegenstand ähnlicher werden ließen, besser geschützt sein, während andere Variationen schließlich verschwanden, wenn sie das Insekt dem nachgeahmten Gegenstand weniger ähnlich werden ließen und deshalb ausgemerzt wurden . . . Insekten werden häufig von Vögeln und anderen Feinden verfolgt, deren Sehkraft wahrscheinlich besser ist, als die unsrige. Jeder Grad von Ähnlichkeit, der es dem Insekt ermöglichte, der Aufmerksamkeit oder dem Entdecktwerden zu entgehen, mußte seiner Erhaltung förderlich sein. Je perfekter die Ähnlichkeit, um so besser für das Insekt."

Dies ist Darwins Erklärung für die gewaltige Vielfalt des Insektenlebens im Tropenwald und für das Wirken von zufälliger Mutation und Auslese, die diese Vielfalt immer neuer Arten hervorgebracht hat.

Wie alle großen Naturwissenschaftler, so besaß auch Charles Darwin einen Sinn für die Schönheit der Natur und für die ihr innewohnende Ordnung. Er vermochte auch hinter der unübersehbaren, chaotisch wirkenden Vielfalt des Lebens im Tropenwald die ordnenden und erhaltenden Naturgesetze zu entdecken.

Wenige Monate, bevor Darwins Hauptwerk erschien, 1859, war Alexander von Humboldt gestorben, der gesagt und geschrieben hatte: „Das Sein wird in seinem Umfang und inneren Wesen vollständig erst als ein Gewordenes erkannt." Sein großartiger „Entwurf einer physischen Weltanschauung", sein unvollendet gebliebener „Kosmos", wird durch Darwins Werk, zumindest für den Bereich alles Lebendigen, fortgesetzt. Darwin bewies, daß alles Lebendige nicht ein Seiendes, sondern ein Gewordenes ist und daß dieses Werden sich unablässig fortsetzt in einer Entwicklung, die seit dem Anbeginn der belebten Welt alle heutigen Lebensformen hat entstehen lassen und die entstandenen ständig weiter umformt zu neuen Gestalten.

Die Entwicklung der Erkenntnisfähigkeit des Menschen von Linné über Humboldt bis zu Darwin läßt sich vergleichen mit evolutivem Geschehen.

Im weiteren Verlauf der Tropenwaldforschungen bis zur Mitte des 20. Jahrhunderts entstand das Bild einer fast unendlich diversen Lebensgemeinschaft, die in einer fast ebenso unendlichen Fruchtbarkeit wurzelte. Doch dann kam es, in unseren Tagen, zu einer neuen revolutionären Erkenntnis über die Natur des Tropenwaldes. Darüber soll in diesem Buch ausführlich berichtet werden. Um dieses neue Bild zu verstehen, ist es erforderlich, erst einmal etwas über die Herkunft, etwas über die Naturgeschichte der Tropenwälder zu erfahren.

Pioniere zwischen den Gezeiten

Vor mehr als 400 Millionen Jahren begannen die ersten Lebewesen, dem Meer zu entsteigen und das Land zu besiedeln. Das belegen nicht nur fossile Funde. Auch in der Gegenwart läßt sich die Wechselbeziehung zwischen diesen Lebensräumen studieren – in der amphibischen Welt des tropischen Mangrovenwaldes

Mangrovenwald in Vorderindien, Stahlstich von 1898

An der Südspitze Floridas haben sich Mangroven auf abgestorbenen Korallenriffen angesiedelt. Zwischen den sechs Meter hohen „Hecken" staut sich die Flut. Schlick setzt sich ab – neues Land entsteht

Flüsse auf den Philippinen transportieren Sedimente aus den Bergen an die Küste. Mangroven, die in den nährstoffreichen Ablagerungen wurzeln, wandern somit immer weiter in das Meer hinaus und verbinden schließlich kleine Inseln

Im Brackwasserbereich eines kleinen Flusses auf der karibischen Insel Dominica haben Mangrovenbäume Luftwurzeln gebildet, mit denen sie atmen und die den Baum stützen. Zugleich wirkt das vielarmige Wurzelwerk als Schlickfänger

Fische verlassen das Meer, um auf dem Land zu leben. Auf beinähnlichen Brustflossen bewegen sich die Schlammspringer wie auf Krücken voran. In ihren dicken Köpfen besitzen sie einen enorm vergrößerten Kiemenraum, in dem sie ständig einen Meerwasservorrat zum Atmen mit sich führen

Bei den Männchen dieser Winkerkrabbenart ist eine der beiden Scheren gewaltig vergrößert. Zum Beutefang nicht mehr geeignet, wird sie bei Revierkämpfen als Schild oder Keule eingesetzt – oder zum Heranwinken von Weibchen benutzt

Zwischen den langen Atemwurzeln der *Rhizophora*-Mangroven, die sich ins Meer vortasten, finden herabgefallene Keimlinge Schutz vor den Strömungen der Gezeiten – Pioniere an vorderster Front

Der Lebensraum
des Rosaroten Löfflers
sind die Mangrovenwälder
Floridas. Mit ihrem eigentümlich geformten Schnabel
seihen die selten gewordenen
Vögel Kleinlebewesen wie
Mollusken und Würmer
aus dem Schlick

Nach Fotos schufen Zeichner von GEO detailgenau die Darstellung des Lebensraumes Mangrovenwald an der Westküste der malaiischen Halbinsel. An vorderster Linie der Flußmündung, unmittelbar über der niedrigsten Wasserlinie, stehen die Pionierarten aus der Gattung *Sonneratia*; am unteren Teil des Stammes der für sie typische Kranz von Zweigen, die bei Flut überspült werden. Die spargelähnlichen Gebilde um den Baum sind Atemwurzeln, welche die Hauptwurzeln nach oben senden, um im luftundurchlässigen Schlick nicht zu ersticken. Bogenförmige Atemwurzeln der *Rhizophora*-Mangroven in zweiter Linie wirken als Schlickfänger, mit denen sich die Pflanzen zwischen Land und Meer letztlich ihren Lebensraum selbst schaffen. In dieser amphibischen Umwelt locken Tiere, die das Meer verlassen, eine Vielzahl von Lebewesen des Landes an

Die große, weiße Blüte, die eine halbe Stunde lang fast unbeweglich auf dem schokoladenfarbenen Wasser des schlammigen Flusses vor mir gelegen hat, beginnt langsam nach links zu treiben. Die Flut hat eingesetzt. Dinge, die an mir vorbeigetrieben waren und das Meer nicht mehr erreicht haben, kehren zurück: Baumstämme, irgendwann von einem tropischen Regenguß am Oberlauf des Flusses entwurzelt, fremdartige exotische Früchte, ein aus Reisstroh geflochtener Sonnenhut und das ballonartig aufgedunsene, ertrunkene Schwein, auf dem große, schwarze Vögel noch immer versuchen, ein Loch in die Schwarte zu hacken. Als sie es geschafft haben, versinkt der Kadaver wie ein aufgeblasenes Gummitier, aus dem die Luft entweicht.

Wie eine langsam kochende Suppe wallt der Schlamm des sedimentgesättigten Flusses an die Oberfläche empor, breitet sich in Kreisen aus und versinkt wieder in die Tiefe. Das Wasser riecht wie Gartenerde, die man zwischen den Fingern zerreibt. Der Sarawak ist einer von vielen Flüssen, die wie ein System pulsierender Lebensadern die gebirgige Urwaldinsel Borneo durchziehen. Der Fluß verströmt Ruhe und die Wärme, die er am Vortage aufgesogen hat.

Frühmorgens ist es am Hafen von Kuching, der Hauptstadt der zu Malaysia gehörenden Borneo-Provinz Sarawak, noch angenehm kühl. Ich sitze auf der Pier und warte auf die Abfahrt des kleinen, morschen Flußbootes, das mich zu den nur auf dem Wasserwege erreichbaren, abgelegenen Fischerdörfern an der Nordküste der riesigen Tropeninsel bringen soll.

Ein Schwarm Sampongs, wie die kleinen Transportboote heißen, hat längsseits festgemacht. Säcke, Kisten, gebündeltes Gemüse, Netze für den Fischfang, Matratzen und große, schwere Stauden von Kochbananen werden entladen und auf dem Verkehrsboot verstaut. Über allem liegt der Geruch von Schlamm, faulenden Gemüse- und gärenden Obstabfällen, die vom Markt an der Pier in den Strom gekippt werden. Gelegentlich weht eine schwache Morgenbrise den betäubenden Duft schwelender Räucherstäbchen von dem nahen, von zwei großen steinernen Drachen bewachten chinesischen Tempel herüber. Hier hat sich seit den Zeiten Joseph Conrads nur wenig verändert.

Als der Bootsführer das Horn bläst, ist es Zeit für mich, an Bord zu gehen. Ich muß eine steile Treppe hinabsteigen, die glitschig ist wie Schmierseife. Der Fluß hat beim letzten Hochwasser seine Schlammfracht auf den Stufen zurückgelassen.

Die Passagiere sind fast ausschließlich malaiische Fischer mit ihren Familien, die ihren Fang in der Stadt verkauft haben. Jetzt kehren sie, beladen mit Ausrüstungen und Lebensmitteln, in ihre Dörfer an der Küste zurück. Schlafende kleine Kinder hängen, in große Tücher gebunden, im Schatten unter dem Gebälk der Decke. Die Kleinhändler, die es mit ihren Bauchläden voll Süßigkeiten und Limonade noch einmal auf die Kinder abgesehen hatten, verlassen das Boot. Um Punkt acht Uhr legt es ab.

Schwer arbeitet die alte Dieselmaschine gegen den Strom. Ab und zu schlagen untergetaucht treibende Baumstämme gegen den Rumpf des Bootes. Nach einer Viertelstunde verschwindet die Silhouette von Kuching hinter der ersten Flußwindung. Jetzt säumen nur noch die undurchdringlich grünen Wände der Nippapalmen die Ufer des Flusses wie ein Spalier. Die riesigen Blätter der stammlosen Palmenart wachsen auf ihren meterlangen Stielen aus Kissen ebenholzfarbener Tüllen hervor, die im schlammigen Untergrund wurzeln. Die Nippapalmen zählen zu den botanischen Ureinwohnern in diesem Teil der Welt. Ihre Früchte, die an der Bordwand des Flußbootes vorbeitreiben, haben Geologen versteinert in Sedimenten gefunden, die sich hier vor mehr als 200 Millionen Jahren abgelagert hatten.

Ich liebe es, auf diesen gewundenen tropischen Flüssen zu reisen. Jede Bie-

Die Ufer des Belait-Flusses auf Borneo säumt eine undurchdringliche Galerie von Nippapalmen. Wie Fossilienfunde belegen, existieren die Nippapalmen unverändert seit 200 Millionen Jahren

gung verspricht die Entdeckung eines neuen Geheimnisses. Der große hölzerne Leib einer chinesischen Dschunke treibt uns mit schlaffen Segeln entgegen. Sie ist mit großen Spruchbändern geschmückt, deren Aussage mir verborgen bleibt.

Nach zwei Stunden Fahrt werden die Nippapalmen am Ufer immer spärlicher und geben den Blick auf einen dahinter liegenden Urwald frei. Seine schmächtigen Stämme stützen sich auf spinnenbeinartige Stelzwurzeln und scheinen langsam in der auflaufenden Flut zu ertrinken.

Dieser Sumpfwald besteht aus Mangroven. Die amphibischen Pflanzen wachsen an vielen Küsten tropischer Länder. In einigen Regionen, in Florida, am Roten Meer, in Ostasien und in Australien, haben sich einige Arten sogar ein wenig über die Tropenzone hinaus verbreitet. Nirgends ist die Anzahl der verschiedenen Mangroven und die Ausdehnung ihrer Wälder jedoch so üppig wie an den Ufern von Sumatra, Borneo und Neuguinea.

Die Mangroven haben es fertiggebracht, sich an den Meeresküsten die Zone zwischen den Linien tiefsten und höchsten Wasserstandes im Wechsel von Ebbe und Flut als Lebensraum zu erschließen. Da sie zu den ganz wenigen Landpflanzen gehören, die sich dem Salzwasser anpassen konnten, sind sie hier konkurrenzlos und gedeihen prächtig. Die Botaniker haben für diese Wälder den treffenden Ausdruck „Gezeitenwälder" geprägt.

Ganz offensichtlich hat sich die Mangrovenvegetation nirgendwo sonst während der langen Erdgeschichte so ungestört entwickeln können wie in Südostasien. Die Wissenschaftler sehen dafür zwei Gründe. Zum einen das mit 60 Millionen Jahren hohe Alter der tropischen Regenwälder dieser Region. In diesen Urwäldern wachsen auf einer Fläche von nur ein paar Hektar meist mehr verschiedene Baumarten als in ganz Europa. Gefördert durch ganzjährige, besonders üppige Wachstumsbedingungen, erschufen die Naturgesetze im Laufe der Evolution im tropischen Regenwald immer neue Pflanzenarten. Im indo-malaiischen Inselarchipel vermuten die Botaniker mehr als 3500 verschiedene Bäume. Der Konkurrenzkampf unter den Arten wurde immer stärker, der Siedlungsraum immer kleiner. Eine dieser Baumgruppen, eben die Mangroven, wich dorthin aus, woher einst die Vorfahren aller Pflanzen und Tiere des Landes gekommen waren, nämlich aus dem Meer. Was den Mangroven diesen Rückzug erleichterte, ist der Umstand, daß das Meer über dem Sunda-Schelf, auf dem der indo-malaiische Inselarchipel liegt, sehr flach ist.

Das hat seinen besonderen Grund. Wie überall auf der Welt nagen die Kräfte von Verwitterung und Abtragung auch an den tropischen Rieseninseln. Die Verwitterungsprodukte Sand und Schlamm werden von den Flüssen in das Meer gespült. Da der Sockel des Landes ohnehin flach ist, bauen sich vor den Flußmündungen in kurzer Zeit großflächig schlammige Deltas auf. In Sarawak beispielsweise wachsen sie jährlich um weitere 25 Meter ins Meer hinaus, und frühere Küstenorte liegen heute weit im Binnenland. Auf Java, wo zu dem normalen Verwitterungsmaterial noch große Mengen vulkanischer Asche ins Meer gespült werden, schieben sich die Deltas des Tjimanak- und des Solo-Flusses jedes Jahr um mehr als 100 Meter weiter ins Meer. Der Solo-Fluß zum Beispiel transportiert sechzigmal mehr Sediment als der Rhein. Welche Ausmaße diese Schlammaufschüttungen annehmen können, zeigt am eindrucksvollsten Ost-Sumatra. Der Schlamm, den zahlreiche Flüsse dort auf den Sunda-Schelf ergießen, ließ die Insel auf die doppelte Breite ihrer ursprünglichen Ausdehnung anwachsen.

Mangrovenwurzeln wachsen in den Schlickablagerungen der Flüsse genauso schnell, wie diese ihnen Schlick zum Wachsen liefern. Ob die Mangroven selbst den Schlick an der Küste binden oder ob dieser erst die Mangroven zur Ansiedlung verlockt, ist die Frage nach der Henne und dem Ei. Unzweifelhaft fungiert das vielarmige Wurzelwerk der Pflanzen als Schlickfänger. Haben sie erst einmal Fuß gefaßt, so sammelt sich zwischen ihrem Stelzwurzellabyrinth mehr und mehr Schlick an. Damit wächst langsam neues Land empor, aus dem Watt wird fester Boden. Die Mangroven verhindern vor allem, daß das herbeitransportierte Verwitterungsmaterial von Meeresströmungen weggeschwemmt wird. Durch diese schlickbindende Tätigkeit wachsen die

sich abtragenden Kontinente ständig in die Breite. Die Mangroven schaffen sich so letztlich ihren Lebensraum selbst.

Ein so hochkompliziertes und spezialisiertes Gewächs ist das Endprodukt einer langen Kette erdgeschichtlicher Entwicklungen. Hätte schon vor hundert Jahren die Möglichkeit bestanden, die Erdkugel von einem Satelliten aus zu fotografieren, so wäre auf der Aufnahme eines der faszinierendsten Merkmale unseres Planeten zu sehen gewesen: beiderseits des Äquators ein breiter, meist unter Wolken verborgener Gürtel immergrüner Regenwälder. Damals erstreckte er sich noch, fast unangetastet durch menschlichen Raubbau, nahezu geschlossen über die tropischen Bereiche von Kontinenten und Inseln. Wäre so ein Foto aus dem Weltraum vor tausend Jahren oder gar vor Jahrmillionen entstanden, hätte es nicht viel anders ausgesehen. Der tropische Regenwald ist der älteste und bis vor kurzem stabilste Lebensraum auf den Kontinenten.

Pollenfunde in Malaysia und anderswo belegen, daß dieser Wald kontinuierlich seit der erdgeschichtlichen Periode der Kreidezeit, die vor 60 Millionen Jahren zu Ende ging, existiert. Seine Ausdehnung war Schwankungen unterworfen, und die Pflanzen und Tiere haben sich während ihrer langen genetischen Entwicklung verändert, aber die Hauptmerkmale dieser höchstentwickelten Lebensgemeinschaft unserer Erde sind gleich geblieben, zeigen im Laufe der Zeit zunehmend einen hohen Grad von Ordnung und Organisation. Die Paläobotaniker haben die Entwicklungsgeschichte des tropischen Regenwaldes indes noch viel weiter, bis an den allerfernsten Ursprung, zurückverfolgt.

Die große Zeit dieser Wälder geht zurück bis in das erdgeschichtliche Mittel-

Kilometer vor der Küste an einem Priel des tropischen Wattenmeeres auf dem Sundaschelf haben kleine *Avecennia*-Mangroven Wurzeln geschlagen. Dem Salzwasser, das bei Flut über ihre Kronen hinwegspült, haben sich die Bäumchen angepaßt

alter, das Mesozoikum, vor 130 bis 150 Millionen Jahren. Damals, als Saurier über die Erde herrschten, waren die Pflanzen gerade zu einer wichtigen Verbesserung ihrer Vermehrung gekommen. Blütenpflanzen – Angiospermen – waren entstanden. Sie entwickelten eine verwirrende Fülle von Blütenformen, gefüllt mit Zuckersubstanzen, um Insekten anzulocken. Als Gegenleistung für die angebotene Nahrung transportieren die Insekten, ob sie wollen oder nicht, die befruchtenden männlichen Pollen zu den weiblichen Fortpflanzungsorganen. Bei diesen „modernen" Pflanzen entstehen das männliche und das weibliche Fortpflanzungsorgan zum erstenmal auch in ein und derselben Blüte. Somit erfüllt ein Insektenbesuch gleich einen doppelten Zweck, nämlich: Pollen von dem Besuch einer anderen Blüte zurückzulassen sowie einen neuen Vorrat zur nächsten Blüte mitzunehmen. Damit ist ein hoher Austausch genetischer Informationen zwischen den einzelnen pflanzlichen Individuen und folglich eine beschleunigte Weiterentwicklung möglich geworden.

Pflanzen und Insekten leben seither in einer unauflöslichen Lebensgemeinschaft, die – wie wir später in anderen Kapiteln sehen werden – erst die Vielfalt des tropischen Regenwaldes entstehen ließ und aufrecht erhält.

Bevor die Blüten „erfunden" wurden, war die Vermehrung und der genetische Informationsaustausch der Pflanzen wesentlich schwerfälliger und uneffektiver. Bei den Gymnospermen, zu denen auch alle Nadelhölzer, die Koniferen, gehören, werden die Pollen in einem eigenen Zapfen gebildet; zu den samentragenden weiblichen Zapfen werden sie durch den Wind transportiert. Und das ist bei der Unbeständigkeit des Windes eben wesentlich uneffektiver als ein Insekt, das systematisch von Blüte zu Blüte fliegt. So ist es auch zu verstehen, daß die Gymnospermen im Vergleich zu den Blütenpflanzen viel weniger Arten ausgebildet haben und beim Aufbau des tropischen Regenwaldes praktisch keine Rolle spielen. Sie haben sich hauptsächlich in die unwirtlicheren, kälteren und trockeneren Regionen unserer Erde zurückgezogen. Trotzdem gehören auch die Gymnospermen bis heute zu den erfolgreichen Pflanzen, denn auch sie machten, lange vor den ersten Blütenpflanzen, vor rund 300 Millionen Jahren eine revolutionäre „Erfindung", die der Vegetation eine Ausbreitung über die engen Grenzen feuchter Lebensbereiche ermöglichte: den Samen. Seine Neuerung bestand darin, daß in ihm bereits eine vorentwickelte Pflanze angelegt ist.

Da die Elternpflanze diesem Embryo auch noch einen Nährstoffvorrat mitgibt, hat er von vornherein gute Wachstumschancen. Bis zu dieser Neuerung in der Evolution hatten sich Pflanzen, die zu den ältesten auf dem Land gehören – Farne, Schachtelhalme und Bärlappgewächse –, auf primitive Art durch Sporen vermehrt. Sie aber haben es verhältnismäßig schwer: Von Millionen gelingt es nur wenigen, auf eine Stelle zu fallen, die die richtige Kombination von Licht und Feuchtigkeit bietet – Voraussetzung, zunächst einmal Geschlechtszellen zu bilden. Und erst deren Vereinigung bringt dann eine neue Pflanze hervor.

Trotzdem haben Sporenpflanzen einst viele Millionen Jahre lang die Kontinente beherrscht. Sie wuchsen bis zur Größe von Bäumen heran und bildeten die ersten Urwälder auf der Erde. Doch diese sumpfigen Wälder, aus denen später die heutigen Steinkohlenlager entstanden, müssen bedrückend eintönig gewesen sein: ohne große Artenvielfalt, ohne Blüten, ohne den gaukelnden Flug eines Schmetterlings und den lieblichen Gesang eines Vogels – denn die gab es ja alle noch nicht. In dem von Fäulnis stinkenden Morast, in dem die umgebrochenen Riesengewächse versanken, krochen nur ein paar seltsame Kreaturen herum – halb Fisch, halb Lurch –, die gerade die Urozeane verlassen hatten und ein Leben auf dem Land versuchten.

Die ältesten fossilen Überreste von Landpflanzen sind etwa 420 Millionen

Jahre alt. Jenseits dieser Zeitmarke verlieren sich ihre Spuren.

Wie alles Leben auf der Erde, so haben sich auch die Pflanzen in den Ozeanen entwickelt. In Sedimenten, die sich am Grunde der Urozeane ablagerten und dann versteinerten, lassen sich Spuren davon mehr als 3,5 Milliarden Jahre zurückverfolgen. Und zu diesem erdgeschichtlich frühen Zeitpunkt hatten die ersten Pflanzen – einzellige, blaugrüne Algen – bereits die wohl entscheidendste Erfindung allen Daseins gemacht. Mit Hilfe der Energie des Sonnenlichtes gelang es ihnen, in ihrer Zelle eine Art chemischer Fabrik zu betreiben. Sie stellten aus einfachen anorganischen Molekülen des Elements, in dem sie schwammen, aus Wasser und dem darin reichlich gelösten Kohlendioxid, komplexere organische Moleküle her: Kohlenhydrate, die ihnen als Nahrung dienten.

Die Algen konnten die Rohstoffe ihrer Nahrung also aus einem unbegrenzt großen Reservoir, den Fluten der Meere, beziehen. Auch der Energielieferant, die Sonne, war ein zuverlässiger Partner. Durch diese Nährstoffproduktion der Pflanzen – Photosynthese genannt – war auf geniale Weise eine außerirdische Energiequelle nutzbar gemacht worden, um Leben weiterzuentwickeln und zu erhalten. Fast die gesamte irdische Biomasse verdankt dieser Erfindung letztlich ihre Existenz. Zugleich mit den ersten Pflanzenzellen waren im Urozean auch die ersten tierischen Zellen entstanden. Sie ernährten sich von Algen.

Bei der Herstellung der Kohlenhydrate blieb cin Element übrig – Sauerstoff. Er stammte aus den Wassermolekülen, von denen die Pflanze nur den Wasserstoff benötigte. Als zunächst nutzloses Abfallprodukt des Stoffwechsels wurde jener Sauerstoff in das Wasser und später, als es damit gesättigt war, auch in die Atmosphäre ausgegast.

Zum weiteren Verständnis des Geschehens ist es wichtig zu wissen, daß unsere Erde bei ihrer Entstehung vor 4,5 Milliarden Jahren durch vulkanische Aktivitäten ihre Ozeane und ihre Atmosphäre ausschwitzte. Damals – wie heute – bestanden 90 Prozent des Schweißes unserer Erde aus Wasserdampf, der sich nach seiner Abkühlung als Regen niederschlägt. Der Rest besteht aus Kohlendioxid, Stickstoff und anderen Gasen. Freier, ungebundener Sauerstoff war jedoch einst nicht dabei. Er entstand im wesentlichen erst viel später, eben als Stoffwechselabfall des Lebens selbst. Er wurde und wird von den grünen Pflanzen freigesetzt.

Zunächst bereiteten die Algen ihre Nahrung durch einen Stoffwechsel auf, den die Biologen als Gärung bezeichnen. Während bei der Photosynthese einfache anorganische Verbindungen zu komplexen Nahrungsmolekülen zusammengefügt werden, zerlegt der Organismus diese bei der Gärung wieder, wobei die chemische Energie frei wird, die die einzelnen elementaren Bausteine im Molekül zusammenhält. Und eben diese Energie wird nun als Lebenskraft genutzt.

Der Gärungsstoffwechsel kann jedoch das Nahrungsprodukt nicht wieder bis in seine Ausgangssubstanzen zerlegen. Der Vorgang kommt mittendrin zum Erliegen; die noch reichlich vorhandene Bindungsenergie des Moleküls wird nicht voll ausgenutzt.

Nach Milliarden Jahren dieser völlig unwirtschaftlichen Nahrungsverwertung begannen die Algen allmählich damit, das Abfallprodukt der Photosynthese, den Sauerstoff, in einer Art Recycling für eine bessere „Verdauung" nutzbar zu machen. Sie erfanden die Atmung.

Mit Hilfe des eingeatmeten Sauerstoffs, der ungebunden chemisch äußerst aktiv ist, leisteten die Organismen gründliche Arbeit. Sie zerlegten die Nahrungsmoleküle wieder zu Kohlendioxid und Wasser, zu jenen Ausgangssubstanzen also, aus denen die Moleküle ursprünglich durch die Photosynthese aufgebaut worden waren. Nahrungsaufbau und Nahrungsabbau stellen also einen Kreislauf dar, bei dem auch der zunächst abfallende Sauerstoff letzten Endes wieder seine Freiheit verliert. Atmung bedeutet die genaue Umkehrung der Photosynthese. Allein durch diesen Vorgang konnte eine sauerstoffreiche Atmosphäre also auch nicht entstehen. Sie war jedoch die Voraussetzung für eine Eroberung des wüstenhaften Festlandes durch Pflanzen und Tiere, weil sie die tödlichen ultravioletten Strahlen aus dem Weltraum abschirmt. Daß trotzdem eine solche Atmosphäre entstand, liegt daran, daß nur ein kleiner Teil der mit der pflanzlichen Photosynthese produzierten Nahrung durch Oxidation mit Sauerstoff wieder in Lebensenergie umgewandelt wurde. Einen großen Teil der Nahrungsmoleküle benutzten die Pflanzen dazu, ihre Körpersubstanz – Zellwände, bei höherer Organisation später auch Blätter, Äste und Stämme – aufzubauen.

Wenn die grünen Algen abstarben, sanken sie auf den Grund des Urozeans. Dort wurden sie in den sich ständig ablagernden Sedimenten begraben und damit dem Sauerstoff entzogen, der sich sonst mit dem Kohlenstoff der toten Pflanzensubstanz zu Kohlendioxid verbunden hätte. Weil damit große Mengen pflanzlicher Substanz sozusagen aus dem Verkehr gezogen wurden, kam es allmählich zu einem Sauerstoffüberschuß.

Die Menge des im Laufe der Erdgeschichte auf diese Weise sedimentierten organischen Kohlenstoffs ist so gewaltig, daß die Chemiker sie in Gigatonnen messen, also in Milliarden Tonnen. Insgesamt wird dieses Reservoir an Kohlendioxid auf 20 Millionen Gigatonnen geschätzt.

Doch die Evolution sorgte für einen noch weit wirkungsvolleren Kohlenstoffentzug und damit Sauerstoffüberschuß. Sehr frühzeitig nämlich begannen die einzelnen Organismen, einen weiteren Rohstoff ihrer Umwelt für sich nutzbar zu machen: Calcium. Aus Calcium und Kohlendioxid entwickelten sie Calciumcarbonat, also Kalk, für ihre stützenden Gehäuse und Skelette. Die sich daraus am Meeresboden bildenden Sedimente verfestigten sich zu Kalkstein.

Während der Sauerstoffgehalt der Atmosphäre auf die beschriebene Weise ständig anstieg, kam es im Ozean nach der „Erfindung" des Atmungsstoffwechsels vor etwa 600 bis 700 Millionen Jahren zu einem Boom in der Entwicklung des Lebens. Im Vergleich zu den Zellen, die Gärung betrieben, stand den atmenden Zellen die vierzehnfache Energie für ihre Lebensfunktion zur Verfügung, weil sie sich die gesamte innere Bindungsenergie der Nahrungsmoleküle nutzbar machen konnten. Mit Hilfe der Atmung wurde zum erstenmal die Energieversorgung größerer Zellverbände möglich.

An Gesteinen aus jener Periode läßt sich ablesen, wie erfolgreich sich die „Erfindung" der Atmung auf die Weiterentwicklung und Differenzierung des Lebens auswirkte. Fast unvermittelt tritt zum erstenmal während der Erdgeschichte eine große Zahl bereits weit entwickelter Pflanzen und Tiere in Erscheinung.

Als der Sauerstoffgehalt der Atmosphäre allmählich zehn Prozent des heutigen Wertes erreicht hatte, genügte das bereits, um einen großen Teil der gefährlichen ultravioletten Strahlen von der Erdoberfläche fernzuhalten. Unter dem Schutz dieses Filters begannen vor etwa 400 Millionen Jahren die ersten tierischen Pioniere, den Ozean zu verlassen und auf das feste Land vorzudringen. Es waren vor allem Gliedertiere – Skorpione, Spinnen, Milben und Tausendfüßler.

Es ist nicht leicht zu verstehen, warum Lebewesen überhaupt ihren alten angestammten Lebensraum, die gleichbleibende Umwelt des Meeres, verließen. Während für sie im Wasser ihr Körpergewicht weitgehend aufgehoben war, mußten sie bei ihrem Landgang nicht nur mit der Schwerkraft fertigwerden, sondern sie mußten, um in der Luft nicht zu ersticken, auch ganz neue Formen der Atmung entwickeln. Darüber hinaus bestand für ihre Körper ständig die Gefahr der Austrocknung.

Die Wissenschaftler sind sich einig: Konkurrenzkampf um Lebensraum und Nahrung trieb die Tiere aus dem

Meer. Aber spätestens hier taucht die Frage auf, wie denn die Pflanzen, Grundlage aller tierischen Ernährung, noch vor den Tieren auf das urwüstenhafte Land vorgedrungen sind. Sie konnten sich ja nicht aktiv bewegen wie die Tiere. Darüber hinaus bestanden für sie an Land viel größere Überlebensprobleme. Die tierischen Landgänger hatten, um Freßfeinde abzuwehren, bereits im Meer Panzer ausgebildet, die nun auch vor Austrocknung schützten. Die Pflanzen dagegen besaßen nichts Vergleichbares. Und noch einer Gefahr waren Pflanzen auf dem Lande ausgesetzt: Salz. Durch Verdunstung von Meerwasser, das von Ebbe und Flut sowie von der Brandung auf das Land getragen wird, ist es im Küstenbereich besonders stark konzentriert. Im Meer hatte das Salz den Pflanzen nichts anhaben können, aber auf dem Land entzog es denen, die sich nicht dagegen zu schützen vermochten, das lebenswichtige Zellwasser. Eine Eroberung des Landes direkt vom Meer aus, über salzige Lagunen und Strände, wie es die Tiere geschafft haben, ist daher für die Pflanzen sehr unwahrscheinlich. Die Besiedlung salziger Böden ist in der Botanik bis heute stets der letzte Schritt und nicht der erste gewesen.

Des Rätsels Lösung verbirgt sich in einer einfachen Hypothese. Lange bevor Tiere den ersten Schritt an Land vollzogen, wurden primitiv entwickelte Pflanzen – Bakterien und Algen – durch Strömungen und Brandung immer wieder an die Küsten der Urkontinente gespült. Von den Flutsäumen wurden sie dann durch Stürme ins Landesinnere geweht. Einige landeten in Regenwasserteichen und überlebten. Erst hier, an den lebensfreundlicheren Süßwasserufern, fanden sie Gelegenheit, all die Anpassungen herauszubilden, die für ein Leben auf dem trockenen Land unabdingbar waren. Sie entwickelten große Zellgefäße, in denen sie die wässerige Umwelt ihres alten Lebensraumes erhalten konnten, und sie schufen ein kompliziertes System zur Regulierung der Poren in den Außenwänden, um den Gaswechsel für die Photosynthese – ohne die Gefahr der Austrocknung – zu gewährleisten. Wurzeln bildeten sich aus, um Wasser zu sammeln, und holzige Stengel, um nun das eigene Gewicht tragen und der Schwerkraft widerstehen zu können.

So ausgerüstet, drangen die Pflanzen nun vom Rande der Süßwasserteiche im Inneren des Landes auf festen Boden vor. Sie besiedelten die Ufer von Flüssen und gelangten so auch wieder an die Küsten. Einige, von denen die heutigen Seegräser noch einen Eindruck vermitteln, machten dort nicht halt, sondern kehrten sogar in ihre alte Heimat, das Meer, zurück. Erst diese Verbreitung der Pflanzen von den Süßwassertümpeln im Inneren des Landes an die Küsten lockte die ersten Tiere auf der Suche nach Lebensraum und Nahrung aus dem Meer heraus.

Weitere 50 Millionen Jahre vergingen aber noch, bis auch unsere fernsten Vorfahren aus dem Stamm der ersten Wirbeltiere so weit entwickelt waren, daß sie am Ende des Erdzeitalters Devon, vor 350 Millionen Jahren, den Schutz des Ozeans verlassen konnten, um an Land zu leben. Es waren Fische, die ihre Flossen zu Beinen und ihre Schwimmblasen zu Lungen umgewandelt hatten. Spuren erster Wirbeltiere, amphibisch lebender Lurche, die am Ufer schlammiger Meeresküsten und Lagunen nach Nahrung suchten, sind als versteinerte Abdrücke erhalten geblieben.

Doch der notwendige Umweg bei der Eroberung des Landes durch die Pflanzen läßt sich nicht nur mit fossilen Funden und theoretischen Überlegungen rekonstruieren, sondern auch durch praktische Anschauung. An den Küsten der Urwaldinsel Borneo habe ich in den Mangrovenwäldern die Wechselbeziehungen zwischen Ozeanen und Kontinenten und den Auszug von Meeresbewohnern auf das feste Land studiert.

Nach vier Stunden Fahrt erreicht das Flußboot tuckernd sein Ziel, ein Fischerdorf mit dem klangvollen Namen Santubong. In der Mitte des Stroms wird der Anker geworfen. Ich steige mit den anderen Passagieren in kleine Fischerboote, die uns in den Ort bringen. Die Häuser sind Pfahlbauten; auf langen Stelzen erheben sich die kleinen, aus Bambus und Rattanrohr zusammengeflochtenen, mit den Blättern der Nippapalme gedeckten Fischerhütten über den Küstensaum.

Santubong liegt am Rande des Mangrovenwaldes, am Ufer einer 800 Meter hohen, mit dichtem Urwald bewachsenen Halbinsel. Der Gezeitenwald hat die ursprüngliche Insel mit dem Festland zusammenwachsen lassen. Dies ist für mich der ideale Ort, die Anpassungen der Mangroven an ihren extremen Lebensraum und ihre Methoden der Landgewinnung zu studieren.

Als der Wasserspiegel sinkt und bei Ebbe den Untergrund des Mangrovenwaldes wieder freigibt, mache ich mich auf den Weg. In vorderster Linie, unmittelbar über dem niedrigsten Wasserpegel, stehen die Pionierarten aus der Gattung *Sonneratia*. Einzeln stehend oder in kleinen Gruppen bilden ihre Bestände eine lichte, parkähnliche Landschaft. In weitem Kreis um jeden Baum wachsen Hunderte spargelähnlicher Gebilde aus dem Schlick empor. Es sind Atemwurzeln, welche die Hauptwurzeln nach oben senden, um im luftundurchlässigen Schlick nicht zu ersticken.

Als ich eines dieser Atemorgane mit dem Taschenmesser aufschneide, sehe ich, daß es innen, vergleichbar einer Lunge, aus vielen hohlen Kammern besteht. Außen besitzen die Atemwurzeln viele kleine, nur unter dem Mikroskop sichtbare Öffnungen – so fein, daß sie zwar für Gase, nicht aber für Wasser durchlässig sind. Werden die Atemwurzeln bei Flut vom Wasser bedeckt, dann wird der Sauerstoffvorrat in ihrem Inneren durch die Atmung der Wurzelzellen verbraucht, während das im Wasser lösliche Kohlendioxid aus den Öffnungen entweicht. Die Folge ist ein Unterdruck in den Geweben der Stütz- und Atemwurzeln. So werden sie, wenn sie bei der nächsten Ebbe wieder aus dem Wasser auftauchen, in die Lage versetzt, abermals sauerstoffreiche Luft anzusaugen. Der Sauerstoffgehalt der Wurzeln schwankt deshalb im Rhythmus der Gezeiten zwischen 10 Prozent gegen Ende der Flut und mehr als 20 Prozent gegen Ende der Ebbe.

Da nicht der Wasserhaushalt, sondern der Salzhaushalt für die Mangroven in ihrer marinen Umwelt das Hauptproblem ist, haben sie ein spezielles Verfahren zur Meerwasserentsalzung entwickelt, so daß das Lebenselexier im Baum weniger Salz enthält als das die Wurzeln umspülende Meerwasser. Eine besondere Rolle kommt dabei den Blättern zu. Vergleichbar den Blättern von Wüstenpflanzen, sind auch die der Mangroven von dicker, fleischiger Beschaffenheit und mit einem wachsartigen Überzug versehen. Das vermindert die Transpiration und somit das Ansaugen unnötig großer Salzwassermengen. Als ich die Blattunterseite genauer untersuche, sehe ich mit bloßem Auge, wie die Pflanze aufgenommenes Salz durch spezielle Drüsen wieder ausschwitzt.

Die Bäume der Gattung *Sonneratia* besitzen unter ihren weitausladenden Hauptkronen, am unteren Teil des Stammes, etwa drei Meter über dem Grund, noch eine zweite, eine Unterwasserkrone mit ganz anders geformten und strukturierten Blättern. Wenn sie bei Flut unter Wasser stehen, wirken sie als Wellenbrecher und schützen den Wald. Einige Botaniker vermuten, daß die Blätter dieser Krone dem Meerwasser darüber hinaus Nährstoffe entziehen. Das wäre ein faszinierendes Indiz dafür, daß die Mangrovenarten der vordersten Linie dabei sind, immer weiter und immer tiefer in das Meer vorzudringen. Am Ende einer derartigen Entwicklung könnten so aus ihnen dauerhafte Unterwasser-Meeresbäume werden. *Sonneratia*-Bäume sind der Lebensraum der seltenen und äußerst scheuen Nasenaffen, die es nur auf Borneo gibt. Die Eingeborenen nennen diese Affen, die als Vegetarier von den Blättern der Bäume leben, Kera belanda – Holländeraffen, weil ihre langen, geschwollenen roten Nasen denen sonnenverbrannter Europäer ähneln.

Bedingt durch die unterschiedliche Salztoleranz der einzelnen Arten, unterteilt sich der Gezeitenwald in mehrere Zonen. Auf die Front der *Sonneratia* folgt die zweite Welle des Mangrovenvormarsches ins Meer. Sie setzt sich zusammen aus Bäumen der Gattung *Avecennia*, die ähnlich gebaute Atemwurzeln wie *Sonneratia* besitzen.

Als ich durch den zwar dichten, aber am Grunde leicht passierbaren Wald auf dem recht festen Schlamm weitergehe, stehe ich unvermittelt vor einem meterhohen Labyrinth von Luftwurzeln, die wie lange knöcherne Finger bogenförmig vom Stamm herabwach-

Die Krone einer mächtigen alten *Sonneratia*-Mangrove im Watt vor der malaiischen Halbinsel ist abgestorben; nur noch ihre charakteristische Unterwasserkrone erhält die Pflanze am Leben. Wo diese Bäume sich zu einem Wald verdichten, ist der Lebensraum der selten gewordenen Nasenaffen, die sich ausschließlich von Mangrovenblättern ernähren

sen. Ich habe die dritte Zone, die der Gattung *Rhizophora*, erreicht. Ihre Arten kolonisieren die höher gelegenen Schlickbänke, die nur noch bei Hochwasser überflutet werden. Hier ist das Fortkommen eine Qual. Kletternd und kriechend versuche ich voranzukommen. Dieses hinderliche Stelzwurzellabyrinth ist ein besonders wirksamer Filter für die vom Fluß und den Gezeiten herangespülten Schlickteilchen.

An den Bäumen der Gattung *Rhizophora* offenbart sich mir eine weitere faszinierende Anpassung an das Leben in Schlamm und Meerwasser. Die meisten Mangrovensamen keimen schon am Elternbaum, so daß sie fertige Stecklinge sind, wenn sie in den Schlick hinabfallen. An den Ästen der *Rhizophora* hängen dicke, braune, kugelförmige Samen, die unten bereits eine etwa 50 Zentimeter lange, speerförmige harte Wurzel ausgebildet haben. Als ich einen Ast schüttele, fällt einer dieser schweren Samen herab, bohrt sich tief in den Schlick und pflanzt sich damit selbst. In wenigen Tagen werden sich die in ihm bereits angelegten Blätter entfalten. Fallen diese Keimlinge ins Wasser, so können sie mit dem Ebb-

Die meisten Mangrovensamen keimen bereits am Elternbaum. An den Ästen der *Rhizophora* hängen dicke braune, kugelförmige Keimlinge, aus denen bereits 50 Zentimeter lange speerförmige Wurzeln sprießen; beim Herabfallen bohren sie sich in den Schlick und pflanzen sich damit selbst. Schon bald beginnen die Bäume, ihr Wurzelgeflecht zu entwickeln

strom zu einem Korallenriff vor der Küste gespült werden. Dort verhaken sich die Wurzeln dann in Löchern und Rissen. So können auch diese Mangroven als Pioniere kleine Bauminseln weit vor der vordersten Linie bilden.

Der Morast in der Zone der *Rhizophora* erscheint mir bodenlos. Ich sinke besorgniserregend tief ein, und es gelingt mir oft nur mit äußerster Kraft, meine Beine aus der Schlickfalle zu befreien. Plötzlich wirken Hitze und Luftfeuchtigkeit unerträglich. Schweiß läuft mir in die Augen. Myriaden blutgieriger Moskitos fallen über mich her, und

wenn ich nach den Luftwurzeln greife, verbeißen sich sofort Dutzende von Weberameisen in meinen Händen. Die Kombination der Schwierigkeiten läßt diesen Teil des Gezeitenwaldes nach kurzer Zeit undurchdringlich erscheinen. Ich ziehe mich langsam zurück.

Hinter dem Gürtel der *Rhizophora* liegt eine weitere Mangroven-Zone, die von Arten der Gattung *Bruguiera* eingenommen wird. Mit ansteigender Schlickschichtung und Landbildung können sie hier auf die Fähigkeit, Salzwasser zu tolerieren, mehr und mehr verzichten. Wo sie wachsen, besteht landeinwärts ein Süßwassersumpf, bevor der festländische tropische Regenwald oder das Kulturland beginnt. An der Küste Borneos können die verschiedenen Mangroven-Zonen zusammen einen 20 bis 30 Kilometer breiten Waldgürtel bilden.

Am nächsten Morgen, als die Ebbe den Boden des Gezeitenwaldes freigibt, erlebe ich etwas Merkwürdiges. Kleine, etwa zwölf Zentimeter lange Fische haben die Periode der Flut ganz augenscheinlich über dem Wasser auf Ästen der Mangroven verbracht; jetzt klettern sie hinab auf das trockenfallende Watt. Wie kleine Bulldozer beginnen sie mit ihren dicken, froschähnlichen Köpfen die oberste weiche Schlickschicht nach Nahrungspartikeln zu durchwühlen, die die letzte Flut herangespült hat. Da sich diese Fische, wenn sie es eilig haben, mit gekrümmtem Schwanz vom Boden abstoßen und so mehr als einen Meter weit vorschnellen können, hat man sie Schlammspringer genannt. Nach ihrer häufigeren Fortbewegungstechnik müßten sie jedoch treffender Schlammgeher heißen.

Fasziniert beobachte ich, wie sich die Art *Periophthalmus chrysospilus* vor mir auf ihren kräftig entwickelten Brustflossen wie auf zwei Krücken voranbewegt. Die breite, fleischige Flossenbasis und die ellenbogenartige Krümmung lassen erkennen, daß sich diese Brustflossen zu einer Art Arm oder Bein entwickeln. Ich sehe mit eigenen Augen, was unsere fernsten Vorfahren, die ersten Wirbeltiere – halb

Fisch, halb Lurch –, vor 350 Millionen Jahren an den Küsten des Urozeans vollzogen haben. Hier verlassen Fische abermals das Meer, um auf dem Land zu leben.

Was die Mangroven vom Festland an die Küste vertrieb, hat umgekehrt die Schlammspringer aus dem Meer an die Küste getrieben: Konkurrenz um Lebensraum und Nahrung. Durch die Mangroven war an der Küste ein neuer Lebensraum, reich an organischen Nährstoffen, entstanden. Er hatte die Fische herbeigelockt. Der Schritt der Mangroven zurück ins Meer hatte den Schritt der Fische aufs Land erst ermöglicht. Wie landorientiert die Schlammspringer bereits sind, zeigt sich an ihrem Verhalten, als ich ihnen zu nahe komme. Sie benutzen ihre Schwänze wie Sprungfedern und fliehen nicht mehr in ihre nasse Urheimat, sondern in die Gegenrichtung – in den Wald.

Fische fliehen das Wasser: Bei Flut erklimmen manche Schlammspringer-Arten die Mangroven, um räuberischen Fischen zu entgehen. Bei einer anderen Art exponiert sich ein Männchen mit weiten Luftsprüngen, um Weibchen auf sich aufmerksam zu machen – aber auch, um sein Revier gegenüber Rivalen abzugrenzen

Das vielleicht schwierigste Problem, das die Schlammspringer bei ihrem ersten Landgang lösen müssen, ist die Atmung. Lungen haben sie nämlich noch nicht entwickelt. Sie können trotzdem atmen, weil sie in ihrem dicken Kopf einen enorm vergrößerten Kiemenraum besitzen, in dem sie ständig einen Meerwasservorrat mit sich führen. Durch Luftschnappen verstehen sie es darüber hinaus, den darin enthaltenen Sauerstoffvorrat zu strecken. Luft und Wasser vermischen sich, wenn die Fische sich bewegen. Ist der Sauerstoffvorrat in dem Gemisch nach einer Weile – je nach dem Grad ihrer Aktivitäten – erschöpft, dann kriechen sie zurück an den Flutsaum oder an den Rand einer Pfütze und trinken frisches, sauerstoffreiches Atemwasser. Zusätzlich können die Schlammspringer einen Teil ihrer Atmung über die Haut betreiben, die sie durch schnelles seitliches Drehen im Schlamm feucht halten.

Auch ihre lidlosen, riesigen Glotzaugen, die wie zwei Kugeln oben auf dem Kopf sitzen, sind bereits dem Landleben angepaßt. Ihre Linsen sind abgeflacht, Voraussetzung für ein scharfes Sehen außerhalb des Wassers. Immer wieder rollen die Schlammspringer ihre

Kugelaugen blitzschnell in einem Flüssigkeitsreservoir im Inneren ihrer Augenhöhlen, um auch sie feucht zu halten.

Als sich die Fische vor mir sattgefressen haben, ist Zeit für andere Beschäftigungen. Mit farbigen Rückenflossen, wie Flaggen aufgestellt, springen die Männchen hoch in die Luft, um Weibchen auf sich aufmerksam zu machen und gleichzeitig ihr Revier gegen andere Männchen abzugrenzen. An anderer Stelle bedrohen sich zwei Männchen der mit leuchtend blauen Tupfern wunderschön gefärbten Art *Boleophthalmus boddaerti*, die 18 Zentimeter lang wird, mit weit aufgerissenen Mäulern und aufgestellten Rückenflossen wie zwei Miniaturdrachen. Nachdem sie so eine Weile versucht haben, sich gegenseitig einzuschüchtern, gehen sie dazu über, sich Kopf gegen Kopf über eine unsichtbare Grenze hinweg abzudrängen.

Nachdem die Männchen des Schlammspringers *Boleophthalmus boddaerti* ihren Höhlen im Schlick entstiegen sind, beginnen sie drohend mit ihren Revierkämpfen. Im Watt bauen sie sich kleine Aquarien, die sie bei Ebbe regelmäßig aufsuchen, um frisches Atemwasser zu trinken

Die beiden kämpfen um den Besitz eines kleinen Aquariums in der Nähe, das einer von ihnen aus Schlamm erbaut hat. Der Bauherr bleibt schließlich Sieger und setzt seine Arbeit fort. Mit seinem Maul als Greifer baggert er das Loch immer tiefer. Bald bildet das ausgespuckte Material einen etwa acht Zentimeter hohen Deich um einen kleinen Teich. In ihm wird das Weibchen seine Eier ablegen. Wie bei Amphibien, so kann sich auch der Nachwuchs der Schlammspringer nur im Wasser entwickeln. Aus diesen Reservoirs schöpfen die Fische außerdem frisches Atemwasser, wenn das Meer bei Ebbe seinen tiefsten und fernsten Stand erreicht hat und die seichten Pfützen im Watt ausgetrocknet sind.

Mehrmals kann ich beobachten, wie die Fische in ihren Teichen ausgiebig baden, um ihre Haut vor dem Austrocknen zu schützen und um den blutgierigen Mosquitos zu entkommen, von denen sie pausenlos attackiert werden. Aber die Schlammspringer haben noch einen anderen, weit gefährlicheren Verfolger, vor dem sie sich nur mit äußerster Wachsamkeit retten können. Bei Ebbe kriechen Schlangen von den

Mangroven herab auf das Watt, um die Fische zu jagen. Nie zuvor bin ich irgendwo derart vielen Schlangen begegnet. Bis zu drei Exemplare sind gleichzeitig in meinem Blickfeld. Ich kann die mit Schlamm bedeckten und deshalb hervorragend getarnten Tiere nur ausmachen, wenn sie sich bewegen. Um in dem weichen Schlamm überhaupt voranzukommen, winden sie ihren in Schleifen gelegten Körper, ähnlich wie Wüstenschlangen im losen Sand, seitwärts voran. Erleichtert erkenne ich durch das Fernglas an ihrer merkwürdigen Kopfform, daß es Hundskopfschlangen sind, ungiftig. Fast greife ich aber dann doch, haltsuchend, nach einer giftigen grünen Mangrovenviper, die wie eine Liane zwischen langen Luftwurzeln hängt. Im letzten Bruchteil einer Sekunde bemerke ich meinen Irrtum.

Die Schlangen führen mir vor Augen, wie sehr hier in der Gezeitenzone die Lebensräume des Landes und des Meeres miteinander verzahnt sind. Der Schritt der Fische ans Land hat den Schritt der Schlangen in die andere Richtung herausgefordert.

Mehrere tropische Schlangenarten sind bereits vollends ins Meer zurückgekehrt. In umgekehrter Richtung wie die Schlammspringer haben sie sich Korallenriffe vor der Küste als Lebensraum erschlossen. Von einigen dieser Meeresschlangenarten ist bekannt, daß sie den Mangrovenwald aufsuchen, um dort ihre Eier abzulegen. Dieses Hin und Her von Tier-, aber auch von Pflanzenarten heraus aus dem Meer und zu-

Der Schützenfisch erbeutet Insekten aus der Luft, indem er sie mit einem Wasserstrahl abschießt. Beim Zielen versteht er es, die Lichtbrechung der Wasseroberfläche zu berücksichtigen

rück ins Meer hat sich in der langen Erdgeschichte mehrmals vollzogen. Neben den Mangroven sind die ebenfalls wieder ins Meer zurückgekehrten Schildkrötenarten bestes Beispiel dafür. Die zahlreichen kleinen und großen Walarten, die alle von Landsäugetieren abstammen, sind ebenfalls diesen Weg gegangen. Umgekehrt wie bei den Schlammspringern, hatten sich ihre Beine zu Flossen zurückentwickelt.

Auch den Schützenfisch hat das Nahrungsangebot des Baumwatts angelockt. Doch er hat den Schritt ans Land nicht vollzogen. Er schwimmt in den unzähligen schmalen Tidekanälen, die den Mangrovenwald durchziehen, und er versteht es, kleine Fluginsekten mit einem gezielten Hochdruckwasserstrahl herabzuschießen. Seine besondere Fähigkeit besteht darin, die Lichtbrechung der Wasseroberfläche beim Zielen genau zu berechnen.

Die Schlammspringer sind nicht die einzigen, die sich anschicken, das Meer zu verlassen, um zu Landbewohnern zu werden. Kaum, daß der Ebbstrom das Watt freigegeben hat, entsteigen, wie auf ein geheimes Zeichen, tausende bizarrer, farbenprächtiger Gestalten dem Schlick. Es beginnt an einer Stelle. Der Schlamm wölbt sich hoch, eine große, oft leuchtend rot und gelb gefärbte Schere bricht hervor, dann folgt der Körper, der in einem grotesken Mißverhältnis zur Größe seiner Riesenschere steht. Es ist ein Männchen der Winkerkrabbe. In schneller Folge kommen immer mehr seiner Artgenossen hervor, und nach wenigen Minuten ist das Watt mit ihnen übersät. Ich zähle bis zu zwanzig Tiere pro Quadratmeter. Auf dem grauen Schlick entfaltet sich eine Orgie von Farben. Jede Kombination scheint möglich. Da gibt es lackschwarze Körper mit gelben Beinen und roten Scheren, rosa und violette Gestalten. Am meisten fasziniert bin ich von einer leuchtend blau gefärbten Art.

Auch diese zahlreichen, kiemenatmenden Krabbenarten des Gezeitenwaldes haben bereits einige Anpassungen an das Landleben ausgebildet. Wenn sie auf dem Grunde der flachen Ebbetümpel nach Nahrung suchen, können sie trotzdem das Geschehen über Wasser beobachten, um Feinde rechtzeitig zu bemerken: mit aufstellbaren Teleskopaugen, die über die Wasseroberfläche emporragen. Und wie die Schlammspringer besitzen sie in ihren Körpern eine Art Tank, in dem sie einen Vorrat an Atemwasser für ihren Landgang speichern können. Ist das Wasser, das im Mundraum außerdem zum Herausfiltern der im Schlick enthaltenen Nahrungspartikel verwendet wird, verbraucht, dann holen sich die Krabben frisches – vom Grund ihrer Wohnhöhlen, die bis in das Grundwasser hinabreichen.

Faszinierend ist, daß sich die Atemkammern der Krabben in dem Maße zu lungenähnlichen Gebilden umgewandelt haben, wie die Arten in den Zonen zunehmender Verlandung des Mangrovenwaldes vorkommen.

Oberhalb der Flutgrenze lebt die Reiterkrabbe von angespülten Quallen, Tangblasen und Fischen. Die Kiemen in ihrem Atemwassertank sind zurückgebildet. Dafür ist er großflächig mit einer dünnen, stark durchbluteten Haut ausgeschlagen. Selbst wenn der Wasserstand in der Kammer stark gesunken ist, bleibt diese Haut durch Verdunstung feucht und kann, vergleichbar unserer Lunge, Luftsauerstoff aufnehmen.

Endgültig zu Landbewohnern sind schließlich die Landeinsiedlerkrebse geworden, die sich in der Übergangszone von Mangrovenwald und festem Land aufhalten. Sie verbergen ihren Hinterleib in einem leeren Schneckenhaus. Das hat einen guten Grund. Die Haut des Hinterleibs ist stark durchblutet und äußerst dünn. Drüsen halten sie ständig feucht. Geborgen im Schneckenhaus, fungiert diese Haut als lungenähnliches Atmungsorgan. So hat sich der Landeinsiedlerkrebs voll auf Luftatmung eingestellt. Würde man ihn ins Meer zurückwerfen – er würde ersticken.

Es kostet mich mehrere Tage Beobachtung, um den Lebensrhythmus des farbigen Winkerkrabben-Gewimmels zu entschlüsseln. Nachdem die Tiere ihren Behausungen entstiegen sind, in denen sie Schutz vor ihren Feinden – zumeist räuberischen Fischen – gesucht haben, die bei Flut über das Watt kommen, beginnen sie sofort zu fressen. Sie filtern Algen und andere Nahrungspartikel aus dem frischen Schlick heraus. Ist die unmittelbare Umgebung ihrer Höhle abgeweidet, dehnen sie ihre Streifzüge aus und versuchen, in die Reviere der Nachbarn einzudringen. Heftige Kämpfe, die jedoch meistens ohne Verletzungen verlaufen, sind die Folge. Die Männchen benutzen ihre Riesenschere mal als Schild, mal als Keule. Mit einem schnellen Schlag wird der Gegner oft weit durch die Luft geschleudert. Wenn er dann irgendwo inmitten fremder Reviere landet, beginnt für ihn ein Spießrutenlaufen zurück in sein eigenes. Die Weibchen, deren Scheren eine proportionale Größe besitzen, versuchen sich Rücken gegen Rücken abzudrängen. Kämpfe werden ganz ohne Ansehen des Geschlechts geführt: jeder gegen jeden.

Ist der Hunger gestillt und erlahmt damit der Kampf um Nahrungsplätze,

Mit weit ausholenden winkenden Bewegungen seiner Riesenschere versucht ein Männchen der Winkerkrabbe, ein Weibchen auf sich aufmerksam zu machen. – Wegen ihres massenhaften Auftretens Soldatenkrabben genannte Krebse filtern Nahrungspartikel aus dem frischen Schlick, den die vorausgegangene Flut zwischen den spargelförmigen Atemwurzeln der *Avicennia*-Mangroven hinterlassen hat

werden die Angriffe immer seltener. Die Männchen zeigen jetzt ein ganz anderes Verhalten. Sie richten sich hoch auf und vollführen mit ihrer imposanten Riesenschere weit ausholende, winkende Bewegungen. So möchten sie Weibchen auf sich aufmerksam machen, um sie in ihre Höhle zu locken. Sonderbar ist, daß nach einer Weile alle Männchen derselben Art die Winkbewegungen synchron vollführen.

Bei niedrigstem Wasserstand, wenn die nächste Flut einsetzt, beginnen die Tiere in aller Eile, ihre Höhlen auszubaggern, bevor das jetzt unablässig steigende Grundwasser in sie eindringt. Sie tun dies mit der roboterhaften Präzision von Baumaschinen. Dicke Schlammkugeln, deren Gewicht mehrfach größer ist als das ihres eigenen Körpers, werden zwischen den Beinen hervorgerollt. Ist diese mühsame Arbeit beendet, folgt noch eine zweite kurze Freßphase.

Als dann die Flut blasentreibend auf das Watt läuft, fasziniert mich ein weiteres Bild. Winzige, nur erbsengroße Soldatenkrabben, die zu Tausenden in langen Marschkolonnen dem Saum der Ebbe gefolgt waren, strömen jetzt zu-

rück. Plötzlich verharren sie auf einer sandigen Schlickbank und beginnen damit, aus kleinen Schlickkügelchen eine Kuppel wie einen Iglu über sich zu errichten. In Sekunden ist das Bauwerk fertiggestellt und die Krabbe darin verschwunden. An Bewegungen der Kuppel läßt sich nur noch erkennen, daß das Tier sich immer tiefer gräbt und den Schlick über sich an die Decke klebt, die somit immer fester wird.

Auch die leuchtend blaue Winkerkrabbe, die ihre Höhle fertig ausgebaggert hat, zeigt ein eigenartiges Verhalten. Mit ihren Beinen fräst sie den Eingang der Höhle sorgfältig kreisrund aus. Nachdem sie den Abraum beiseite geschafft hat, stanzt sie mit ihren Beinen an einer offensichtlich genau ausgewählten Stelle ein kreisrundes Stück aus dem Schlick. Dann faßt sie mit einem ihrer langen Beine darunter, hebt das Stück heraus und schleppt es zu ihrer Höhle. Sie zieht ihre Teleskopaugen ein, kriecht in den Bau und klappt die Schlammscheibe von innen vor den Eingang. Der Deckel paßt genau. Auch hier erkenne ich an winzigen Bewegungen, daß die Ränder von unten noch sorgfältig verschmiert werden. Die Winkerkrabbe bringt sich auf diese Weise vor der Flut und den mit ihr auf das Watt kommenden Raubfischen in Sicherheit.

Der Rhythmus der Gezeiten hat das Leben der Winkerkrabben im Laufe von Jahrmillionen so stark bestimmt, daß ihre Verhaltensabläufe unabänderlich geprägt sind. Als man einige Tiere in einem Experiment Tausende von Kilometern verfrachtete und dort aussetzte, behielten sie das Aktivitätsintervall ihrer Heimat bei, obwohl Ebbe und Flut jetzt zu ganz anderen Zeiten auftraten.

Auch die Schlammspringer ziehen sich vor dem auflaufenden Wasser zurück. Einige Arten wühlen sich mit ihrem Schwanz tiefe Höhlen in den Schlick, wo sie dann die Zeit der Flut verbringen. Die Art *Periophthalmus chrysospilus* jedoch, die ich zuerst beobachtet habe, klettert mit steigendem Wasserstand über die Atemwurzeln der Mangroven immer höher an den Stämmen und Ästen hinauf. Neben den zu

Innerhalb weniger Sekunden stanzt die blaue Winkerkrabbe *Uca dussumieri* eine Schlammscheibe aus dem Watt, schält sie heraus und schleppt sie als Deckel zu ihrem Bau

beinähnlichen Gebilden umgewandelten Brustflossen sind die Bauchflossen so zusammengewachsen, daß sie einen Saugnapf bilden, mit dem sich die Fische auf dem Holz festhalten können.

Am Ende dieses Tages, während die Flut immer höher steigt und sich der Untergrund des Gezeitenwaldes – ein Festland auf Zeit – wieder zu Meeresboden verwandelt, schwindet das Sonnenlicht am westlichen Horizont. Hier, in äquatorialer Breite, wo die Sonne fast senkrecht hinter der Erdkrümmung versinkt, vollzieht sich der Übergang vom Tag zur Nacht sehr schnell. Durch die Brechung des Sonnenlichtes in der wasserdampfgesättigten, tropischen Atmosphäre erstrahlt die Unterseite der Wolken in flammendem Rot und Gelb. Die glatte Südchinesische See darunter ermattet in der Farbe flüssigen Goldes.

Tausende von Fledermäusen, die den Tag in Felsenhöhlen der nahen Berge verbracht haben, gleiten jetzt lautlos auf ihren Hautflügeln über mich hinweg, um im Mangrovenwald den Nektar blühender Bäume zu saugen. Währenddessen bereiten am Strand von Santubong die Fischer ihre schmalen, langen Boote für den nächtlichen Fang vor. Ich fahre mit ihnen hinaus in das labyrinthartige System von Flußarmen und Tidekanälen, in das immer noch die Flut hineindrängt. Obwohl gerade Neumond ist, leuchtet der Rumpf des Bootes hell, und in den bronzefarbenen Gesichtern der Malaien spiegelt sich ein gespenstischer fahler Schein, der aus dem Meere stammt. Die Quelle des weißlich-grünlichen Lichtes sind Myriaden winziger Planktontierchen, die in der Bugwelle und in den Wirbeln am Heck unseres Bootes phosphoreszieren.

Als ich die Hand außenbords ins warme Meer strecke, ist es, als griffe ich in flüssiges Licht. Für einen Moment bildet das Wasser in der Schale meiner Hand einen leuchtenden Teich, kommt dann zur Ruhe, erlöscht. Ich kann mich an diesem mir unirdisch erscheinenden Licht nicht sattsehen, nicht sattfassen. Ich bade meinen ganzen Arm in der Leuchtflüssigkeit, zeichne mit meinen Fingern immer neue Leuchtschriften in die Oberfläche des Meeres. Vorn vor dem Boot ziehen funkensprühende Sternschnuppen ihre Spuren durch die Dunkelheit. Es sind Fische, die sich vor dem Boot durch einen Sprung in die Luft zu retten suchen. Schattenphantomen gleich, tauchen sie nach kurzem Flug hell aufleuchtend in ihr Element zurück.

Ein zweites Boot, das parallel fährt, erscheint mir wie ein Komet, der mit langem Schweif auf seiner Reise durch Zeit und Raum an Sternen vorüberzieht. Die Sterne: Leuchtkäfer, die mit ihren besonderen Organen regelmäßig Lichtsignale aussenden. Die Fischer nennen die Tiere Kelip-Kelip, was in ihrer Sprache treffend das präzise An- und Ausschalten der Blinkzeichen wiedergibt.

Als meine liebenswerten, einfühlsamen Gastgeber mein Interesse an den Leuchtkäfern bemerken, ändern sie den Kurs des Bootes und steuern es ins scheinbar dunkle Nichts. Mit ihren geübten Augen haben sie entdeckt, was ich erst eine Weile später ausmachen kann: einen in vorderster Front einzeln stehenden, prächtig illuminierten Mangrovenbaum von der Art der *Sonneratia*. Jetzt leuchtet er auf wie ein Weihnachtsbaum mit elektrischen Kerzen. Der Lichterglanz kommt durch Leuchtkäfer zustande, die sich zu Tausenden in der Krone des Baumes versammelt haben. Die kollektive Leuchtkraft der Insekten ist so groß, daß sich der Baum noch etwa einen Kilometer entfernt ausmachen läßt. Aus der Richtung des in der Dunkelheit verborgenen Mangrovenwaldes kommen immer mehr Käfer herbeigeflogen, um sich in dem Baum niederzulassen. Nach kurzer Zeit ist das Blinken der Neuankömmlinge mit dem ihrer Artgenossen, die ihre Signale alle exakt zugleich aussenden, völlig gleichgeschaltet. Unzählige synchron blinkende Käfer lassen den Baum wie ein Leuchtfeuer für die Schiffahrt erscheinen.

Aufzeichnungen mit Meßinstrumenten haben gezeigt, daß dieses Blinken

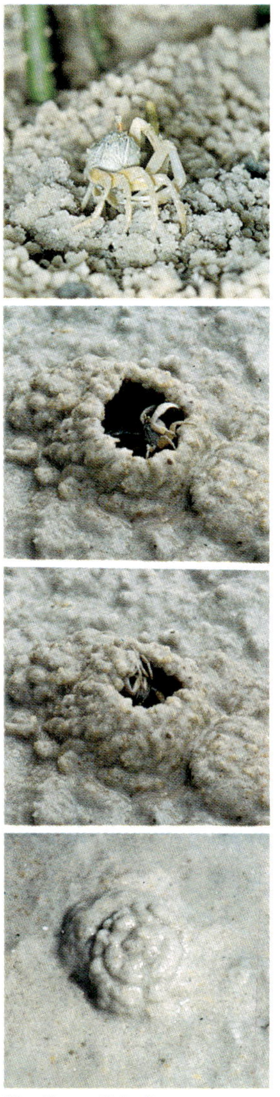

Vor ihren Feinden, die mit der Flut auf das Watt kommen, verbergen sich die nur erbsengroßen Soldatenkrabben in Iglus, die sie aus Schlammkugeln minutenschnell erbauen

regelmäßiger und präziser funktioniert als jeder andere biologische Rhythmus. Wie die Gleichschaltung Tausender von Individuen zustande kommt, entzieht sich bisher noch – wie vieles andere aus dem besonderen Lebensraum des Mangrovenwaldes – der naturwissenschaftlichen Erkenntnis.

Trotzdem erfahre ich dieses Phänomen in jener Tropennacht am eigenen Leib. Die Fischer haben das Boot am Stamm des Lichterbaumes festgemacht, so daß ich das faszinierende Geschehen studieren kann. Als ich das Blinken einige Minuten beobachte, scheint sich der Rhythmus des Aufleuchtens auf meine eigenen Körperfunktionen so unmittelbar zu übertragen, daß ich fast erschrecke. Der Vorgang wirkt zwingend. Ich überprüfe meine Reaktionen, indem ich mich abwende und in die Dunkelheit blicke. Aber wie ein optisches Echo scheint sich das Blinken irgendwo und irgendwie in meinem Gehirn fortzusetzen. Als ich mich wieder umdrehe und in den Lichterbaum blicke, ist mein inneres „Blinken" immer noch absolut synchron mit dem der Käfer. Die Fischer, denen mein Erstaunen nicht entgangen ist, lachen und geben mir zu verstehen, daß sie um dieses Geheimnis der Rhythmusübertragung schon lange wissen.

Über die Bedeutung jener Blinksignale haben geduldige Wissenschaftler, allen voran der britische Biologe Ivan Polunin, viel nachgedacht. Was sie herausfanden: Die Blinksignale werden von den Männchen ausgesandt, um paarungswillige Weibchen auf sich aufmerksam zu machen. Jede der vielen verschiedenen Leuchtkäferarten hat dabei ihren eigenen spezifischen Rhythmus entwickelt, auf dessen Signalwirkung dann jeweils nur die Weibchen der eigenen Art reagieren. Die unterschiedlichen Arten versammeln sich auf verschiedenen Bäumen. Aber selbst dort wäre der artspezifische Blinkrhythmus im Durcheinander individueller Signale von den Weibchen nicht zu erkennen, würden sich nicht alle Männchen gleichschalten.

Ein Leuchtkäfer sendet mit einem besonderen Organ Lichtsignale aus, um Weibchen anzulocken. Wenn sie zu abertausenden in den Kronen einzelner freistehender Mangrovenbäume versammelt sind, leuchtet ihr synchrones Blinken so hell, daß sich die Fischer danach orientieren

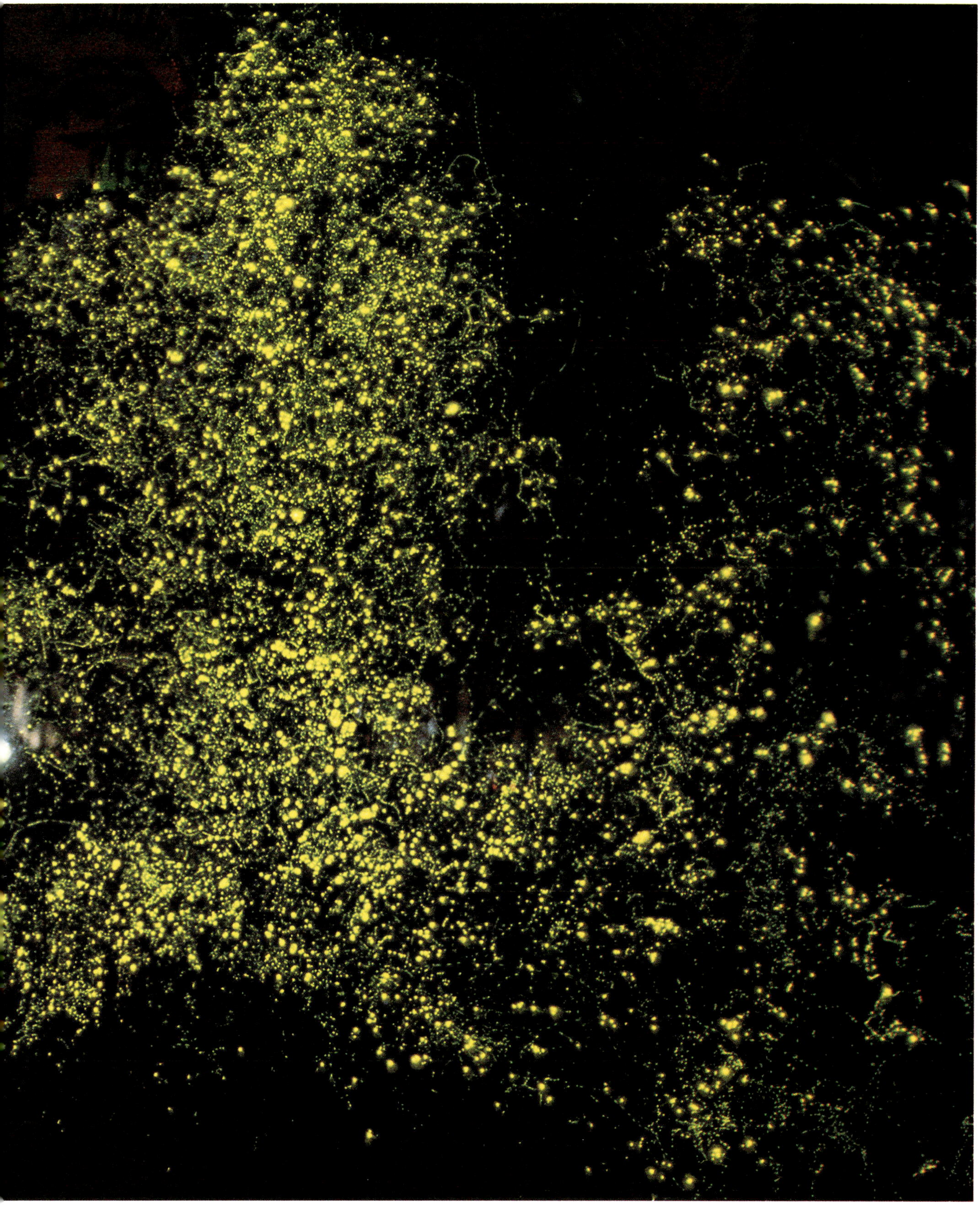

Aber warum bilden die männlichen Leuchtkäfer im Mangrovendschungel überhaupt auf ganz bestimmten Bäumen Gemeinschaften und gehen nicht wie ihre Vettern, die zahlreichen Leuchtkäferarten im tropischen Regenwald des Festlandes, individuell auf Partnerinnensuche? Die Antwort ist einleuchtend: Paarung, Vermehrung und damit die Erhaltung der Art versprechen nur an einem sicheren Ort den besten Erfolg. Aber an solchen Plätzen herrscht für die Leuchtkäfer gerade im Mangrovengürtel großer Mangel. Da der Grund dieses Waldes ja im Rhythmus der Gezeiten regelmäßig vom Meerwasser überflutet wird, können die in den Tropen allgegenwärtigen Ameisen hier ausschließlich in den Bäumen leben. Vor allem die räuberischen, äußerst aggressiven Weberameisen überfallen jedes andere Insekt, das auf einem von ihnen bewohnten Baum landet. Jeder Leuchtkäfer, der sich auf einem nicht von Ameisen besiedelten Mangrovenbaum niederläßt, leistet eine Pioniertat für das Überleben seiner Art: Er zieht andere Artgenossen an. Auf diese Weise multipliziert sich die Sicherheit und die Überlebenschance eines Individuums.

So ist es also auch kein Zufall, daß sich Leuchtkäfer meistens auf einzeln stehenden Bäumen versammeln, die am weitesten ins Meer vorgedrungen sind. Denn Ameisen wandern im dichten Mangrovenwald von einem Baum zum anderen über Blätter und Äste. Lange Wege über den salzigen, feuchten Schlamm können sie nicht wagen.

Als ich in den Hochzeitsbaum der Leuchtkäfer blicke, wird mir plötzlich bewußt, daß auf die Weibchen auch eine unheimliche tödliche Gefahr lauert. Erst kürzlich hatte ein amerikanischer Wissenschaftler entdeckt, daß andere fliegende Raubinsekten mit einem eigens dafür entwickelten Leuchtorgan die Signale der Käfer exakt nachahmen, um die Weibchen so in eine Falle zu locken und zu erbeuten.

Erst als die Fischer bei der Weiterfahrt eine große Lampe entzünden, die einen breiten, hellen Schein auf das Wasser wirft, erlischt der Blinkrhythmus in meinem inneren Auge. Doch kaum daß die Laterne brennt, springen – angelockt und geblendet vom Licht – Hunderte von Langusten in unser Boot. In kurzer Zeit machen die Fischer, ohne eine Hand zu rühren, reiche Beute. Auf der Rückfahrt durch den Mangrovenwald nach Santubong ernten sie dann noch große Krabben, die der nächtlichen Flut entstiegen sind, in den Mangrovenbäumen sitzen und Blätter fressen.

Im Schein meiner Taschenlampe sehe ich auch Schlammspringer ruhend auf den Ästen der Bäume sitzen. Ihren Schlaf müssen sie jedoch regelmäßig unterbrechen, um an den Stämmen hinunterzuklettern und frisches Atemwasser zu trinken.

Der Zusammenhang zwischen dem Gezeitenwald und der Küstenfischerei ist unverkennbar. Seit Jahrtausenden folgen Menschen mit ihren Pfahlbausiedlungen dem Vormarsch der Mangroven ins Meer. Denn dieses Meer ist besonders fruchtbar. Auf jedem Hektar Mangrovenwald fallen jedes Jahr mehrere Tonnen Blätter sowie Exkremente von Tieren an, die in den Bäumen leben. Jedes Blatt wird unverzüglich von marinen Bakterien und von Pilzen besiedelt, die die Zellulose zersetzen und so die darin enthaltenen Nährstoffe freisetzen. Die wiederum stellen die Lebensgrundlage für die unzähligen winzigen Krustentierchen und Würmer dar, welche in jedem Quadratmeter Schlickboden leben. Von ihnen ernährt sich ein Heer von Watvögeln und frei im Wasser schwimmenden Krabben, die mit jeder Flut in den Gezeitenwald gelangen und nachfolgend zahlreiche Fische als nächstes Glied in einer langen Nahrungskette anlocken. Viele dieser Fischarten, unter ihnen auch die stammesgeschichtlichen Vorfahren der Schlammspringer, nutzen das Wurzellabyrinth der Mangroven am Rande der Tidekanäle als Laichplätze und Kinderstube.

Besonders auch die Lebensweise eines kleinen Meereskrustentieres mit dem wissenschaftlichen Namen *Sphaeroma*

Bei Flut reichert der Mangrovenwald durch seine Abfälle das Wasser mit Nährstoffen an. Deshalb liegt zwischen seinem Wurzelgeflecht die Kinderstube zahlreicher Meeresbewohner

terebrans führt eindrucksvoll vor Augen, wie sehr die Lebensräume des Landes und des Meeres in einer unauflöslichen Wechselbeziehung stehen. Diese Tiere bohren sich in die Spitzen von Luftwurzeln der Mangroven, um darin zu leben. Der Sproßpunkt der Wurzel stirbt dabei ab. Aber der Baum reagiert darauf mit der Ausbildung von zwei bis drei neuen Trieben unmittelbar über dem alten. Auf diese Weise wird das schlickbindende Luftwurzelsystem immer umfangreicher. Das Verhalten des Tieres, das den Baum auf den ersten Blick schädigt, erweist sich bei näherer Betrachtung als den Lebensraum fördernd.

An diese in sich geschlossene und so komplizierte Welt des Mangrovenwaldes haben längst die Menschen ihre vernichtende Hand angelegt. Nicht von den Fischern, die um die Zusammenhänge ihrer Existenz wissen, sondern von der festländischen Bevölkerung wird das Dickicht vielerorts als „nutzloser Wald" schneller gefällt, als es nachwächst. Holzkohle und Baumaterial sind das Endprodukt. Damit aber sägen die Menschen an dem Ast, auf dem sie selber sitzen. Dort, wo man in Indien, in Südostasien, auf den Philippinen und auch in Florida den Gezeitenwald zerstörte, brach unmittelbar darauf die Küstenfischerei zusammen. Und noch

etwas anderes erwies sich sehr schnell. Der Wald an der Küste hatte zuvor wie ein polsternder Schwamm die brutale Wucht tropischer Wirbelstürme gedämpft, die Siedlungen und Felder vor dem entfesselten Meer geschützt. Jetzt ist das Land der Vernichtung preisgegeben.

Eines Tages beobachte ich im Mangrovenwald eine Herde Makaken, die auf Krabbenjagd sind. Durch das Fernglas sehe ich, daß einer der Affen ein eigenartiges Tier gefangen hat und es neugierig betrachtend in den Händen dreht. Ich jage es ihm ab. Es ist ein Schwertschwanzkrebs. Unter einem gewölbten, mit Stacheln bewehrten furchteinflößenden Panzer – groß und stabil genug, um von den Fischern in ihren Booten als Schöpfgefäß verwendet zu werden – verbirgt sich ein harmloser Organismus. Der Schwertschwanzkrebs trägt den zweiten Teil seines Namens zu Unrecht. Er gehört nämlich zur Tiergruppe der Arachniden und ist mit Spinnen und Skorpionen verwandt. So halte ich ein lebendes Fossil in der Hand, das mehrere Hundert Millionen Jahre Erdgeschichte nahezu unverändert überlebt hat – einziges noch heute existentes Mitglied einer sonst ausgestorbenen Tiergruppe, die vor 400 Millionen Jahren, lange vor den ersten Wirbeltieren, den Urozean verließ und den Pflanzen folgte, um auf dem Land zu leben.

Einige Evolutionsforscher sind der Ansicht, daß erst die durch die Anziehungskraft des Mondes verursachten Gezeiten in grauer Vorzeit den Auszug von Pflanzen und Tieren aus dem Meer auf das feste Land ermöglichten. Demnach eröffneten im wahrsten Sinne des Wortes erst Ebbe und Flut genügend „Spielraum", um die für ein Leben an Land notwendigen Anpassungen sich entwickeln zu lassen. Gäbe es den Mond nicht, dann hätten – jenen Forschern zufolge – Pflanzen und Tiere niemals das Meer verlassen. Der tropische Regenwald mit der größten auf unserer Erde bekannten Lebensfülle – und auch wir Menschen – würden dann nicht existieren.

Die mit Seepocken bewachsenen Pfeilschwanzkrebse der Art *Limulus polyphemus* zählen zu den wenigen Überlebenden einer sonst ausgestorbenen Tierordnung, die vor 400 Millionen Jahren als erste das Meer verließ, um auf dem Land zu leben. Abdrücke in Gesteinsschichten beweisen, daß diese lebenden Fossilien viele Millionen Jahre Erdgeschichte nahezu unverändert überdauert haben

Der Kampf ums Licht

Optimale Lebensbedingungen haben entlang des Äquators einen schmalen Vegetationsgürtel entstehen lassen, in dem mehr Pflanzenarten siedeln als in jeder anderen Region. Deshalb gibt es hier die absonderlichsten Lebensformen – sogar Bäume, die auf anderen von oben nach unten wachsen. Konkurrenz um Nahrung und Sonne schuf eine Ordnung, die sich aus sich selbst erhält

Lithographie „Pflanzenformen des tropischen Amerika", erschienen um 1830

Die Luftwurzeln einer Würgfeige haben den Stamm eines Baumes umklammert und seine Lebensadern bereits abgeschnürt. Bald nimmt die Feige den Platz ihres Opfers ein

Im Coco-de-Mer-Wald auf der Seychelleninsel Praslin drängen bis zu sechs Quadratmeter große Blätter auf armdicken, zwölf Meter langen Stielen zum Licht empor. Erst wenn sie diesen Platz erobert haben, beginnt die Palme ihren Stamm zu bilden

Im westlichen Amazonasbecken zeigt der Regenwald durch Laub- und Blütenfärbung sein immenses Artenmosaik. Auf einer Fläche von nur wenigen Hektar wachsen hier meist mehr verschiedene Baumarten als in ganz Europa

Die Artenvielfalt des tropischen Regenwaldes findet ihren Ausdruck auch in einer unermeßlich erscheinenden Vielfalt von Blattformen. Je nach Standort müssen sie unterschiedliche Funktionen erfüllen. Manche Blätter bilden riesige Flächen, um am dunklen Grund des Waldes noch ausreichend Licht einzufangen; andere umgehen das Problem, indem sie an Stämmen emporranken oder wie Farne Stämme entwickeln. Vielen gemeinsam sind die charakteristischen Abtropfspitzen, die ein Übermaß an Feuchtigkeit ableiten

Die Kokosinsel im Pazifik vor der Küste Mittelamerikas zählt mit jährlich 8000 Millimetern Regen zu den Orten mit dem höchsten Niederschlag auf der Welt. Deshalb wuchern die Moospolster auf den Ästen des üppigen Waldes besonders stark

Am lichtarmen Grund des Waldes wartet ein Sämling auf seine Chance. Er wird erst dann weiterschießen, wenn sich im Kronendach über ihm eine Lichtoase öffnet. Der Samen eines anderen Baumes gelangte auf den humusbesetzten Ast einer anderen Art, wo er sich schnell entwickeln konnte

Die Vegetation an den Flanken des ostafrikanischen Ruwenzori-Gebirges entwickelte sich zu einem der extremsten Regenwälder der Erde. Durchschnittlich 300 Regentage im Jahr lassen metertiefe Moospolster entstehen, und Heidekraut wächst zu hohen Bäumen heran

Die Vielfalt der Blüten im tropischen Regenwald übertrifft noch die der Blätter. Charakteristisch: Die Farben sind so intensiv, daß die Blüten in der Dunkelheit des Waldes wie illuminiert wirken. Zusätzlich entwickeln viele eine enorme Größe – wie die zweieinhalb Meter lang herabhängende Rispe der Kletterpflanze *Heliconia*. Vor allem die mehr als 10 000 Orchideenarten haben höchst bizarr erscheinende, aber doch sehr funktionale Formen entwickelt, die auf Partnerschaft mit ganz bestimmten, sie bestäubenden Insekten abzielen

In der Astgabel eines Baumes hat sich ein Horst aus Epiphyten gebildet. Von einem Vogel wurde der Samen der Bromelie herangetragen; die Sporen des Geweihfarns und den staubfeinen Samen der Orchidee hat der Wind herangeweht.

Nach Fotos schufen Zeichner von GEO detailgenau die Darstellung des Lebensraumes Tiefland-Regenwald auf Borneo. Nur ein Prozent des Sonnenlichtes dringt durch das dichte Kronendach bis zum Grund des Waldes.
Der Nachwuchs bildet lange dünne Stämme mit kleinen Kronen, die sich erst ausdehnen, wenn sie eine Lücke hoch oben erreicht haben.
Lianen, oft nichts anderes als die besonders dünnen Stämme von Baumarten, klettern zum Licht empor. Um die vielen Stockwerke dieses Waldes zu nutzen, haben sogar Amphibien und Reptilien Gleitvorrichtungen entwickelt. Bis zu 70 Meter hohe Überständer, von gewaltigen Brettwurzeln gestützt, ragen aus dem Kronendach hervor – Lebensraum der Gibbons und Aussichtsplattform der truthahngroßen Nashornraben

Der Wald, den ich betrete, ist so fremdartig, daß ich mich in ein seit Millionen Jahren vergangenes Erdzeitalter versetzt fühle. Ich begreife, daß jede von der Phantasie denkbare Form in der Natur bereits existiert, oft an verborgenen, unbekannten Orten oder in einer den menschlichen Sinnen nicht zugänglichen Sphäre.

Ich gehe wie im Tagtraum durch einen hohen, dichten Wald, in dem ich keine Stämme sehe. Wie in jedem Wald, ist der Boden mit Laub bedeckt, doch die toten Blätter sind hier anders, sind gewaltig, jedes so groß wie die Fläche eines kleinen Zimmers, etwa sechs Quadratmeter. Viele herabgefallene Blätter stehen aufrecht wie braune Wände oder spitze Zelte, zwischen denen handtellergroße, feingliedrige Spinnen riesige Netze weben. Wenn ich gegen die Blattwände trete, stürzen sie wie Kartenhäuser krachend zusammen.

Das grüne Spalier um mich herum besteht aus baumhohen, armdicken Blattstielen, die ohne jeden Stamm bis zu zwölf Meter emporwachsen. An ihrem Ende sitzen die riesigen Blätter; sie sehen in Form und Struktur wie entfaltete Fächer aus. Durch diese Konstruktion steifer Falten ist die flächige Stabilität der Riesenblätter gewährleistet.

Die Blätter wachsen aus dem Waldboden, zunächst eng zusammengefaltet, doch ihre Kraft ist so groß, daß sie die gewiß 10 bis 15 Kilo schweren herabgefallenen Blätter anheben und zur Seite schieben. Dann entfalten sie sich zu mächtigen, zwei Meter hohen vasenförmigen Kelchen. Diese Wuchsform bringt eine zusätzliche Stabilität für die noch weichen, jungen Riesenblätter mit sich.

Hoch über mir fügen sich die entfalteten Blattfächer zu einem gewaltigen grünen Dom aus unzähligen Kuppeln und Gewölben zusammen. Das mehrschichtige Blätterdach ist stellenweise so dicht, daß nur noch ein Rest des Tageslichtes zu mir herab an den Grund des Waldes dringt.

Um mich herum herrscht Dämmerlicht, gepaart mit einer drückenden Feuchtigkeit, die sich unter dem Blätterdach staut. Der Wind verschiebt das vielschichtige Blätterdach wie Kulissen, doch nur selten gelangt ein Luftzug bis in die Tiefe dieses Waldes.

Die Geräusche hier sind genauso ungewöhnlich und fremdartig wie die Formen und Strukturen um mich herum. Ich höre das Kreischen einer völlig schwarzen Papageienart, die auf der ganzen Welt mit nicht viel mehr als etwa 20 Paaren nur in diesem Wald vorkommt und die ich während meines tagelangen Aufenthaltes nur einmal für wenige Sekunden in dem Labyrinth des Blätterdaches über mir auftauchen sehe – einzige Laute einer lebenden Kreatur.

Große, leuchtend smaragdgrüne Eidechsen und gleichfarbene Geckos huschen auf der Jagd nach Insekten lautlos an den Blattstielen hinauf und hinab. Das dominante Geräusch dieses Waldes jedoch scheint von unbelebter, starrer Materie zu stammen. Es ist ein fast metallisches Scheppern wie von einem losgerissenen Wellblechdach, wenn sich die riesigen, steifen Blätter im Wind aneinanderreiben.

Ein neues Geräusch, das ich in diesem Wald noch nie gehört habe, bedrängt mich. Es beginnt wie ein fernes, leises Rauschen, das rasch anschwillt. Dann ist es, als ob eine brüllend zusammenstürzende Brandungswelle auf mich zurast. Bald ist das ohrenbetäubende Getöse genau über mir, läuft weiter und verebbt nach einer Weile in der Ferne.

Zunächst geschieht nichts. Doch dann, plötzlich, beginnen die Oberflächen der gewaltigen Blattstiele um mich herum zu fließen. Regenwasserfluten suchen sich an ihnen entlang ihren Weg zum Boden. Blätter knicken unter der Wasserlast, die sich auf ihnen angesammelt hat, Wasserfladen stürzen herab und zerplatzen auf dem welken Riesenlaub am Boden mit lautem Knall. Keine fünf Schritte von mir entfernt klatscht aus unschätzbarer Höhe ein schwerer Gegenstand durchs Laub und auf den Urwaldboden. Ich finde gerade noch Zeit, ein mitgerissenes Blatt abzuwehren, um nicht verletzt oder gar von seinem Stengel erschlagen zu werden. Die Größe der Frucht, die ich dann am Fuße eines zementfarbenen, säulenförmigen Stammes aus Moder und Schlamm herauswühle, paßt zur Größe der Blätter: Mit 15, ja bis zu 20 Kilo ist die Nuß der Coco-de-Mer, der Meerespalme, der schwerste und größte Pflanzensame der Welt.

Anders als die innerhalb des tropischen Klimagürtels ganz allgemein an Meeresufern wachsende Kokospalme, gedeiht die Coco-de-Mer nur an wenigen eng begrenzten Plätzen der Welt: auf fünf nahe beieinanderliegenden Inseln inmitten des Indischen Ozeans, die zur Gruppe der Seychellen gehören. Der Ort, an dem ich mich befinde, ein abgeschiedenes Hochtal im Innern der kleinen Insel Praslin, wo ihre dichten Bestände den Urwald der Riesenblätter bilden, ist wahrscheinlich die Urheimat der Meerespalme. Von hier müssen ihre Früchte durch Menschen auf die anderen Inseln gebracht worden sein. Der Grund für ihre geringe Verbreitung ist, daß die riesigen Früchte, solange sie frisch und keimfähig sind, ein höheres spezifisches Gewicht als Wasser haben. Sie sind also nicht schwimmfähig und können nicht, wie etwa die Früchte der Kokospalme, durch Meeresströmungen verbreitet werden. Ausgetrocknete, schwimmfähige Früchte der Coco-de-Mer wurden jedoch schon vor Jahrhunderten an den Küsten der Malediven und Indiens angetrieben. Da damals die Seychellen noch nicht entdeckt waren, nahm man an, die Früchte stammten von einem Baum, der auf dem Grund des Meeres wächst. Daher der Name: Meerespalme.

Bei meinen Erkundungen in dem einzigartigen Coco-de-Mer-Urwald auf der Insel Praslin beschäftigt mich die Frage, warum diese Palmenart so riesige Blätter entwickelt hat, die sich auf so langen Stielen erheben. Es muß mit dem Lichthunger der Pflanzen zusammenhängen. Ich setze mich auf einen Felsblock und beobachte mehrere Stunden lang die Lichtverhältnisse im Wald. Vor mir glitzert ein sich ständig

Die gewellte Oberfläche und eine kelchförmige Wuchsform verleihen den jungen Riesenblättern der Coco-de-Mer-Palme die notwendige Stabilität. Noch werden sie nur eher zufällig von einem Sonnenstrahl getroffen

wandelndes Kaleidoskop aus sonnenhellen Flecken und Linien an der Unterseite des Blätterdaches. Wo ein Sonnenstrahl auf die Riesenblätter trifft, offenbaren sie eine gläserne Transparenz. Die Lichtpunkte wandern, wenn der Wind die Blätter bewegt. Durch die nasse, glänzende Oberseite der Blätter werden die Sonnenstrahlen zusätzlich tausendfach gebrochen und auf Blätter im Schatten reflektiert. Es ist, als hinge eine riesige Unruhe aus Spiegeln über mir im Raum. Nie sehe ich einen Lichtfleck an derselben Stelle, und immer ist nur ein winziger Teil der Blattfläche in Licht gebadet. Und nur, wenn eine besonders heftige Böe vom nahen Ozean das Blätterdach aufreißt, schießen schmale Strahlenbündel für Sekunden in den dunklen Innenraum des Waldes. So ist es bloßer Zufall, wenn einer der Blattkelche am Boden von einem Sonnenstrahl gestreift wird.

Die Blätter der Coco-de-Mer-Palme machen sich das Licht streitig, sie beschatten sich gegenseitig. Und so zwangen sie sich dadurch selbst in ein Wachstum hinein, das immer längere Stiele und immer größere Blätter zur Folge hatte. Nur dadurch ist gewährleistet, daß sie irgendwo und irgendwann vom Sonnenlicht erreicht werden. Erst wenn so die Ernährung der Pflanze durch Photosynthese gesichert ist, beginnt die Coco-de-Mer-Palme mit der Ausbildung eines Stammes. Wenn es schließlich einer Palme gelungen ist, durch das Blätterdach ihrer Konkurrenten hindurch in mehr als 30 Metern Höhe einen dauerhaften Platz an der Sonne zu erlangen, verkleinert sie ihre neuen Blätter auf ein bescheideneres Maß und beginnt Früchte zu bilden. Sie sind immer riesig, müssen sie doch tief unten am lichtlosen Waldboden den Keimling für lange Zeit mit genügend Wachstumsenergie versorgen, damit er im Konkurrenzkampf mit seinen Artgenossen überhaupt eine Chance hat, einen Platz an der Sonne zu erobern.

Warum aber machen sich diese Blätter überhaupt den Platz an der Sonne gegenseitig streitig? Wäre es nicht viel sinnvoller, die Palmen beschränkten sich von vornherein auf kleine Blätter und teilten damit das Sonnenlicht gleichmäßig untereinander auf? Die Antwort darauf wurde von ganzen Generationen von Naturwissenschaftlern erdacht. Dem Pflanzenwachstum, wie dem gesamten Naturgeschehen, liegt anscheinend von vornherein keine rationale und vernünftige Idee zugrunde. Das Wachstum der Coco-de-Mer-Palme – wie überhaupt die Entwicklung und der Fortbestand des Lebens auf unserem Planeten – ist ein sich ständig aufschaukelnder Vorgang unter miteinander konkurrierenden Individuen wie auch Arten.

Die Tatsache, daß bei den Palmen von Praslin vorwiegend Pflanzen nur einer Art miteinander um das für sie lebensnotwendige Sonnenlicht konkurrieren, sowie die Art ihres Wachstums bieten einen eindeutigen Hinweis auf das – erdgeschichtlich gesehen – sehr junge Alter dieses Waldes. Normalerweise würde ein derartiger Konkurrenzkampf innerhalb einer Art über viele Millionen Jahre durch genetische Veränderungen in den Pflanzenzellen augenscheinlich zu neuen Wachstumsformen und neuen Arten führen, die sich durch unterschiedliche Ansprüche an ihren Standort ihren Lebensraum optimal aufteilten. Den Antriebskräften der Evolution hatte auf den Seychellen also nicht genug Zeit zur Verfügung gestanden, um einen differenzierten Wald, reich an Arten, zu schaffen. Das ist typisch für viele geologisch junge Inseln. Und nur wenigen Pflanzen und Tieren der Kontinente gelingt es, die Wasserwüsten der Meere auf irgendeine Art und Weise zu überwinden, als Siedler zu Inselneuland vorzudringen.

Die Einsichten in die Gesetzmäßigkeiten biologischer Evolution beim Studium der Wuchsformen der Coco-de-Mer-Palmen auf der Insel Praslin sollten für mich der Schlüssel zum Verständnis dafür werden, wie die unvergleichlich größere Lebensfülle des eigentlichen tropischen Regenwaldes entstanden ist und funktioniert.

Meine ersten Kenntnisse über den Aufbau eines tropischen Regenwaldes sammle ich im Norden der riesigen Urwaldinsel Borneo. Ich habe Gelegenheit, mehrere Male in Begleitung eines malaiischen Botanikers durch den Wald zu streifen. Er hat sich vorgenommen, die Baumarten auf einer Fläche von zehn Hektar zu bestimmen sowie ihre Standort- und Wachstumsbedingungen zu erkunden. Obwohl ich durch ihn weiß, daß ich von Hunderten verschiedener Baumarten mit Zehntausenden verschiedener Kreaturen darin umgeben bin, vermag ich nur wenige Arten zu unterscheiden. Aber auch für den Fachmann ist das überaus schwierig und zeitaufwendig. Das größte Problem ist die Unerreichbarkeit der Kronen erwachsener Bäume in 30, 40, bei besonders großen Exemplaren in 70 Metern Höhe. Dort befinden sich die Blüten und Früchte, die für die Artbestimmung wichtig sind. Der Blick meines Begleiters ist indes mehr auf den lichtlosen Boden gerichtet als in die Höhe. Ein paar zerstreute Blütenteile, ein aufstiebender Trupp großer bunter Falter, die den Saft einer herabgefallenen Frucht gesaugt haben, sind wichtige Hinweise, aber noch kein gesichertes Material. Blüten und Früchte können beim Fall durch das vielschichtige Dach der Baumkronen abgelenkt und dadurch weit von ihrem Stamm gefallen, oder sie können von Tieren verschleppt worden sein.

Die wichtigsten Ausrüstungsgegenstände des Botanikers sind die Machete, ein schweres Haumesser, sowie eine kräftige Schere, die sich mit einer ausziehbaren Aluminiumstange noch in zehn Metern Höhe einsetzen läßt, schließlich ein Gewehr von großem Kaliber. Es ist nicht als Waffe gegen gefährliche Tiere gedacht, sondern dient dazu, „Beweise" aus den Kronen der hohen Bäume herauszuschießen. Einige Botaniker verstehen es auch, sich ihr Material mit Hilfe abgerichteter Affen zu beschaffen. Mit der ausziehbaren Schere lassen sich Blüten und Früchte von den ansonsten völlig kahlen unteren Stammteilen einiger Bäume abkneifen. Diese Besonderheit der Blüten- und Fruchtbildung an blattlosen Stämmen vieler tropischer Baumarten wird als Kauliflorie bezeichnet, eben: Stammblütigkeit. Das wohl bekannteste Beispiel dafür ist der Kakaobaum. Häufig tritt Kauliflorie bei Baumarten auf, deren Früchte von Flughunden gefressen und verbreitet werden. Da die tropischen Flugsäuger eine Flügelspannweite bis zu einem Meter erreichen, können sie Blüten und Früchte an den Stämmen viel leichter anfliegen als in den dichten Kronen. In einigen Fällen tritt die Kauliflorie sogar an der Stammbasis auf, die Blüten und Fruchtrispen entstehen am Boden. Hier übernehmen am Boden lebende Tiere das Bestäuben der Blüten oder Verschleppen der Früchte.

Einige Bäume links und rechts unseres Weges geben ihre Artzugehörigkeit nach einem Hieb mit der Machete in die Rinde preis. Eine auffallende, dem Fachmann vertraute Färbung des freigelegten Holzes wird sichtbar, eine eigentümliche Flüssigkeit träufelt aus der

Charakteristisch für viele tropische Baumarten ist, daß ihre Blüten sowie die Früchte – hier die kopfgroße stachelige Jackfruit und Kakao – aus dicken Ästen oder sogar direkt aus dem Stamm hervorsprießen

Wunde, oder aber der Geruch verrät dem Kenner, welche Baumart er vor sich hat. Später, als die gesammelten Proben ausgewertet und bestimmt sind, erfahre ich, daß mein Begleiter auf unserer gemeinsamen Wanderung zwei zuvor noch unbekannte Baumarten entdeckt hatte.

Mein Begleiter muß sich mit seiner Aufgabe beeilen. Der Wald, in dem er arbeitet, ist von der Regierung längst an ein japanisches Holzeinschlagunternehmen verkauft worden. Hier können also Dutzende von Baumarten für immer vernichtet werden, noch bevor sie der Wissenschaft bekannt sind.

Der tropische Regenwald birgt mindestens zwanzigmal so viele Baumarten wie die Wälder in Europa oder Nordamerika. Auf einer Untersuchungsfläche von zwei Hektar in der Nähe von Manaus im Amazonasbecken wurden beispielsweise 135 Bäume gezählt, jeder von ihnen gehörte einer anderen Art an. Auf der gleichen Fläche in unseren Breiten wären es höchstens zehn Arten. Als Botaniker vor wenigen Jahren in die noch weitgehend unerforschte Choco-Region in Kolumbien eindrangen, die sich mit einem Jahresniederschlag von acht Metern Wassersäule als eines der feuchtesten Gebiete der Erde erwies, hatten sie den wohl artenreichsten Regenwald von allen entdeckt. Auf wenigen Quadratkilometern wuchsen mehr Pflanzenarten als in ganz Europa, auf einer Fläche von gut 600 Quadratmetern allein 208 verschiedene Baumarten. Und jenseits des Pazifischen Ozeans, auf den Philippinen, wurden im Urwald an den Flanken eines Vulkans mehr Baumarten gezählt als auf dem ganzen nordamerikanischen Kontinent. Im Amazonasbecken wachsen mindestens 2500 verschiedene Baumarten, im indonesisch-malaiischen Inselarchipel vermuten die Botaniker mehr als 3500. In Europa dagegen gedeihen nur 160.

Dieser extreme Reichtum an Pflanzenarten, diese hohe Diversität, die von den Tierarten allerdings noch weit übertroffen wird, bedingt natürlich, daß jede Art verhältnismäßig selten vorkommt, eine geringe Populationsdichte aufweist. Das bedeutet, daß beispielsweise auf einer Fläche von zehn Hektar die meisten Baumarten nur durch ein einziges Exemplar vertreten sind; nur wenige Arten stehen in größerer Anzahl beieinander. Während etwa im mitteleuropäischen Klima in einem Eichen- oder Buchenwald eine Art dominiert, wachsen im tropischen Regenwald also Hunderte verschiedener Baumarten nebeneinander. Deshalb ist es dort auch wahrscheinlicher, während eines einzigen Tages hundert verschiedene Baumarten zu sehen, in denen Tausende verschiedener Insektenarten krabbeln oder fliegen, als die gleiche Anzahl einer einzigen Art.

Über dieses Charakteristikum des tropischen Regenwaldes berichtete bereits 1878 einer der ersten Erforscher tropischer Ökologie, der Engländer Alfred Russell Wallace, in seinem Werk „Tropical Nature": „Wenn der Reisende eine bestimmte Baumart entdeckt und er mehrere von ihnen erkunden möchte, dann wird er seinen Blick umsonst in jede Richtung wenden. Bäume verschiedener Formen, Größen und Farben umgeben ihn. Doch ihre Merkmale wiederholen sich nie. Jedesmal, wenn er zu einem Baum geht, der aussieht wie die Art, die er sucht, ergibt die nähere Untersuchung, daß er sich geirrt hat. Er mag schließlich nach langer Suche vielleicht ein zweites Exemplar der Art entdecken oder aber einen völligen Fehlschlag erleben. Dann besteht noch die Möglichkeit, daß er einen gleichen Baum durch bloßen Zufall entdeckt."

Von demselben Forscher stammt die Erkenntnis, daß es letztlich wegen der großen Artenfülle im tropischen Regenwald so schwierig ist, neue Arten zu entdecken, obwohl die Forscher nach ihren Erfahrungen bis heute davon ausgehen können, daß es noch viel zu entdecken gibt. Die Arten „verstecken" sich in der großen Diversität. Ihre Entstehung ist das Ergebnis eines natürlichen Experiments von Mutation und Auslese durch Konkurrenz über einen langen erdgeschichtlichen Zeitraum, in dem ein stabiles, gleichbleibend warmfeuchtes Klima geherrscht haben muß und die vielfältigen Vorgänge, die zur Bildung neuer Arten führen, ununterbrochen wirksam sein konnten. Anhand fossiler Pollenfunde aus Malaysia und anderen tropischen Regionen läßt sich die Geschichte der tropischen Regenwälder bis an das Ende der Kreidezeit vor 60 Millionen Jahren zurückverfolgen. Jüngste Auswertungen fossiler Pollen haben indes gezeigt, daß zumindest während der letzten zwei Millionen Jahre die Verbreitung der tropischen Regenwälder starken Schwankungen unterworfen war.

Pollen bleiben unter Luftabschluß, etwa im Sediment von Mooren und Seen, unverändert und zeitlich fast unbegrenzt erhalten. Auf diese Weise entstehen Ablagerungen, an denen der Fachmann wie in einem erdgeschichtlichen Tagebuch die Entwicklung des Pflanzenlebens in einer bestimmten Region ablesen kann. In einem Bohrkern zutage gefördert, lassen sich die meisten Pollen nach Form und Größe den Arten und Gattungen zuordnen, von denen sie stammen.

In Bohrkernen aus westafrikanischen Regenwaldgebieten überwiegen bis zu einer Ablagerungstiefe von 8000 Jahren Pollen von Regenwaldpflanzen. Dann ändern sich die Pollentypen plötzlich; sie stammen von Savannenpflanzen aus einem wesentlich trockneren Klima. Das ist kein Zufall. Vor 8000 bis 10 000 Jahren klang die vorerst letzte kalte Phase einer Eiszeit aus, die zwei Millionen Jahre lang mit einem mehrfachen Wechsel von Kalt- und Warmzeiten über die Erde geherrscht hatte. Während der Kaltphasen dieser Eiszeit, als große Mengen Feuchtigkeit in gewaltigen Gletschern hauptsächlich auf den Kontinenten der nördlichen Hemisphäre gebunden waren, wurde das Klima trockener – auch in den Tropen. Die dauerfeuchten Gebiete schrumpften, und mit ihnen die Regenwälder. Mit dem Abklingen der Vereisung kehrte sich der Trend um. Dieses Vor und Zurück muß sich, wie die Pollenfunde beweisen, während der vergangenen zwei Millionen Jahre mehrmals vollzogen haben. In der Gegenwart mit ihrem warmen Klima haben die tropischen Regenwälder wahrscheinlich ihre maximale Ausdehnung erreicht. Ob die Eiszeitphase mit ihren Klimaschwankungen jedoch insgesamt gesehen zu Ende geht, oder ob der Erde noch eine oder mehrere kalte und damit trockene Zeiten bevorstehen, ist unter Klimaforschern strittig.

Für die Entwicklungsgeschichte des Urwaldes ist wichtig, daß die tropischen Regenwälder in den eiszeitlichen Klimaphasen nicht, wie weithin die Vegetation der nördlichen Kontinente, ausstarben. Sie konnten sich auf einen schmalen Streifen beiderseits des Äquators zurückziehen, wo das Klima zu jeder Zeit ausgeglichen warm und feucht blieb. In diesem Refugium erhielt sich das genetische „Erfahrungspotential", das der Wald in 60 Millionen Jahren angesammelt hatte. Von hier aus konnte er sich immer wieder ausdehnen.

Schon bei meinen ersten Urwaldexkursionen in Borneo verwirrt mich, daß ich ununterbrochen neue Tier- und Pflanzenarten sehe, ohne daß ich Zeit habe, ihre Beziehungen untereinander kennenzulernen. Die Zusammensetzung des Waldes kommt mir vor wie ein gewaltiges Kreuzworträtsel in einer mir unbekannten Sprache. Ich brenne darauf, die Funktionsweise dieser höchstorganisierten, vielfältigsten und artenreichsten Lebensgemeinschaft der Erde zu durchschauen.

Vor meinem Studium im Inneren des Waldes nutze ich die Gelegenheit, mit Erdölprospektoren in ihrem kleinen Flugzeug den Wald von oben in Augenschein zu nehmen. Als wir uns aus der grünen Schneise der Startbahn über den Urwald erheben, geht gerade die Sonne über einem fernen grünen Horizont auf, über dem – ein seltenes Ereignis – an diesem Tage nicht die schwere Last düsterer Wolkenbänke liegt. Das Dach des Waldes wird in ein flaches, gleißendes Licht getaucht, das alle seine Strukturen herausmodelliert. Mir zu Gefallen fliegt der Pilot niedrig und so langsam wie möglich. Ich blicke auf ein endlos erscheinendes Mosaik von Baumkronen. Gewundene kleine Flußläufe scheinen sich wie Canyons hineingefräst zu haben. Da ihr Grund noch im Schatten liegt, wirken sie düster und abgrundtief. Die Färbung der Baumkronen reicht vom zartesten Gelb-grün über alle denkbaren Abstufungen bis zu einem dunklen, fast blau wirkenden Oliv. Aus der Tiefe des grünen Ozeans steigen, wie Rauchschwaden, weiße Nebel auf. Der Wald schwitzt ein Übermaß der Feuchtigkeit aus, die ihn am Leben erhält. Jeder Baum in dem Mosaik zeigt eine eigene, meist asymmetrische Kronenform. Weitgehend unabhängig von typischen Wuchsmerkmalen der unterschiedlichen Arten, sind Form und Ausdehnung der Kronen durch Form und Größe der Lücken bedingt, die den nachwachsenden Bäumen zur Verfügung stehen.

Ich weiß, daß sich das lückenlose Mosaik der Baumkronen aus Hunderten, vielleicht sogar mehr als tausend Baumarten zusammensetzt. Aus dem Flugzeug kann ich nur wenige identifizieren. Am markantesten sind die Überständer, so genannt, weil diese bis zu 70 Meter hohen Riesen unterschiedlicher Arten in unregelmäßigen Abständen das übrige Kronendach des Waldes weit überragen. Vergleichbar freistehenden Eichen im heimatlichen Nordeuropa haben sie Raum genug, um gewaltige kugelförmige Kronen auszubilden.

Der Pilot lenkt die Maschine um die inselartig aufragende Krone eines Überständers herum. Entsetzt flieht eine Horde Gibbons vor dem Motorenlärm. Die langgliedrigen Affen, die als Nomaden auf der Suche nach reifen Früchten im Kronendach des Waldes leben, lassen sich wie ins Netz abstürzende Trapezkünstler einfach aus der Krone des Überständers zehn, zwanzig Meter in das Urwalddach hinabfallen. Ich bin sicher, daß diesen geschickten Akrobaten des Waldes dabei nichts passiert. Die Tiere hatten sich ganz offenbar auf der Krone des Baumriesen wie auf einer Plattform versammelt, um

Viele Überständer-Arten haben Samen entwickelt, die wie Nurflügelflugzeuge gleitend große Entfernungen zurücklegen können. So ergibt sich das vielfältige Artenmosaik des Waldes

mit hocherhobenen Armen, doppelt so lang wie ihr Rumpf, und mit lauten Rufen die aufgehende Sonne zu begrüßen. Schon zweimal hatte ich diesem Sonnengesang der Gibbons während meiner morgendlichen Wanderungen im Wald hoch über mir fasziniert gelauscht. Er beginnt stets mit dem Rufen einzelner Tiere. Es sind ungewöhnlich schöne, klangvolle Stimmen, die weit durch die hölzerne Kathedrale des Waldes hallen. Immer mehr Tiere, auch anderer entfernter Gruppen, stimmen mit ein. Das Rufen wird schneller, synchroner, und bald sind alle Laute zu einer Symphonie vereint.

Die Art des Überständers, aus dem wir die Gibbons vertrieben haben, ist mir bekannt. Sie trägt den Namen *Shorea curtisii* und gehört zur artenreichen Baumfamilie der *Dipterocarpaceae*, so genannt nach ihrer zweiflügligen Frucht. In Südostasien zählen viele Bäume zur Gattung *Shorea*. Sie ist nach dem Briten John Shore benannt, der im 18. Jahrhundert Gouverneur von Indien war. Mit dem Artnamen *curtisii* hat man den Botaniker Charles Curtis geehrt, der am Ende des 19. Jahrhunderts als Pflanzensammler diese Region durchstreifte und unter vielen anderen auch diese Art entdeckt hat.

Die alles überragenden Überständer des tropischen Regenwaldes haben unter all den vielen Baumarten den vielleicht härtesten Überlebenskampf erfolgreich bestanden. Müssen sie doch während ihres Lebenslaufes sehr verschiedene Klimazonen durchwachsen. Als junge Pflanze müssen sie sich am lichtlosen, feuchten Grund des Waldes behaupten, ausgewachsen erheben sie sich aus dem Schutz des ewig warmen, ewig feuchten, klimatisch ausgeglichenen Waldes. Ihre Kronen sind starken Winden ausgesetzt, ihre Blätter müssen Trockenzeiten und große Hitze ertragen. Diese Bäume verwandeln darum ihr Aussehen während ihres Lebens sehr stark. Im Vergleich zwischen Jungpflanze und Altpflanze ist es kaum zu glauben, daß es sich um ein und dieselbe Art handelt. Die Jungpflanze hat oft riesige, weiche Blätter, der ausgewachsene Baum hat kleine, robuste Blätter, oft von einer wachsartigen Schicht überzogen, die Schutz vor Wasserverlust bietet.

Die grüne Eintönigkeit des Urwalddaches unter dem Flugzeug wird unterbrochen von einem wunderschönen, in voller Blüte stehenden Baum. Seine ganze Krone scheint nur noch aus dikken Polstern fliederfarbener Blüten zu bestehen. Als wir nur wenige Meter entfernt an ihm vorbeifliegen, erkenne ich, daß er alle seine Blätter abgeworfen hat. Die Erklärung für dieses ungewöhnliche Verhalten ist einfach. Wenn sie nur einzeln und weit verstreut auf einer großen Fläche stehen, müssen blühende Urwaldbäume eine möglichst große Signalwirkung erzeugen, um bestäubende Insekten oder Vögel über große Entfernungen anzulocken. Blätter würden die Leuchtkraft der Blüten vermindern. Entsprechend stark ist auch der Duft, den die Bäume verströmen, mit dem sie Tag und Nacht Insekten und bestäubende, nektarsaugende Fledermäuse auf sich aufmerksam machen.

Als der Pilot die Maschine höherzieht, sehe ich mehr von diesen fliederfarbenen Bäumen. So weit das Auge reicht, leuchten ihre Blütenkronen in großen, unregelmäßigen Abständen in dem Kronenmosaik. Eine Baumart verrät mir damit zum erstenmal, was dem ungeübten Auge meist verborgen bleibt: ihre Standorte und ihre geringe Populationsdichte.

Die einzelnen Arten blühen über das Jahr verteilt zu verschiedenen Zeiten, einige auch nur im Abstand vieler Jahre. Das gemeinsame Blühen hat Vorteile. Es steigert die Möglichkeit der Fremdbestäubung durch ein anderes Exemplar derselben Art, was einen größeren Austausch genetischer Informationen zur Folge hat.

Als wir wieder tiefer fliegen und langsam an der Krone eines anderen Überständers vorbeikommen, dessen Art ich nicht kenne, bläst der Morgenwind gerade große Samen aus seiner Krone heraus. Sie schimmern wie poliertes Silber und haben die Form kleiner Nurflügelflugzeuge. Ich habe diese Samen schon einmal auf einer großen Waldlichtung in Malaysia gefunden. Sie stellen die Flugleistungen der besten Segelflugzeuge in den Schatten. Aus einer Höhe von nur einem Meter können sie bis zu zehn Meter weit gleiten. Von ihrem exponierten Elternbaum gestartet, von warmen, aus dem Wald aufsteigenden Luftmassen getragen, können sie wie ohne Flügelschlag segelnde Vögel große Entfernungen zurücklegen. Viele Überständerarten haben gleitfähige Samen entwickelt. Anders als die Samen von Bäumen, die darauf angewiesen sind, von Tieren gefressen und verschleppt zu werden, brauchen sie sich nicht mit schmackhaftem Fruchtfleisch zu umgeben. Alles bei ihnen ist auf Leichtbau und hohe Flugleistung angelegt. Die Beobachtung, wie die großen silbrigen Samen über den Wald segeln, ist für mich ein erstes faszinierendes Beispiel dafür, mit welchen Methoden sich die Arten über ein größtmögliches Areal verbreiteten und wie dadurch die große Diversität des Waldes aufrechterhalten wird.

Damit ist aber noch nicht beantwortet, wie der überwiegende Teil jener Arten überlebt, die keine flugfähigen Samen entwickelt haben. Und wie erkämpfen sich die Samen aller miteinander konkurrierender Arten dann ihren Platz an der Sonne, wenn sie einmal Fuß gefaßt haben? Wie setzt sich das Kronenmosaik des Waldes in seiner gewaltigen Artenfülle immer wieder neu zusammen? Das alles läßt sich nur dort studieren, wohin die Samen gefallen sind und wo das pflanzliche Wachstum beginnt: am Grunde des Waldes.

Botaniker haben herausgefunden, daß viele Baumarten des tropischen Regenwaldes gar nicht mehr anders können, als verstreut im Wald zu wachsen. Ihre Sämlinge vermögen sich im Gegensatz zu europäischen Baumarten, die ja meist in Monokulturen eng beieinanderstehen, in der Umgebung ihres Elternbaumes nicht zu entwickeln. Der wahrscheinliche Grund: Der Kampf um einen Platz an der Sonne hat sich im Laufe der erdgeschichtlichen Entwicklung des Regenwaldes so sehr verfeinert, daß der Elternbaum seinen Standort optimal nutzt. Sein eigener Nachwuchs hat in seiner Nähe keinerlei Chance. Außerdem ändern sich die Umweltbedingungen im Laufe der Generationen ständig. Der Samen, aus dem der Elternbaum einst gewachsen ist, mag in einer Lichtung gekeimt sein, die es nun nicht mehr gibt.

Es kommt für den Samen im tropischen Regenwald also darauf an, sich vom Elternbaum zu entfernen. Die Bäume haben sehr wirkungsvolle Methoden entwickelt, um ihre Saat zu verbreiten. Die Baumfamilie der *Dipterocarpaceae* hat ihre Samen mit zwei langen Flügeln ausgestattet, die ihnen zwar keine Gleitfähigkeit verleihen, aber ihren Fall so weit abbremsen, daß der Wind Gelegenheit hat, sie aus dem Bereich des Elternbaumes herauszutreiben. Andere Bäume lassen ihre Samenkapseln explodieren und schleudern so die Saat über beträchtliche Entfernungen.

Eine große Gefahr sind die unzähligen Tiere, die von den an Nährstoffen reichhaltigen Samen angelockt werden. Ihr begegnen viele Baumarten damit, daß sie innerhalb kurzer Zeit Samen in so großen Mengen produzieren, daß nach dem Gesetz der Wahrscheinlichkeit einfach einige übrigbleiben. Der weiterführende Schritt bei dieser Entwicklung war, die Samenfresser für die Verbreitung der Art zu benutzen. Die Samen wurden mit schmackhaftem Fruchtfleisch umhüllt. Starke Farbkontraste zwischen Fruchtfleisch und Samen steigern die Anziehungskraft in vielen Fällen, wenn die Früchte aufgeplatzt sind. So hängen lackschwarze Samen oft in leuchtendroten Schoten, oder rote Kerne sind in gelbes Fruchtfleisch eingebettet. Der Teil aber, auf den es ankommt, der Kern, entwickelte eine harte Schale, die schwer zu zerbeißen und unverdaulich ist.

Einen solchen fruchtenden Baum in der Weite des Urwalds zu finden, ist ein großer Glücksfall. Er erscheint wie eine lärmende Oase des Lebens inmitten eines Blätter- und Stammlabyrinths, in dem man sonst stundenlang laufen kann, ohne eine der zahlreichen Tierarten zu Gesicht zu bekommen. Hier aber konzentrieren sich oft Tausende von Tieren Hunderter verschiedener Arten. Riesige Papageienschwärme fallen laut kreischend ein. Nashornvögel und Tukane zerschneiden das Fruchtfleisch mit ihren gewaltigen Schnäbeln. Affenhorden machen sich gegenseitig die Futterquelle streitig. Endlose Kolonnen krabbelnder Insekten transportieren Fruchtfleisch portionsweise in ihre Bauten. Große bunte Schmetterlinge gaukeln, trunken vom gegorenen Saft der Früchte, durch die Dunkelheit des Waldesinneren. Nachts hört man das Schmatzen Tausender von Flughunden, die kopfüber an den Ästen hängend die Früchte verzehren. Am Boden suchen Tapire, Waldelefanten und kleine, oft nur hasengroße, dem Leben am Urwaldboden besonders angepaßte Antilopen nach herabgefallenen Früchten.

Diese einzigartige Konzentration fruchtfressender Tiere übt natürlich eine große Anziehungskraft auf die nächsten Glieder in einer Nahrungskette aus, auf die Fleischfresser. Viele Fruchtfresser halten sich darum möglichst kurz an der Nahrungsquelle auf. Mit ein paar zusammengeklaubten Früchten suchen sie rasch das Weite, um sie in irgendeinem sicheren Versteck in Ruhe zu verzehren. Eben darin besteht die Chance für den Samen, den Bereich seiner Elternpflanze zu verlassen.

Wie effektiv diese Form der Saatverbreitung ist, beweisen tropische Früchte, die auch wir Menschen mögen. Weil sie so überaus schmackhaft oder nährstoffreich sind, hat der Mensch den Avocado-, den Mango-, den Papaya- und den Brotfruchtbaum – um nur einige wenige zu nennen – über alle tropischen Gebiete verbreitet.

Aber die raffinierten Verbreitungsstrategien tropischer Baumarten gehen viel weiter. Typisch für viele Arten ist, daß auf ihre Früchte ganz bestimmte Tierarten spezialisiert sind und die Samen nur dann keimen, wenn sie die

Nicht nur Blüten locken mit ihrer Farbenpracht, sondern auch Früchte. Erhöht wird diese Signalwirkung noch durch Kontraste. So werden Fruchtfresser wie die Roten Aras aufmerksam gemacht, die dann die Samen verbreiten

Verdauungsorgane dieser Tiere passiert haben. Solche Samen besitzen eine keimungshemmende Schutzhülle, die von den Verdauungssäften des Tieres aufgelöst werden muß. Wenn der Samen somit meist weit entfernt von seinem Stammbaum im Kot der Tiere ausgeschieden wird, erhält er zugleich eine Portion Dünger, die dem Sämling einen guten Start verschafft.

Von der Überfülle der Produktion gelingt es nur sehr wenigen Samen, zu keimen und sich in Jahren oder gar erst in Jahrzehnten einen Platz an der Sonne zu erobern. Das geschlossene Kronendach der Altbäume ist so dicht, daß nur 0,2 bis 1 Prozent des Sonnenlichtes bis zum Boden des Waldes dringt. Pflanzen, die sich hier entwickeln wollen, müssen also mit extrem wenig Licht auskommen. Die im Vergleich zu der Vielzahl der Baumarten wenigen Kräuter – unverholzte, niedrige Pflanzen, die sich zeitlebens mit einer Existenz am Grunde des Waldes abfinden – haben faszinierende Anpassungen an ihren extremen Lebensraum entwickelt. Als Wissenschaftler unlängst das weiße Punktmuster auf dem Blatt einer *Acanthaceae*, die im ewigen Dämmerlicht in der Tiefe des Regenwaldes auf Sumatra wächst, näher in Augenschein nahmen, machten sie eine erstaunliche Entdeckung. Die Punkte erwiesen sich als glasähnliche optische Organe, die das Restlicht sammeln und konzentriert den Zellen zuführen, die die Photosynthese betreiben. Einige dieser Pflanzen vom Urwaldgrund – etwa die Arten *Calathea*, *Fittonia* und *Maranta* – sind wegen ihrer Genügsamkeit zu beliebten Zimmerpflanzen geworden, die es selbst noch in der dunkelsten Ecke aushalten.

Aus der Wurzel einer Liane bricht die Knospe eines Zellfadens der *Rafflesia* hervor, der als Parasit in ihrem Inneren lebt. Daraus entsteht in neun Monaten die mit einem Meter Durchmesser größte Blüte der Welt

Es gibt aber auch Blütenpflanzen am Waldboden, die von vornherein darauf verzichten, sich am Kampf um einen Platz an der Sonne zu beteiligen. Sie umgehen das Problem, indem sie sich als Schmarotzer an den Nährstoffkreislauf derjenigen anschließen, die es geschafft haben. Sie wachsen auf den Wurzeln der großen Bäume in der Erde. Und da sie ja selbst keine Blattorgane für die Photosynthese ausbilden, treten sie oberirdisch nur in Erscheinung, wenn sie, oft im Abstand vieler Jahre, blühen wollen.

Eine dieser Pflanzen, *Rafflesia arnoldi*, die auf einer in Südostasien heimischen Lianenart parasitiert, bringt die größte Blüte der Welt hervor. Ihr Durchmesser beträgt einen Meter. Dieses gewaltige rote, weiß punktierte Gebilde stinkt nach faulendem Fleisch und lockt somit Fliegen an, die es bestäuben. Nur die Blüte wird außerhalb der Wirtspflanze gebildet. Der Parasit selbst lebt ständig in Form nur einiger Zellfäden in der Wurzel oder zwischen der Rinde und dem Holzkörper der Liane. Ich habe die Blüte der *Rafflesia* im Regenwald Borneos oft gesucht. Nur einmal jedoch habe ich ihre Knospe gefunden, die groß wie ein Tennisball aus dem Boden hervorbrach. Als ich nach zwei Monaten zurückkam, in der Hoffnung, die entfaltete Blüte vorzufinden, hatte sich die Knospe nur auf die Größe eines Kohlkopfes aufgebläht. Inzwischen weiß ich, daß die Entwicklung vom ersten Anschwellen der Knospe bis zur Entfaltung der Blüte neun Monate dauert.

Eine andere Pflanze am düsteren Grund des Regenwaldes mit Namen *Thismia* gehört zu den ganz wenigen Blütenpflanzen auf der Erde, die sich völlig anders ernährt. Wissenschaftler nennen es saprophytisch: Sie lebt von organischen Abbauprodukten, die beim Faulen toter Pflanzensubstanzen am Grunde des Waldes entstehen.

Das wenige Licht, das den Waldboden erreicht, ist zu alledem noch von minderer Qualität. Die grünen Pflanzen benötigen als Energiequelle für die Photosynthese hauptsächlich die roten und blauen Anteile aus dem Spektrum des Sonnenlichts. Sobald aber das Licht das Kronendach passiert hat, sind diese energiereichen Wellenlängen bereits größtenteils herausgefiltert. Der Teil im Spektrum, der sich an Rot anschließt – das für unser Auge unsichtbare Infrarot –, gelangt jedoch noch durch das Dach des Waldes hindurch. Sein Anteil ist deshalb am Waldboden relativ größer als in den ungefilterten Sonnenstrahlen. Pflanzliche Zellen aber können dieses Licht wahrnehmen: Es verzögert Keimung und Wachstum.

Um unter diesen Umständen aufwachsen zu können, haben die Samen der Bäume zwei Strategien entwickelt. Die einen keimen aufgrund der ungünstigen Lichtzusammensetzung nicht und warten ab, bis die Lebensbedingungen, also die Lichtverhältnisse, eines Tages besser werden. Damit verhalten sie sich in gewisser Weise wie die Samen vieler Wüstenpflanzen, die Jahre bis Jahrzehnte, eingebettet in Sand und Geröll, auf Regen warten können, ohne ihre Keimfähigkeit einzubüßen. Die anderen, denen von der Elternpflanze genügend Nährstoffe mit auf den Weg gegeben oder die durch den Kot eines Tieres gedüngt werden, keimen erst einmal sozusagen auf gut Glück; sie wachsen dann sehr langsam und warten auf ihre Chance. Während dieser Zeit im Wartestand tragen viele von ihnen große, an der Unterseite auffallend rot gefärbte Blätter. Botaniker vermuten, daß diese Farbe das spärlich einfallende Licht noch reflektiert und es innerhalb des Blattes immer wieder wellenförmig zur Oberfläche zurückwirft, bis seine Energie völlig aufgebraucht ist.

Die Blätter der jungen Bäume verschiedenster Arten gleichen sich auffallend. In der Zeitlosigkeit ihres Lebensraumes scheint sich ein bestimmter Blattyp durchgesetzt zu haben. Er zeigt eine haarlose, sehr glatte Oberfläche und eine langauslaufende Abtropfspitze, die das Übermaß an Regenwasser rasch ableitet. Diese Beschaffenheit der Blätter, die oft länger als ein Jahr erhalten bleiben, verhindert, daß sich Algen, Flechten und Moose auf ihnen ansiedeln, die die Funktion des Blattes beeinträchtigen oder gar ausschalten können.

Zu den wenigen Pflanzen, die sich nicht mit Hilfe des Sonnenlichtes ernähren, sondern allein von Abbauprodukten organischer Substanzen leben, gehört die blattlose *Thonningia sanguinea*, deren Blüten hier aus dem Waldboden hervorbrechen

Auch ihr neues Laub bilden die Jungbäume nur in kleinen, getrennten Partien aus. Laubfresser, die es natürlich hauptsächlich auf die jungen, zarten Triebe abgesehen haben, können den jungen Baum so nicht seiner gesamten lebenswichtigen Organe berauben.

Es fällt auf, daß am Grund des Waldes fast nur Jungbäume und lediglich wenige weichstengelige Pflanzen – Kräuter und Blumen – wachsen. Das ist auf den ersten Blick überraschend, da Holzpflanzen gegenüber nicht holzbildenden in ihren ersten Lebensjahren im Nachteil sind. Sie verwenden ja den größten Teil der produzierten Kohlenhydrate darauf, ihren holzigen Stamm aufzubauen, anders die Kräuter, die eine möglichst große Blattfläche ausbilden. Aber der Stamm bietet den Vorteil, daß die neuen Knospen von Jahr zu Jahr auf einem höheren Niveau austreiben; deshalb wird die Wettbewerbsfähigkeit um das Licht gegenüber den Kräutern mit der Zeit immer größer, und schließlich gewinnen die Holzpflanzen nach den ersten kritischen Jahren die Oberhand. Während der langen Zeit, die der Evolution in den tropischen Regenwäldern zur Verfügung stand, entwickelte sich so ein Reich, in dem Holzpflanzen – Bäume eben – wie an keinem anderen Ort der Erde dominieren.

Eines Tages stirbt irgendwo im Wald ein alter Baum. Er treibt kein Laub mehr. Hoch oben im Kronendach öffnet sich dann ein Fenster. Am Grunde des Waldes entsteht eine kleine Lichtung. Stürzt sein mächtiger, abgestorbener Körper gar zu Boden, so reißt er oft andere Bäume mit. Die Folge ist eine lange, schmale Schneise mit mehr Licht, weniger Wurzelkonkurrenz und neuen Nährstoffen, die der Abbau der toten pflanzlichen Substanz liefert. Jetzt ist die Zeit reif für die im Boden ruhenden Samen oder für die jungen Bäume, die jahrelang im Schatten des alten ein kümmerliches Dasein geführt haben. Es bietet sich ein Platz an der Sonne. So schnell wie möglich versuchen sie, aus ihrer Warteposition nach oben zu gelangen. Da die alten Bäume rundherum den Wind fernhalten, brauchen die Emporkömmlinge zunächst nur dünne Stämme auszubilden. So können sie alle Kraft voll in das Höhenwachstum stecken. Jungbäume, die bereits 30 Meter hoch sind, haben oft nur einen Stammdurchmesser von 20 Zentimetern und eine im Vergleich zu ihrer Höhe winzige Krone. Erst wenn sie bis zur Lücke im Kronendach vorgedrungen sind, beginnen sie, ihren Stamm enorm zu verdicken und ihre bald gewaltige Krone auszubilden. Die Überständer bilden an ihrer Stammbasis gewaltige, flügelähnliche, oberirdische Brettwurzeln, die bis zu fünf Meter hoch werden können. Sie verteilen das Gewicht des Baumriesen auf eine große Fläche und verleihen ihm so mehr Standfestigkeit, wenn Stürme hoch oben gegen seine Krone drükken.

Nachgewachsen ist in fast jedem solchen Fall eine andere Baumart. Geringfügig andere Umwelt- und Wachstumsansprüche haben ihrer Saat ermöglicht, sich unter dem fremdartigen Baum zu entwickeln. Durch diesen Platzwechsel verändert sich die Zusammensetzung der Baumarten im Wald ständig. Dieses Phänomen wird von den Botanikern treffend als Nomadisierung der Baumarten bezeichnet. Die große Diversität des tropischen Regenwaldes erhält sich auf diese Weise letztlich aus sich selbst.

Während in großen Urwaldgebieten – etwa auf Borneo, im Kongo und im Amazonasbecken – durch den Tod von ein paar Bäumen meist nur kleine Lichtungen entstehen, walzen tropische Wirbelstürme auf den Philippinen oder Erdrutsche in dem gebirgigen und erdbebenreichen Neuguinea sowie in Mittelamerika oft riesige Schneisen in die Wälder. Auf derart großen Kahlflächen gibt es das beständige, ausgeglichene eigene Klima des Waldesinneren

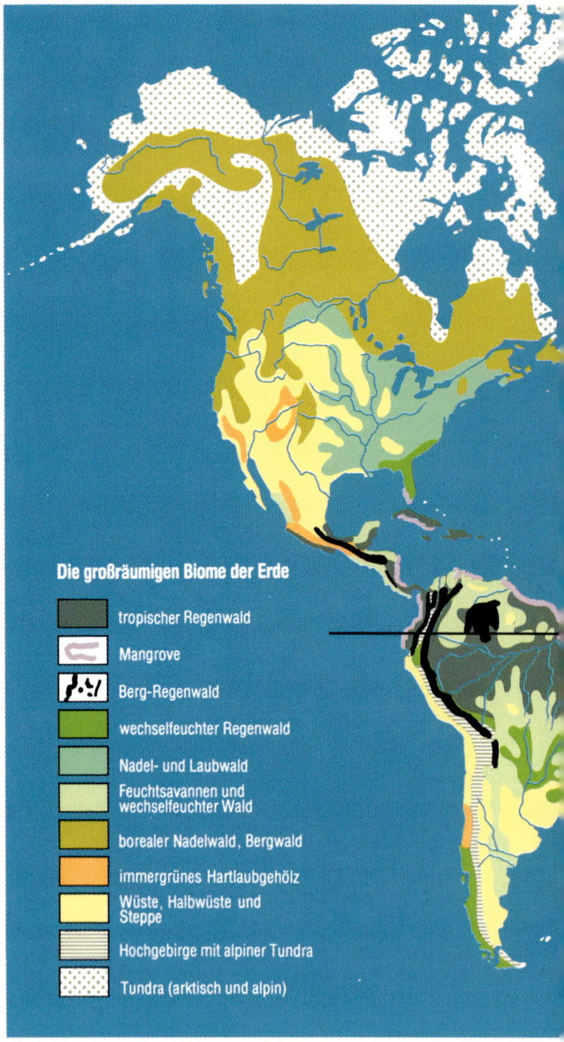

nicht mehr. Der Wald kann diese Großlichtung nur langsam in mehreren Phasen zurückerobern. Zunächst besiedeln schnellwachsende, weil großzellige Baumarten als Pioniere die Fläche. Sie vermögen schon als Jungpflanze starke Sonnenstrahlung, große Hitze und relativ geringe Luftfeuchtigkeit zu ertragen. Eine der bekanntesten Pionierarten ist der Balsabaum, der in nur fünf bis sechs Jahren 20 Meter hoch wird, bei einem Stammdurchmesser von beachtlichen 60 Zentimetern. Unter dem Schutzschild der Pionierbäume stellt sich dann das Regenwaldklima allmählich wieder ein und kann sich im Laufe von vielen Pflanzengenerationen und Wachstumszyklen der alte Regenwald regenerieren.

Noch ganz andere Methoden der Pflanzen, sich in den tropischen Regenwäldern einen Platz an der Sonne zu erkämpfen, habe ich in dem kleinen mittelamerikanischen Staat Costa Rica studiert.

Um zwei Uhr am Nachmittag besteige ich in der Hafenstadt Puntarenas an der Pazifikküste einen klapprigen Bus. Bis zur hundert Kilometer entfernten Endstation habe ich zwei Stunden Fahrzeit ausgerechnet. Doch es kommt anders – wie fast zu erwarten. Als die zwei Stunden vergangen sind, fühle ich mich meinem Ziel ferner denn je. Der Bus arbeitet sich im Schrittempo einen steinigen Weg an den Flanken eines von tiefen Tälern zerfurchten hohen Gebirges empor. Ich wäre als Fußgänger si-

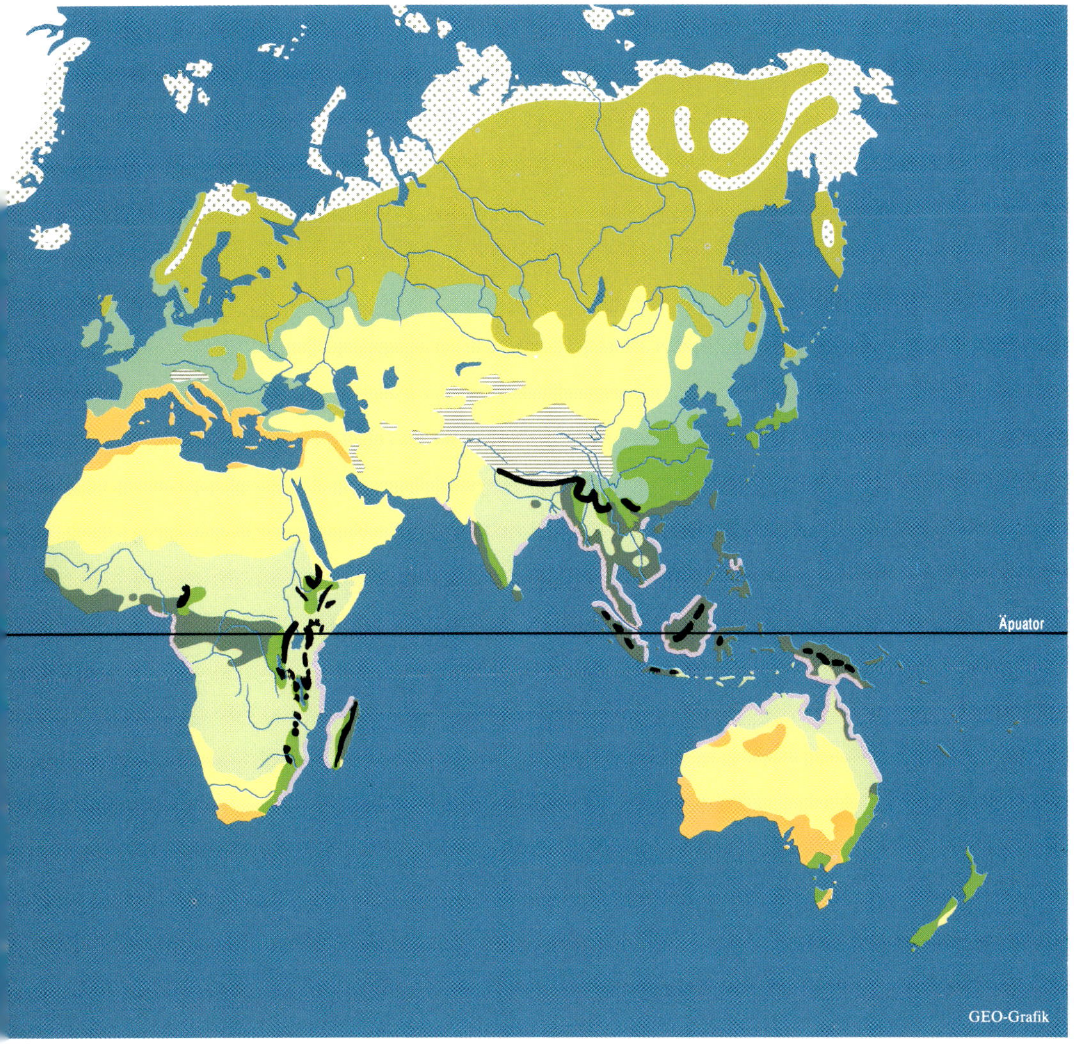

Vielfalt und Ausbreitung der Biome auf der Welt. Noch vor 150 Jahren waren zwölf Prozent der festen Oberfläche der Erde von tropischen Regenwäldern bedeckt – gegenwärtig sind es nur noch sechs Prozent. Ihre Reste liegen heute mit 57 Prozent des Gesamtbestandes in Lateinamerika, mit 25 Prozent in Südostasien einschließlich der großen Inseln von Borneo bis Neuguinea, und mit 18 Prozent in Afrika

cherlich sogar ein wenig schneller. Hinter mir verschwindet der unter einer Wolkendecke milchig schimmernde Ozean im beißenden schwarzen Dieselqualm.

Weit vor und über mir wird die Schotterpiste von der schwer und düster auf dem Gebirge lastenden Wolkenschicht verschluckt. Fast in jeder Kurve hält der Bus. Campesinos, die in der Provinzhauptstadt eingekauft haben, steigen aus und laden ihre Fracht auf bereitstehende Maultiere und Pferde, um auf steilen Bergpfaden zu ihren kleinen Höfen inmitten von Bananenpflanzungen zu ziehen. Zunächst windet sich der Weg noch durch ausgedehnte Kaffee- und Kakaoplantagen, doch mehr und mehr bestimmt nun grünes Weideland, auf dem Pferde und Zebu-Rinder grasen, das Bild der Landschaft. Das intensive Grün der Wiesen und Felder wirkt fast giftig. Dieses Land ist so fruchtbar, das Wachstum so ungebändigt, daß selbst Zaunpfähle in kurzer Zeit Wurzeln schlagen und reihenweise zu stattlichen Bäumen heranwachsen. Ab und zu steht einer von ihnen in voller Blüte oder läßt seine Zweige unter der Last von Früchten hängen. Seine Fruchtbarkeit verdankt das Land der vulkanischen Natur des Gebirges. Aus dem verwitternden Gestein werden für das Pflanzenwachstum wichtige Mineralsalze freigesetzt. Hohe Vulkane, deren Spitzen und Schlünde fast immer in dicken Wolkenmassen verborgen bleiben, düngen das Land ab und zu mit einem fruchtbaren Aschenregen.

Nach sechs Stunden endlich, zwei Stunden nach Einbruch der Dunkelheit, erreicht der Bus den kleinen Ort Monteverde auf den Höhen der Cordillera de Tilaran. Von hier aus kann ich noch die Lichter von Puntarenas tief unten erkennen. An der erfrischend kühlen Bergluft merke ich als erstes, daß ich mich nun 1500 Meter über der feuchtheißen Küste befinde.

Der ungewöhnlich wohlklingende, klare Doppelschlag einer lauten Glocke irgendwo weckt mich am nächsten Morgen. Was ich von der Terrasse meiner kleinen Pension erblicke, ist gut genug, mir die Augen zu reiben. Grüne, saftige Blumenwiesen, auf denen schwarz-weiß gescheckte Schleswig-Holsteiner und zimtbraune Schweizer Kühe sichtlich mit Genuß in das saftige, hohe Gras beißen, liegen im Sonnenlicht. Ich fühle mich in das Voralpenland versetzt. All das, was ich an den Tropen oft genug erlitten habe – die dumpfe, feuchte Schwüle, der betäubende Geruch zu großer und zu bunter Blüten, die Apathie tropischer Kulturlandschaft –, all das ist hier verflogen. Hier ist wieder die klare, frische Spannung in der Welt, die mich, ein Wesen gemäßigter Breiten, am Leben erhält.

An den Hängen der Berge verstreut liegen schmucke Bauernhöfe, von Bau und Farbe denen im Nordwesten der USA sehr ähnlich. Die Scheunen haben eine sechseckige Fassade und sind in gefälligem dunklen Rot gehalten. Und auch die Geräusche wirken seltsam vertraut. In der Ferne kräht ein Hahn, scheppern Milchkannen, und irgendwo wird ein Teppich geklopft.

Ich nutze die Morgenfrische und mache mich auf den Weg. Mit Milchkannen beladene kleine Fuhrwerke kommen mir entgegen, und ich treffe Frauen, die ihre Kinder in die Schule bringen, in bodenlangen, hellblauen Baumwollkleidern mit weißen Schürzen und großen hellen Strohhüten.

Als ich mich in einer Käserei nach dem Weg erkundige, erfahre ich nicht nur, daß hier nach original Schweizer Rezept Appenzeller hergestellt wird, sondern auch, daß Monteverde die Gründung nordamerikanischer Quäker ist. Im Jahre 1930 waren 300 Familien, hauptsächlich aus dem US-Bundesstaat Pennsylvania, hierher in tropische Breiten gezogen. Sie hatten den Bergregenwald gerodet und sich so ein Stück Erde erschaffen, wo sie nach ihren Gesetzen und Glaubensvorstellungen leben konnten. Jedesmal, wenn ich einem von ihnen begegne, wird mir das sichere Gefühl vermittelt, daß diese Menschen ihr Glück gefunden haben.

Mehrmals noch höre ich, wie am frühen Morgen, das laute, klare Ding-

Dong der Glocke, merkwürdigerweise immer an verschiedenen Orten und dann einmal genau über mir aus der Krone eines sicherlich 40 Meter hohen Baumes. Später erfahre ich, daß ich der Stimme des Glockenvogels aufgesessen bin. Fette, weiße, schnatternde Gänse, die auf ebenso fetten Weiden grasen, und darüber hinwegfliegende Schwärme laut kreischender Papageien mit grasgrünem Gefieder und leuchtend orange gefärbten Gesichtern sind dagegen keine Täuschung.

Nach vier Kilometern Fußmarsch endet der Weg vor der hohen, grünen Wand des Bergregenwaldes, der sich auf dem Scheitel der Cordillera nach Norden und Süden erstreckt. Dieser Urwald gehört zu den feuchtesten der Erde. Ein halbes Jahr lang treibt der Nordost-Passat von der Karibischen See her wasserdampfgeschwängerte Wolken gegen das Gebirge. Sie steigen an den Hängen auf, kühlen dabei ab und verlieren ihre nasse Fracht als Dauerregen. Während der anderen Hälfte des Jahres kommt der Regen entgegengesetzt vom Pazifik. Jetzt, während der Karibischen Regenzeit, sehe ich, wie der Wind die entleerten Wolkenreste in Fetzen über den baumbewachsenen Grat des Gebirges treibt. Sonnige Stunden in Lee der Cordillera über den Höfen und Wiesen sind die Folge.

Die Diversität der pflanzlichen und tierischen Lebensformen des Bergwaldes, in den ich nun eindringe, wird von den Biologen als extrem hoch klassifiziert. In einem nur wenige Quadratkilometer großen Naturschutz-Areal sind bisher mehr als 2000 Arten von Pflanzen, 320 von Vögeln, 100 von Säugetieren, 94 von Amphibien und Reptilien – in der Mehrzahl Frösche und Schlangen – und eine noch nicht zu überblickende Anzahl von Insekten registriert worden. Hier leben Jaguar, Tapir, Ozelot und der legendäre Quetzal aus der Vogelfamilie der Trogone. Die Mayas und die Azteken verehrten diesen vielleicht schönsten aller Urwaldvögel als Gottheit der Lüfte, des Guten und des Lichtes. Ich hoffe sehr, bald zu den wenigen zu gehören, die diesen flüchtigen Vogel jemals zu Gesicht bekommen haben. Und ich hoffe, auch eine leuchtend goldfarbene Krötenart, die hier erst vor wenigen Jahren entdeckt worden ist, zu finden. Mit einer Population, die vielleicht nur ein paar hundert Exemplare umfaßt, lebt sie auf der ganzen Welt nur in einem winzigen Abschnitt auf dem Grat der Cordillera.

Der Bergregenwald von Monteverde entspricht schon eher meinen alten, naiven Vorstellungen von einem tropischen Urwald. Er ist dichter, grüner, aber gleichzeitig heller als der Wald auf Borneo. Er hat nichts von der düsteren, bedrückenden Eintönigkeit der Regenwälder im Tiefland. Hier scheinen alle Phantasien der Schöpfung Gestalt angenommen zu haben. Dieser Wald ist für mich Offenbarung und nie zu lüftendes Geheimnis zugleich. Es bedarf gar nicht des verführerischen, irisierenden Blaus eines riesengroßen Morphofalters in den Wipfeln, um mich immer tiefer hineinzulocken. Es geht ein Zauber aus von diesem Wald, von den Naturgesetzen der Evolution geprägt, die hier, aus ein paar Elementen und in unendlich langer Zeit, jede nur erdenkbare Lebensform hervorgebracht haben.

Der Reiz für mich, Unbekanntes zu entdecken, wird von den dichten Wolken, die durch den Wald ziehen, noch gesteigert. Wie Vorhänge schließen und öffnen sie ein ständig wechselndes phantastisches Bühnenbild und überziehen die Pflanzen mit triefender Nässe. Hier ist die große Diversität – ein abstrakter Begriff – deutlich sichtbar. Bedingt durch die steile Hanglage, sind Ausblicke in die verschiedenen Vegetationsstockwerke und auf das Kronendach des Waldes möglich. Und vom Grunde des Waldes, wenn ich gegen den Hintergrund der mit weißen Wolken und Nebelmassen gefüllten Abgründe der Täler blicke, wird der Wald durchsichtig. Sein innerer Aufbau offenbart sich.

Da das Licht in diesem stark gestuften Hangwald Zugang zum Waldesinneren hat, ist die Bodenvegetation ungleich dichter und vielfältiger als im Regenwald des Tieflandes. Kräuter mit qua-

Der Bärtige Glockenvogel *Procnias averano* lebt in den Wäldern und Plantagen des tropischen Amerika

dratmetergroßen Blättern stehen unter riesigen Farnwedeln, die sich auf baumdicken, geschuppten Stengeln bis zu acht Meter über den Boden erheben. Ich fühle mich in die Urwälder des Karbon vor 350 Millionen Jahren versetzt und meine selbst das laute Flügelschwirren der Riesenlibelle *Meganeura*, die in jenen Wäldern einst lebte, neben mir zu hören. Doch es sind Kolibris. Angelockt von einem leuchtend roten Band, das ich mir eigens dafür um meinen Regenhut gebunden habe, entlarven die Vögel die vermeintliche Blüte binnen weniger Sekunden als Fälschung. Das Band aber hat seinen Zweck erfüllt: Ich bekomme die sonst schwer zu beobachtenden fliegenden Edelsteine, auf deren Federn sich das Licht in allen seinen Farben bricht, wenigstens für Augenblicke zu sehen. Den Trick haben mir zwei Amerikanerinnen verraten, die hier seit Jahren das Leben der nektarsaugenden Kolibris und ihre wichtige Rolle bei der Bestäubung der Waldpflanzen erforschen.

Der Wald hier oben wird in einer idealen Zusammensetzung des Lichtspektrums mit Energie versorgt, und er wurzelt in einem sehr fruchtbaren, vulkanischen Substrat – so meine ich seine enorme Wachstumskraft direkt zu spüren. Mein alter Kindertraum, mich in jede gewünschte Kreatur verwandeln zu können, um durch deren Bewußtsein die Welt ganz anders zu erleben, wird wieder wach und bezieht die Pflanzen um mich herum mit ein. Wenn ich stehenbleibe, stelle ich mir vor, wie meine Zehen sich zu Wurzeln verlängern, die sich in den Boden krallen, wie meine Haut sich grün färbt, wie mir aus den Gliedern Äste und Blätter sprießen. So verwandelt, nur als Mitglied

Im Bergregenwald von Costa Rica nutzen Dutzende verschiedener Pflanzen einen umgestürzten, verrottenden Baum als Wachstumsplattform

dieser Lebensgemeinschaft, hätte ich die Möglichkeit, etwas Wahrhaftiges über diesen Wald in Erfahrung zu bringen.

Jeder Quadratmeter ist hier von Pflanzen besiedelt. Den abgestorbenen, massigen Körper eines umgestürzten Baumriesen bevölkern Dutzende verschiedener Pflanzenarten, darunter auch junge Bäume, die bereits wieder mehrere Meter hoch sind. Die tote Substanz liefert die Wachstumskraft für die neue. Aus dem schlanken Stamm eines jungen Baumes, den der alte bei seinem Sturz mit zu Boden gerissen hat und der sich mit seiner Verletzung nicht abfinden will, sprießen wenigstens zwanzig neue Triebe. Einige von ihnen werden das Wettwachsen um das Licht gewinnen und eines Tages stattliche neue Bäume sein.

Die großen Bäume selbst sind zur Wachstumsplattform für zahlreiche andere Pflanzen geworden. Bis zu fünfzig verschiedene Arten haben Botaniker hier von einem einzigen Exemplar heruntergeholt. Von den massigen Ästen hängt ein Gewirr von Lianen wie dicke, miteinander verschlungene Seile herab. Viele dieser Gebilde sind nichts anderes als extrem dünne und biegsame Stämme kletternder Baumarten, die ihre stabileren Vettern als eine Art Leiter benutzen, um schnell – ohne einen eigenen dicken Stamm ausbilden zu müssen – nach oben ans Licht zu gelangen. Lianen beginnen ihr Leben am Grunde des Waldes als kleine Sträucher, deren Blätter und Zweige schon bald mit Dornen, Haken oder Haftorganen bestückte Klimmvorrichtungen entwickeln, mit denen sie an Ästen, Stämmen, ja auch an größeren Lianen emporklettern. Lianen können hart wie Holz, aber elastisch wie ein Seil sein. Das erreichen sie durch einen besonderen Aufbau ihres Stammes: Die Holzzellen sind in mehreren Strängen, wie die Drähte eines Stahlkabels, angeordnet; ein weiches, saftführendes Gewebe hat sie miteinander verdrillt.

Im Kronendach angekommen, dehnen die Lianen sich auch horizontal aus, um den besten Platz an der Sonne

zu finden. Dann bilden sie Kronen. Die seilartigen Stämme können so bis zu 400 Meter lang werden. Dann hängt ein Teil davon, durch Haftvorrichtungen in den großen Bäumen verankert, frei herab. Lianen stehen vor dem besonderen Problem, die von ihren großen Blattkronen benötigten Wassermengen durch den dünnen Stamm hochzutransportieren. Die wasserführenden Hohlzellen des Stammes sind deshalb so groß, daß sie meist mit bloßem Auge zu erkennen sind; freilich besteht bei dieser Konstruktion die Gefahr, daß der auf Kohäsion beruhende Wasserstrom im Inneren der Lianenseile reißt. Die

Die kletternden Stämme von Lianen haben unterschiedliche Wachstumsformen entwickelt. Mal zeigen sie sich glatt wie Wasserleitungsrohre; mal sind sie verdrillt wie die Stränge eines Seils

Krone verursacht im Stamm einen enormen Sog, der die Leistungen vieler technischer Pumpen übertrifft. Ein Experiment bestätigt es. Mit meinem Taschenmesser schneide ich eine kleine Kerbe in ein Lianenseil. Zischend saugt die geöffnete Wasserleitung Luft an. Als ich die Liane nach einiger Mühe ganz durchschneide, fließt klares, sauberes, trinkbares Wasser heraus. Insektenforscher schlagen abgestorbene Lianenseile auf, um in dem hohlen Inneren nach unbekannten Arten zu suchen. So benutzen zum Beispiel Ameisen diese Schläuche, um unsichtbar und geschützt von ihren Futterplätzen in den Kronen der Bäume zu ihren unterirdischen Behausungen zu gelangen.

Den Begriff Liane wenden die Botaniker auf eine große Pflanzengruppe an, zu der neben den Strauch- und Baumarten mit seilartigen Stämmen auch die Rattangpalme gehört. Sie hangelt sich mit ihren verlängerten mittleren Blattrippen in der sie umgebenden Vegetation empor. An diesen Kletterorganen mit ihren hakenförmigen Stacheln habe ich mir bei meinen Streifzügen durch die Urwälder Borneos oft Kleidung und Haut aufgerissen. Die dünnen und biegsamen Stämme der Rattangpalme können Längen von 250 Metern erreichen. Ihre Geschmeidigkeit hat sie zu einem begehrten Flechtmaterial in der Möbelherstellung gemacht.

Zu den Lianengewächsen lassen sich auch viele der zahlreichen Ranken- und Kletterpflanzen des tropischen Regenwaldes rechnen, die mich an den heimatlichen Efeu erinnern. Wie die Lianen benutzen sie das bereits vorhandene Baumgerüst des Waldes für ihren Wettlauf zum Licht. Die Stammkletterer unter ihnen heften sich mit saugnapfartigen Wurzeln an die Stämme. Zudem können diese Wurzeln herabfließendes Wasser und darin gelöste Nährsalze aufsaugen.

Plötzlich habe ich das Gefühl, daß ich beobachtet werde. Ich drehe mich um und sehe – einen Tukan. Der stattliche schwarze Vogel mit seinem wahrhaft riesigen Schnabel, welcher an eine große, farbige Frucht erinnert, schleicht mir, von Ast zu Ast springend, neugierig nach. Jedesmal, wenn ich diese durch ihren kolossalen Schnabel kopflastig wirkenden Vögel fliegen sehe, habe ich den Eindruck, sie müßten jeden Moment vornüber abstürzen. Bei einigen Tukan-Arten ist der Schnabel sogar länger als der Rumpf. Ein grotesker Anblick; diese Vögel scheinen die Karikatur ihrer selbst zu sein. Aber das übergroße Freßwerkzeug ist ein Leichtbau. Es besteht aus einem groben, wabenartigen festen Zellskelett, das von einer dünnen Schale überzogen ist. Sicherlich haben Übergröße und Färbung dieses Schnabels eine sinnvolle Funktion, die den Forschern jedoch noch unbekannt geblieben ist; daß er den Tieren in seiner Auffälligkeit auch gefährlich werden könnte, weil er Feinde anlockt, läßt eine bestimmte Verhaltensweise der Tukane vermuten: Wenn sie schlafen, legen sie den Schnabel auf den Rücken und verstekken ihn zwischen den Federn.

Als ich einmal stehenbleibe, ertönt plötzlich über mir ein heller, kurzer Warnschrei. Jahrzehntelange Erfahrungen als Ornithologe lassen mich das Fernglas blitzschnell zum richtigen Punkt führen. Für nicht mehr als zwei, drei Sekunden sehe ich den abfliegenden Quetzal. Aber dieser Moment ist lang genug, um die einzigartige Schönheit dieses taubengroßen Vogels zu erfassen. Das intensive Grün seines Kopf- und Brustgefieders ist scharf abgegrenzt gegen den leuchtend roten Bauch. Die extrem verlängerten grünen Schmuckfedern seines Schwanzes zieht er hinter sich her wie einen irisierenden Lichtschweif. Dann ist die ganze Erscheinung verschluckt vom Blätterwerk. Ein glückseliger Augenblick für mich – nicht mehr.

Die dicken Hauptäste der hohen Bäume im Bergregenwald von Monteverde sind von Moosen und anderen Pflanzen völlig umhüllt. Man nennt sie Epiphyten, nach dem altgriechischen Wort für: auf Pflanzen. Die Epiphyten umfassen eine ganze Reihe völlig unterschiedlicher Gruppen. Allen gemeinsam ist nur, daß sie auf anderen Pflan-

Der taubengroße Quetzal *Pharomachrus mocino* – heiliges Tier der alten Maya – mit seinen fast einen Meter langen Schwanzfedern gilt als der schönste Vogel des Bergregenwaldes in Mittelamerika

zen leben, ohne von diesen zu schmarotzen, und daß sie sich bei dem Verteilungskampf um das Licht vom Boden des Waldes völlig unabhängig gemacht haben.

Ob überhaupt organische Beziehungen zwischen Epiphyten und ihren Tragpflanzen bestehen, ist noch nicht eindeutig geklärt. Die meisten Epiphyten siedeln sich nur auf lebenden Bäumen an; das hängt sicherlich damit zusammen, daß sich bei abgestorbenen Bäumen die Borke leicht ablöst und sie selbst bald herabbrechen würden, der Untergrund also unsicher ist. Diese Erfahrung haben die Epiphyten auf irgendeine noch unbekannte Weise für ihre Siedlungsgewohnheiten ausgewertet.

An ihren Blattstielen bilden Akazien Futterknöllchen, in ihren Dornen Schlupfhöhlen für Ameisen, die dafür die Abwehr von Schädlingen übernehmen

Forscher, die sich mit dem Phänomen beschäftigten, daß die Epiphyten im gesamten Wald in fleckenartigen Beständen vorkommen, fanden heraus, daß viele Baumarten Abwehrmethoden gegen die lästigen Gäste entwickelt haben. Einige werfen regelmäßig ihre Rinde ab, um sich damit der darauf haftenden Epiphyten zu entledigen. Andere Baumarten entwickeln abstoßende Substanzen in ihrer Borke, und schließlich wurde entdeckt, daß sich mehrere Akazienarten sowie die besonders brüchigen Bäume der Gattung *Cecropia* mit Ameisen zu einer Lebensgemeinschaft verbünden, um Kletterpflanzen und Epiphyten abzuwehren. Die Ameisen finden in hohlen Astsprossen oder in hohlen Dornen eine sichere Heimstatt und leben von kleinen nährstoffreichen Knöllchen, die die Bäume an der Basis ihrer Blattstiele oder an den Blättern anscheinend eigens zu diesem Zweck ausbilden. Die Ameisen sind daher interessiert, ihren vorteilhaften Baum zu erhalten. Aggressiv stürzen sie sich in Scharen auf ankommende Insekten, ja selbst auf Säugetiere, die – vielfach Pflanzenfresser – „ihren" Baum schädigen könnten.

Auffallend ist, daß diese Bäume auch völlig frei von epiphytischem Bewuchs sind. Ein Experiment brachte die Erklärung. Auf der Rinde der Äste befestigte junge Epiphyten wurden von den Ameisen sofort abgerissen und herabgeworfen.

Ihre Existenz hoch oben in den Baumkronen stellt die Epiphyten vor große Probleme. Zwar kommen sie auf genial anmutende Weise von vornherein in den Genuß einer hohen Lichtintensität, ohne darum, wie andere Pflanzen, einen langen, mühsamen Kampf geführt zu haben. Aber da sie keinen Kontakt mit dem Boden haben, ist ihre regelmäßige Versorgung mit Wasser und Nährsalzen sehr schwierig. Zudem bietet das Dachgeschoß des tropischen Regenwaldes ein unausgeglichenes, oft extremes Klima. Hier herrscht nicht mehr die immerfeuchte Atmosphäre wie im Inneren des Waldes. In oft kurzem Wechsel müssen die Pflanzen Regenfluten und starke Hitze durch Sonnenstrahlen ertragen.

Der erfahrene Urwaldforscher kann an dem epiphytischen Bewuchs der Urwaldbäume viel über die klimatischen Verhältnisse einer Region ablesen. Als Faustregel gilt: Je höher die Niederschläge und die Luftfeuchtigkeit, desto mehr Epiphyten gedeihen in einem Wald. Der epiphytische Bewuchs der Bäume im immerfeuchten Bergregenwald von Monteverde ist einer der stärksten der Welt.

Zu den vielen faszinierenden Anpassungen der Epiphyten zählt ihre besondere Methode der Verbreitung. Die meisten von ihnen sind so ausschließlich auf die epiphytische Lebensweise eingestellt, daß sie sich auf dem Boden gar nicht mehr entwickeln können. Wenn also ihre Samen nicht von Luftströmungen oder von Tieren ins Kronendach des Waldes getragen werden, können sich aus ihnen keine Pflanzen entwickeln. Ameisen, die Samenkörner sammeln, spielen bei der Verbreitung der Epiphyten eine große Rolle. Diese Wechselbeziehung kann so fest sein, daß solche Pflanzen ausschließlich entlang der Wanderwege und in den Nestern der Ameisen keimen. Aus den von gewissen Ameisenarten nur in Baumkronen angelegten Nestern wächst dann eine Vielzahl ganz bestimmter Epiphyten hervor. Diese Blumengärten der Ameisen hängen oft wie Ampeln im Gewirr der Lianen oder scheinen in den Kronen der Bäume zu schweben.

Es gibt aber auch gegenteilige Beispiele. Oft besiedeln die Epiphyten ihre lebenden Plattformen in so großer Menge, daß die Äste unter dem Gewicht zusammenbrechen. So habe ich das Glück, diese Pflanzen nicht nur mit dem Fernglas in unerreichbarer Höhe beobachten zu müssen, sondern hin und wieder auch am Boden studieren zu können.

Einfache epiphytische Pflanzen wie Moose und Flechten saugen mit ihrer oft verfilzten, schwammartigen Masse große Mengen Wasser auf, wenn es regnet. Bei längeren Trockenperioden schrumpfen sie zusammen und reduzieren ihren Stoffwechsel. Sie leben dann sozusagen auf Sparflamme, um zur nächsten Regenzeit zu neuem Leben zu erwachen.

Die meisten höher entwickelten Epiphyten vertragen jedoch keinen stärkeren Wassermangel. Sie bewältigen das Problem auf andere Weise, zusammen mit der Nährstoffbeschaffung. Das beginnt schon beim Keimling, der sich in oft winzigen Humusansammlungen festsetzt, die sich durch herabgefallenes Laub und Exkremente von Tieren auf der Borke oder in den Astgabeln der Bäume gebildet haben. Darin ist dann auch stets die für den ersten Sproß notwendige Feuchtigkeit enthalten. Viele Epiphyten sammeln herabfallendes Laub und andere Streu, ja, selbst vulkanische Flugasche zwischen ihrem Wurzelgeflecht. Nestfarne formen mit ihren Blättern große Trichter, in denen sie die Streu sammeln. Der Humus, der sich daraus entwickelt, ist ein guter Wasserspeicher. Nicht selten dienen solche Trichter anderen, kleinen Pflanzen als Blumentopf. Die Masse dieses Humus wird im epiphytenreichen Regenwald auf mehrere Tonnen pro Hektar geschätzt. Als die amerikanische Botanikerin Nalini Nadkarni 1984 in die Krone eines Baumriesen im Bergregenwald von Monteverde stieg, machte sie eine spektakuläre Entdeckung. Aus den dicken Ästen sprossen Wurzeln, die in die Epiphyten-Teppiche hineinwuchsen. Ganz offensichtlich zogen diese Wurzeln Nährstoffe aus dem Humus, der sich zwischen dem Wurzelgeflecht der Epiphyten angesammelt hatte.

Andere Farnarten – etwa die *Drynaria* oder die Geweihfarne, *Platycerium* – bilden zwei verschiedene Blattypen aus, die sich die Aufgabe des Überlebens teilen. Der eine ist ein breites, robustes, muschelförmiges Blatt, dessen unterer Rand an der Baumrinde eng anliegt; es formt sich zu einer Tasche, in der sich Humus und Feuchtigkeit sammeln. Der andere, ein großes, gelapptes Blatt, empfängt das Sonnenlicht für die Photosynthese. In tropischen Gebieten mit regelmäßigen Trockenzeiten gibt es besondere Arten, die am Ende der Regenzeit ihre assimilierenden Blatteile abwerfen, damit sie keine Feuchtigkeit ausschwitzen. Die verbleibenden trockenen, braunen Nischenblätter sammeln jedoch weiterhin Humusstoffe. So finden die bei Beginn der nächsten Regenzeit neu treibenden Blätter gleich einen Vorrat an Nahrung.

Am weitesten entwickelt unter den Epiphyten sind die Bromelien. Die bekannteste Art, nämlich die Ananas, gedeiht als Kulturpflanze auf dem Erdboden. Bromelien existieren in einer hochkomplexen Lebensgemeinschaft. Ihre kurzen Wurzeln dienen nur der Verankerung auf dem Untergrund und nicht der Aufnahme von Wasser oder Nährstoffen. Für diese Tätigkeit pressen sie ihre großen, steifen Blätter, die rosettenförmig angeordnet sind, an der Basis zu einem wasserdichten Kelch zusammen, in dem sich kleine Tümpel aufstauen. Natürlich sammeln sich hier auch verrottendes, nährstoffreiches Pflanzenmaterial und die Exkremente von Tieren, die kommen, um zu trinken und zu fressen. Mit Hilfe von kleinen, schirmförmigen Saugschuppen auf der Blattoberfläche entnehmen die Bromelien aus ihren Tümpeln Wasser und Nährstoffe.

Oft wird auch noch die kleinste Fläche, wie die Oberseite eines Blattes, von Epiphyten – Flechten und Moosen – besiedelt

Geweihfarne entwickeln zwei verschiedene Blattypen – einen taschenförmigen zum Auffangen von Humus und einen gelappten zum Empfang des Sonnenlichtes

Das Maus-Opossum *Marmosa sp.* klettert auf der Suche nach Insekten und Früchten bis in die höchsten Bäume

Im Bergregenwald von Monteverde wachsen viele Bromelienarten jeder Größe hoch über mir auf den Bäumen. Nur zu gerne würde ich in ihre Tümpel hineinschauen, denn ich weiß, daß in ihnen eine Vielzahl kleiner Tiere lebt, die man sonst nirgendwo auf der Welt sehen kann und über die die Wissenschaft noch wenig weiß. Jede einzelne Bromelie über mir ist ihr eigener kleiner Mikrokosmos. Heruntergefallene Pflanzen, die ich hin und wieder finde, sind natürlich alle ausgelaufen, die Tiere daraus geflohen oder Feinden zum Opfer gefallen. Immer wieder geht es mir durch den Kopf: Ich muß irgendwie hinauf zu den Bromelien gelangen! Im Wald aber scheint das schier unmöglich, er ist zu verfilzt und zu hoch.

Während des Rückweges sehe ich die Lösung. Auf ihren Weiden haben die Quäker einzelne Urwaldbäume als Schattenspender für das Vieh stehengelassen. An einem von ihnen sehe ich nicht allzu hoch mehrere große, prächtige Bromelien, eine noch dazu in voller Blüte. Vor ihrem sicherlich einen Meter hohen lachsroten Blütenstand schwirren die Kolibris und saugen Nektar. Diese Pflanzen müssen sich mit einer langen Leiter erreichen lassen. Ihre exponierte Lage läßt außerdem auf ein reiches Tierleben in ihren Tümpeln hoffen.

Eine lange, ausziehbare Leiter ist bei den freundlichen Menschen der Siedlung rasch besorgt. Da sich im Schutze der Dunkelheit das Tierleben am besten beobachten läßt, beschließe ich, während der nächsten Nacht einige Stunden anzusitzen.

Als ich mich im Schein der Taschenlampe die lange Leiter hochtaste, wecke ich mehrere Tukane auf, die in der Krone des Baumes geschlafen haben. Erschreckt lassen sie sich auf ihren großen Flügeln in die Nacht gleiten. Die vielfältigen feinen Stimmen der Tropennacht, das Zirpen der Grillen, das helle auf- und abschwellende Singen der Zikaden, merkwürdige, nie zuvor gehörte Geräusche, von denen ich nur vermuten kann, daß sie von Amphibien stammen, verstummen abrupt. Ich empfinde die Stille wie einen Entzug. Jetzt erst wird mir bewußt, daß Geräusche, wie sonst nirgendwo, ein fester akustischer Bestandteil der tropischen Landschaft sind.

Als ich auf meiner Leiter die Bromelien fast erreicht habe, leuchten zwei große rote Augen wie Rubine vor mir auf. Ein Zwergopossum schleicht mit einer dicken Zikade im Maul davon. Ich sehe gerade noch, wie an seinem Fell ein paar Samenkörner der Bromelie haften. Die Samen vieler Bromelien sind mit einem klebrigen Fruchtfleisch ummantelt. Dies erfüllt gleich zwei Funktionen. Eine führt mir das Opossum vor Augen – es transportiert den Samen von dannen –, die andere besteht darin, daß die Samen auf einer endgültigen Unterlage festkleben, bis dem Keimling Wurzeln gewachsen sind.

Ich mache es mir auf den oberen Sprossen der Leiter so bequem wie möglich und harre der Dinge, die sich entwickeln sollen. Die zehn Meter unter mir empfinde ich wie einen bodenlosen Abgrund, in dessen Schwärze ab und zu wie Irrlichter leuchtende Insektenkörper schweben. Die Geräusche der Nacht um mich herum schwellen wieder an. Einige kommen aus der Blattrosette der Bromelie direkt vor mir. Ich mache mir zunutze, daß viele nachtaktive Tierarten sich durch das Licht einer Lampe kaum stören lassen. Eine derartige Leuchtquelle ist in ihrem Erfahrungsschatz nicht vorhanden.

Im Schein der Lampe schimmert silbern ein kleines Floß auf dem Regenwassertümpel im Blattherzen der Bromelie. Es ist das Eierpaket von Mosquitos. An anderer Stelle überragen auf langen Stielen die Augen eines kleinen Krebses die Wasseroberfläche. Weil das Licht reflektiert, kann ich nicht in den kleinen Tümpel hineinsehen. Winzige Bewegungen der Oberfläche verraten mir jedoch, was in der Tiefe vorgeht. Mückenlarven werden von räuberischen Libellenlarven und von Kaulquappen gejagt, die hier ebenfalls ihre Entwicklung absolvieren. Als ich in ein unteres, mit feuchten verrotteten Blättern gefülltes Blattstockwerk blicke, sehe ich einen wunderschön smaragdgrünen Rotaugenlaubfrosch, dessen Kinderstube der Teich gewesen ist. Lebensgrundlage dieses Mikrokosmos sind Bakterien, Einzeller und Würmer, die den aus angesammeltem, toten Pflanzenmaterial entstandenen Kompost aufbereiten und abbauen. Sie dienen Mückenlarven und anderen kleinen Lebewesen als Nahrung. Diese wiederum werden von Wasserinsekten, Fröschen und ihren Kaulquappen erbeutet. Und schließlich besuchen räuberische kleine Säugetiere wie das Opossum, aber auch Fledermäuse und Vögel die Bromelienteiche, um sich ihren Anteil an der Nahrungskette zu holen. Sie hinterlassen ihre düngenden Exkremente. So schließt sich der Kreislauf.

Zu den schönsten Pflanzen in aller Welt zählen die Orchideen. Von den mehr als zehntausend verschiedenen Arten, die bisher allein in den Tropen entdeckt wurden, leben die meisten epiphytisch. Bodenbewohnende Arten, die es auch in der mitteleuropäischen Klimazone gibt, sind in den Tropen selten. Hunderte verschiedener Arten lassen sich dort im Geäst von oft nur ein paar Dutzend Bäumen finden. Aber sie wachsen meistens sehr unauffällig zwischen den anderen Epiphyten, denn ihre auffallenden Blüten, die sie begehrt gemacht haben, bilden sie in der Natur nur selten und unregelmäßig.

Die Samen vieler Orchideenarten werden durch den Wind verbreitet. Sie sind so staubfein, daß bis zu 20 000 von ihnen nur ein Gramm wiegen. Eine einzige Fruchtkapsel kann bis zu drei Millionen Samen enthalten. Während der Regenzeiten, wenn die Keimbedingungen günstig sind, werden sie aus den Fruchtkapseln der Mutterpflanze in feinen Wölkchen herausgeschleudert. So leicht und klein sind die Samen, daß kein Platz für einen Nährstoffvorrat bleibt. Darum sind sie an ihrem Landeplatz zunächst einmal auf das Zusammenleben mit bestimmten Pilzen angewiesen, die ihnen die für das Wachstum notwendigen vitaminartigen Nährstoffe liefern.

Bestäubt werden die Orchideenblüten hauptsächlich von Insekten, die für ihren Besuch mit Nektar belohnt werden. Die männlichen Staubgefäße und die weiblichen Stempel sind in den Blüten so angeordnet, daß ein Insekt sie mit großer Wahrscheinlichkeit berührt. Keine andere Pflanzengruppe hat eine so große Vielfalt an raffinierten, auf die Bestäubung ausgerichteten Blütenformen hervorgebracht. Diese große Diversität ist das Resultat einer noch größeren Diversität bei ihren Bestäubern, den Insekten. Wo indes bei der Wechselbeziehung zwischen einer ganz bestimmten Orchideenart und einer ganz bestimmten Insektenart Ursache und Wirkung liegen, läßt sich meist nicht sagen.

Als im 19. Jahrhundert die Orchideenart *Angraecum sesquipedal* entdeckt wurde, deren Blüte einen 15 Zentimeter langen, schlauchförmigen und mit Nektar gefüllten Fortsatz besitzt, vermutete schon Charles Darwin, es müsse ein Insekt geben, dessen Rüssel lang genug sei, um an den Nektar zu gelangen. Dieses Insekt, der Nachtschmetterling *Xanthopan morgani*, wurde später gefunden. Bei dieser Wechselbeziehung zwischen Blüte und Insekt liegt es nahe, daß der Schmetterling sich einer Laune der Natur – Wissenschaftler nennen es Mutation – hingegeben hat und im Laufe vieler Generationen einen 15 Zentimeter langen, aufrollbaren Saugrüssel entwickelte, um die Nahrungsquelle zu nutzen.

Eine hochkomplizierte Blütenform weist auch die Orchidee *Gongora maculata* auf. Ein oberer, nach unten geöffneter kelchförmiger Blütenteil sondert berauschende alkoholische Zuckersubstanzen ab. Die Bienen, die diesen Saft aufsaugen, sind in Sekundenschnelle benommen und stürzen nach unten auf einen Blütenteil, in dem sich die Fortpflanzungsorgane befinden. Für mehrere Minuten, um zu sich zu kommen, wälzt sich die Biene auf dem Rücken, Gelegenheit genug, die von einer anderen Blüte mitgebrachten Pol-

Die Orchidee *Gongora maculata* macht Bienen betrunken, um sie zur Bestäubung eine Zeitlang an die Blüte zu binden

len abzustreifen und neue aufzunehmen. Damit findet der genetische Austausch zwischen den pflanzlichen Individuen statt. Für diese Wechselbeziehung hat sich die Form der Orchidee den Trinkgewohnheiten und der Form der Bienen wohl angepaßt.

Die raffinierteste Form, ihre Bestäubung zu gewährleisten, haben aber wohl die Bienenorchideen entwickelt. Das untere Blütenblatt ist wie der Hinterleib des Langhorn-Bienenweibchens geformt und gefärbt. Doch damit nicht genug. Diese Orchidee verströmt auch dessen Sexualduft. Die Männchen der Biene versuchen, mit der Attrappe zu kopulieren. Dabei kommen sie mit dem Pollensack der Blüte in Berührung, der auf ihrem Kopf kleben bleibt. Beim Besuch der nächsten Orchidee erfolgt dann deren Bestäubung.

Die Bienenorchideen ahmen den Hinterleib weiblicher Bienen nach und verströmen zudem deren Sexualduft, um so auch Männchen zur Bestäubung anzulocken

Ausgerechnet Orchideenarten, die zum Sinnbild tropischen Überflusses geworden sind, besitzen wie Wüstenpflanzen wassersammelnde und -speichernde Organe. Und auch viele ihrer Lebensfunktionen sind eher typisch für Wüsten- denn für Urwaldvegetation. In tropischen Regionen mit ausgeprägten Trockenzeiten herrscht in den Baumkronen, wo die Epiphyten siedeln, wochen- und monatelang extremer Wassermangel, genau wie in der Wüste. Viele Orchideenarten verfügen darum über dickfleischige, sukkulente Blätter oder zwiebelförmige Knollen an ihrer Basis, in denen sie einen Wasservorrat speichern können. Einige Arten haben sogar wie die Kakteen ihre Blätter so weit zurückgebildet, daß sie nur noch aus Stengeln mit winzigen, schuppenartigen Blättern, aus Blütentrieben und aus einem meist dichten Geflecht frei herabhängender Luftwurzeln bestehen. Die Wurzeln sind von einer dicken Schicht umhüllt, Velamen genannt: Es handelt sich um große Zellen, die darauf spezialisiert sind, in kurzer Zeit große Mengen Wasser aufzusaugen und zu speichern. Das Velamen bleibt dabei durchsichtig. So kann das Licht vor allem bei jenen Arten, die ihre Blätter weit zurückgebildet haben, bis zu dem grünen, die Photosynthese betreibenden Assimilationsgewebe vordringen, das sich in den Wurzeln befindet. Ausgetrocknete Velamenzellen vermögen das Sonnenlicht zu zerstreuen und zu reflektieren. Darum erscheinen die Luftwurzeln weiß. Durch die Reflexion wird die Gefahr, daß die Wurzeln austrocknen, herabgesetzt.

Eines der schwierigsten Probleme für die Orchideen ist der störungsfreie Ablauf ihrer Nährstoffproduktion während langer Trockenzeiten. Naturgemäß kann die Photosynthese nur tagsüber stattfinden. Das dafür notwendige Wasser entnehmen die Orchideen ganz

einfach ihren Speicherwurzeln. Der andere Rohstoff, das Kohlendioxid, ist dagegen nicht so leicht zu beschaffen. Normalerweise öffnen Pflanzen Poren an ihrer Oberfläche, um der Luft Kohlendioxid zu entnehmen. Das aber wäre für die Orchideen bei großer Lufttrokkenheit tagsüber lebensgefährlich: Kostbares Wasser würde verdunsten. Die Lösung der Orchideen für dieses schwierige Stoffwechselproblem ist die gleiche, die Kakteen der Wüste entwikkelten, um zu überleben.

Kakteen und Orchideen öffnen erst nachts, wenn die Verdunstung wesentlich geringer ist, ihre Poren, um Kohlendioxid hereinzulassen. Sie speichern es bis zur Photosynthese am Tage. Dieser de-Saussure-Effekt, so nach seinem Entdecker benannt, wurde bisher auch bei 20 Bromelienarten nachgewiesen. Wenn also epiphytische Urwaldpflanzen gleiche Stoffwechselspezialitäten wie Wüstenpflanzen aufweisen, dann liegt es nahe, daß Pflanzen der Wüste auch sehr erfolgreich als Epiphyten im Kronendach tropischer Regenwälder mit ausgeprägten Trockenzeiten existieren können. Und tatsächlich: Im Kronendach südamerikanischer Ur-

Würgfeigen beginnen ihr Leben als Epiphyt hoch oben in den Kronen anderer Bäume und schicken ihre Wurzeln nach unten. Wenn diese den Boden erreicht haben, umhüllen sie den Wirtsbaum, töten ihn und nehmen seinen Platz ein. Einzelne Exemplare einiger Arten dehnen sich so über eine Fläche von mehreren Hektar aus

wälder wurden epiphytische Kakteen entdeckt.

Die Methoden, mit denen sich schließlich die Gruppe der Hemi-Epiphyten ihren Platz an der Sonne sichert, stellen buchstäblich alles in den Schatten, was ich bisher beschrieben habe. Diese „Halb"-Epiphyten können sozusagen durch variable Lebensgewohnheiten die jeweils besten Wachstumschancen nutzen, die der Wald wechselnd bietet. Die Botaniker sehen in ihnen eine Art Übergang zwischen Lianen und normalen Epiphyten. Sie können ihren Start ins Leben als erstere oder letztere beginnen. Viele *Araceen* entwickeln sich beispielsweise zunächst als kletternde Lianen, aber dann stirbt der untere Teil des Stammes ab. Der grüne Teil der Pflanzen, hoch oben in den Bäumen verankert, verliert den Zusammenhang mit dem Boden und lebt als Epiphyt weiter.

Auch einige der mit 50 Metern Höhe und riesigen Kronen größten und ausladendsten Bäume im Bergregenwald von Monteverde sind Hemi-Epiphyten; sie gehören zur Gruppe der Würgfeigen. Ihre Stämme sind im Gegensatz zu anderen Bäumen nicht massiv, sondern bestehen aus einem runden, netzartigen Geflecht, das in vielen Fällen innen hohl ist. Die Würgfeigen haben ihre Wachstumsprobleme auf raffinierte und verblüffende Weise gelöst. Ihre Samen werden von Vögeln oder Affen ins Kronendach des Waldes verschleppt. So beginnen sie ihre Existenz von vornherein an der Sonne, sie wachsen von oben nach unten. Bescheiden sieht der Keimling aus, wenn er in einer humusgefüllten Astgabel oder im Kelch eines Nestfarns als Epiphyt sehr langsam heranwächst. Doch dann beginnt die kleine Pflanze eine Vielzahl von Luftwurzeln zu bilden, die teils frei herabhängen, teils sich an den Stamm des Trägerbaumes anschmiegen und immer länger werden. Wenn sie den Boden erreicht haben und Wasser und Nährstoffe daraus aufnehmen können, erstarkt die Pflanze und die Krone hoch oben dehnt sich gewaltig aus, nimmt schließlich dem Trägerbaum alles Licht. Zugleich legen sich immer mehr Luftwurzeln wie Schlingen um seinen Stamm; er wird so am Dickenwachstum gehindert, seine wasserführenden Gefäße werden durch die Wurzelschlingen der Feige abgeschnürt. Der Trägerbaum wird erwürgt. Mehr und mehr verbreiten sich nun die Wurzeln der Feige, sie wachsen flächig zusammen. Es sieht aus, als ob eine breiige Masse unendlich langsam zusammenfließt. Der Laie könnte vermuten, es handle sich um eine krankhafte Zellwucherung. Eines Tages ist dann das Wurzelnetz zu einem rohrförmigen Stamm zusammengewachsen. Der abgewürgte Trägerbaum im Inneren verrottet, die Würgfeige bleibt hohlstämmig zurück.

Bei einigen Würgfeigenarten – *Ficus retusa* und *Ficus bengalensis* – entwikkeln sich die Luftwurzeln, nachdem sie den Boden erreicht haben, zu dicken Stützpfeilern einer sich immer weiter ausdehnenden Krone. Und je größer sie wird, umso mehr stammartige Stützpfeiler entstehen. So kann schließlich ein einziger Baum einen ganzen Wald vortäuschen. Die größte bekannte Würgfeige bedeckt eine Fläche von zwei Hektar, der Kronenumfang beträgt 530 Meter. Wenn man vor den gewaltigen Würgfeigen steht, glaubt man kaum, daß sie als kleine Epiphyten hoch oben in einer Astgabel entstanden sind. Viele der Hemi-Epiphyten können sich, wenn viel Licht am Waldboden vorhanden ist – etwa auf großen Lichtungen –, ebenso gut wie gewöhnliche Bäume entwickeln.

Die Botaniker versuchen seit langem, anhand von Bestandsaufnahmen der Pflanzenarten ein pflanzensoziologisches Typogramm, eine Strukturanalyse der verschiedenen tropischen Regenwälder vom Tieflandwald bis zum Bergwald, zu erarbeiten. Sie teilen den Wald in sechs Vegetationsetagen ein. Zuunterst befinden sich am Boden mit seinem verrottenden Pflanzenmaterial Bakterien, Pilze und parasitäre Pflanzen. In der zweiten Etage gleich über dem Boden wachsen die Sämlinge aller Baumarten und krautartige Pflanzen, die zeitlebens mit einem Minimum an

Licht auskommen. In der dritten Etage gedeihen strauchartige Pflanzen und langsam wachsende Jungbäume im Wartestand. Darauf folgt eine breite, schwer abzugrenzende Schicht niedriger Bäume mit meist schlanken, langgestreckten Kronen. Einige von ihnen sind junge Bäume auf dem Weg ans Licht, andere sind kleinbleibende Arten. Das geschlossene Kronendach der Altbäume bildet zusammen mit den darin siedelnden Epiphyten die fünfte Etage, die aus diesem Dach herausragenden Überständer – ebenfalls mit Epiphyten bewachsen – schließlich die oberste, die sechste. Die vielfältigen Lianen, die Kletter- und Rankengewächse sowie die Hemi-Epiphyten sind mit allen Stockwerken verwoben.

Diese Architektur des Waldes ist von seinem Grunde aus nicht sichtbar. Allenfalls offenbart sie sich, wenn eine Straßenschneise geschlagen wird. Aber auch dann kann man die dritte bis fünfte Etage kaum auseinanderhalten. Das Blattwerk und die Stämme von Bäumen jeden Alters sowie Lianen lassen sie eins erscheinen. Und selbst dieser Einblick ist nur kurze Zeit möglich. Schnellwachsende Kletterer und Ranken erobern die Lichtoase der Schneise und lassen das sichtbar gewordene Profil des Waldes bald hinter einem grünen Vorhang verschwinden.

Mit dieser einfachen Skizze über den vertikalen Aufbau des Waldes muß sich die Wissenschaft vorläufig begnügen. Als die Botaniker nämlich begannen, auch ein Modell der Artenzusammensetzung sowohl vertikal wie horizontal zu entwerfen, verfilzten sie sich im Dikkicht der Vielfalt. Auch der Einsatz von Computern half da nicht weiter. Die Berechnungen ergaben nur, daß derselbe Waldtypus unter ganz verschiedenen Kombinationen der Faktoren vorkommen kann und daß seine Merkmale sich kontinuierlich ändern. Aufgrund der überaus komplexen Vorgänge innerhalb der Lebensgemeinschaft des tropischen Regenwaldes bestehen praktisch unendlich viele Möglichkeiten für die Zusammensetzung des Artenmosaiks. Denn der tropische Regenwald hat nicht den vorhersehbaren Lebenslauf eines einförmigen Kiefern- oder Buchenwaldes der gemäßigten Breiten. Er befindet sich in einem äußerst dynamischen Zustand.

Eines haben die Urwaldforscher jedoch mit Sicherheit herausgefunden. Die große Diversität verleiht der Lebensgemeinschaft des tropischen Regenwaldes ein hohes Maß an innerer Ordnung, Stabilität und Überlebenskraft. Dafür ein Beispiel. Der großen Anzahl von Baumarten steht eine ebenso große Anzahl von Schädlingen, vorwiegend Insekten, gegenüber. Da jeder von ihnen meistens nur auf eine Art oder allenfalls auf eine Baumfamilie spezialisiert ist, kann er sich im Wald, in dem ja Baum- wie Tierarten eine geringe Populationsdichte aufweisen, also über ein großes Areal weit verstreut vorkommen, lediglich inselartig verbreiten. Er kann somit jeweils immer nur einen Baum oder eine kleine Gruppe im Artenmosaik zerstören, niemals jedoch den ganzen Wald.

Die große Diversität des Regenwaldes ist im Grunde ein Resultat der ständigen Auseinandersetzung zwischen Pflanzen und Tieren. Die meisten Pflanzen haben sich parallel zu Pflanzenfressern entwickelt. Im Laufe vieler Millionen Jahre wurde jeder Versuch von Schädlingen, sich Pflanzenwirte auszuwählen und deren Abwehr zu durchbrechen, von den Pflanzen mit neuen Schutzmethoden gekontert. Oft führte das zur Entstehung einer neuen Art, was dann wiederum die Differenzierung pflanzenfressender Tiere nach sich zog. So gesehen, sind die sogenannten Schädlinge Förderer und Erhalter des Waldes. Der beste Schutz für die Individuen ist, sich zu differenzieren – eben: einzigartig zu werden.

Die im Laufe von Millionen Jahren entstandene Vielfalt des Lebens im tropischen Regenwald gewährleistet auf diese Weise das Überleben der Arten. Das war jedenfalls bisher so. Doch weithin wird dieser Schutzschild des Lebens nunmehr zum Opfer des Menschen, zur Beute weltbeherrschender Wirtschaftssysteme.

Die Tricks der Spezialisten

Im tropischen Regenwald entstehen neue Lebensformen schneller, als Wissenschaftler sie entdecken können. Der Kampf ums Überleben hat Kreaturen geschaffen, deren Aussehen und Verhalten die Grenzen menschlicher Phantasie sprengen. Doch keiner könnte hier ohne den anderen existieren. Um zu bestehen, sind selbst Schmetterlinge gezwungen, intelligent zu werden

Lithographie „Vögel-Teich am Rio San Francisco" in Brasilien, um 1820

Die Puppe des Falters *Mycalesis sp.* auf Neuguinea hängt inmitten eines Käfigs, den sie sich zum Schutz aus drahtharten Seidenfäden gesponnen hat. Die Puppe einer Falterart auf Borneo dagegen macht sich unsichtbar, indem sie Wassertropfen nachahmt

Ein Haarkleid dient vielen tropischen Schmetterlingsraupen zur Abschreckung von Feinden: Es soll sie größer und gefährlich erscheinen lassen. Zudem ist der Pelz für räuberische Insekten undurchdringlich und oft mit giftigen Tröpfchen behaftet. Andere Raupen bevorzugen eine Tarnung, indem sie etwa ihre bizarren Körper mit Teilchen von Blättern bekleben

Wenn nach der Regenzeit die Wasser des Amazonas wieder gefallen sind, versammeln sich abertausende von Schmetterlingen auf Schlammbänken an bestimmten Stellen, um abgelagerte Mineralstoffe aufzusaugen

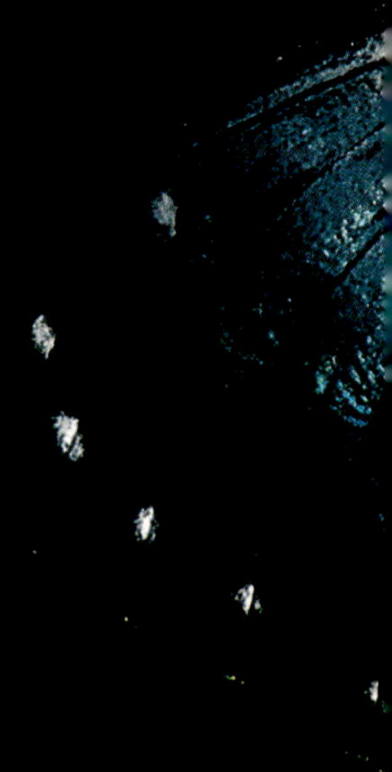

Die Leuchtkraft des handtellergroßen Falters *Morpho insularis* auf Trinidad entsteht durch Brechung des Sonnenlichts und selektive Rückstrahlung seines blauen Anteils.
Die Farben- und Formenvielfalt unter den schätzungsweise 140 000 Schmetterlingsarten ist Ausdruck der selektiven Wechselbeziehung zu Pflanzen und Feinden

Das Fell der kleinen südamerikanischen Affenart *Callithrix geoffroy* sieht dem Gefieder eines Vogels zum Verwechseln ähnlich – Tarnung vor Greifvögeln, die ausschließlich Affen jagen? – Ein solcher Spezialist ist auch der mächtige, selten gewordene philippinische Affenadler

Die Farbvarianten der unbeweglich auf Beute lauernden Pythons auf Neuguinea täuschen darüber hinweg, daß es sich um ein und dieselbe Art handelt: *Chondropython virides*. Dieses bei Schlangen weitverbreitete Phänomen macht die Artenbestimmung im Freiland oft sehr schwierig. Die bleistiftdünne, meterlange Baumschlange auf Borneo gleitet auf der Suche nach Beute grazil durch das Blattwerk

Der amerikanische Biologe Donald R. Perry hat 40 Meter hoch im Kronendach des mittelamerikanischen Regenwaldes in Costa Rica ein System von Seilen gespannt, um dieses Neuland für die Wissenschaft kletternd und hangelnd erschließen zu können. Auf jeder seiner Exkursionen entdeckt er neue Arten

Der größte Teil des Tierlebens vollzieht sich hoch oben in den Baumkronen des Regenwaldes. Das Baumstachelschwein in Südamerika gehört zu den gewandtesten Kletterern. Das Plumplori auf Borneo besitzt zur Nahrungssuche im ewigen Dämmerlicht des Waldes riesige Augen. Das mit Schuppen gepanzerte Pangolin in Ghana sucht im Gezweig nach Nestern von Termiten. Viele dieser Tierarten – wie auch das in Guayana heimische Jaguarundi – werden wegen ihres Lebens in der Höhe nur selten beobachtet

Zu den charakteristischen Amphibien des Regenwaldes in Mittel- und Südamerika zählen die dünnhäutigen Glasfrösche – hier die Art *Centrolenella valerius*. Der Mangel an Sonnenlicht und die ständig feuchtigkeitsgesättigte Luft erlauben ihnen, auf eine dicke, mit Pigmenten durchsetzte Haut als Schutz zu verzichten

Die Männchen der Goldkröte *Bufo periglenes* haben sich in einer Pfütze am Waldboden versammelt, um mit ihrem Chorgesang Weibchen zur Paarung anzulocken. Ihr Verbreitungsgebiet hoch auf einem bewaldeten Gebirgsgrat in Costa Rica beträgt nur wenige Hektar

Mit auffälliger Färbung warnen die Pfeilgiftfrösche der Gattung *Dendrobates* vor sich selbst. Ihre Hautsekrete enthalten hochtoxische Alkaloide, die sie für Feinde ungenießbar, oft sogar tödlich werden lassen

Im Regenwald Mittelamerikas lebt die Fledermaus *Trachops cirrhosus*, die auf Froschjagd spezialisiert ist. Sie ortet ihre Beute an deren Rufen und vermag dabei sogar giftige von ungiftigen Arten zu unterscheiden

Das Okapi, Waldgiraffe des Kongobeckens, putzt sich die Augen. Die überlange schlauchförmige Zunge ist dazu konstruiert, wie mit einem umfassenden Handgriff Blätter von Zweigen abzustreifen. – Die Fledermaus *Vampyros helleri* in Südamerika hat sich darauf spezialisiert, Säugetieren kleine Wunden zu reißen und dann das austretende Blut zu lecken

Ein Samtgoldvogel – *Sericulus chrysocephalus* – durchfliegt einen Lichtstrahl im Inneren des australischen Regenwaldes. Vor allem die Schnabelformen der Vögel lassen auf ihre ökologische Rolle in der Lebensgemeinschaft des Waldes schließen. Kolibris saugen mit ihrem überlangen spitzen Schnabel Nektar. Der Gemeine Potoo mit seinem Eulengesicht kann den Schnabel zu einer trichterförmigen Falle für Insekten aufsperren. Die übergroßen Schnäbel von Papageien und Tukanen sind dazu geeignet, große Früchte zu zerkleinern. Der Felsenhahn, dessen Schnabel das aufgestellte Gefieder bei der Balz verbirgt, ist als Allesfresser nicht spezialisiert. Der auf Neuguinea heimische Papagei *Psittrichua fulgidus* hat die ökologische Nische dort nicht vorkommender aasfressender Geier besetzt

In den Tiefen der Regenwälder Neuguineas leben der Königsparadiesvogel *Cicinnurus regius* und die Kronentaube *Goura victoria*, deren Männchen für die Balz prachtvollen Federschmuck entwickelt haben

Ein unbekanntes Insekt hat seine Eier auf langen Seidenstengeln deponiert. Von anderen Arten weiß man, daß dies zweierlei Zweck erfüllt: Ameisen laufen daran vorbei, und die oft zum Kannibalismus neigenden Tiere sind nach dem Schlüpfen voreinander sicher. — Die Baumzirpe *Flatida rosea* signalisiert mit ihrer plakativen Farbe Ungenießbarkeit

Tagtäglich werden von Forschern im Regenwald neue Arten entdeckt. Ihre Anzahl scheint unerschöpflich. Erfordert die Artbestimmung einer Spinne schon großes Spezialwissen, so war es bislang noch nicht einmal möglich, das millimeterkleine Insekt mit dem Pinselschwanz einer der vielen Insektengruppen zuzuordnen

Nach Fotos haben Zeichner von GEO detailgenau diese Darstellung des Lebensraums Bergregenwald in Costa Rica geschaffen. Ganzjährige Feuchtigkeit durch Nebel und Niederschläge lassen hier wie nirgendwo sonst epiphytische Pflanzen auf den Bäumen gedeihen: Moose, Lianen, Farne, Bromelien sowie Orchideen, in denen Kolibris Nektar saugen. Dies ist auch der Lebensraum von Klammeraffe, Ozelot, Quetzal, Jaguar sowie Gürteltier und Goldkröte. Jede wassergefüllte Blattrosette einer Bromelie ist eine kleine Welt für sich, in der Frösche, Schnecken und viele Insektenarten eine Heimstatt finden

Eine knappe Woche bin ich nun schon im Wald von La Selva in Costa Rica, und die ganze Zeit regnet es, ununterbrochen, Tag und Nacht. Die Regenzeit ist auf ihrem Höhepunkt. Die wasserschwangeren Wolken, über dem Atlantik und der karibischen See geboren, werden vom Nordost-Passat gegen die Cordillera Central gedrückt, eine Kette gewaltiger Vulkane, die das Land wie ein Rückgrat durchzieht. Der Wasserdampf steigt auf 10 000 bis 12 000 Meter Höhe und bildet dort in kälterer Luft gewaltige, amboßförmige Wolken, aus denen sich dann Gewitter mit urzeitlicher Energie entladen. Doch das alles habe ich nur während der Anreise aus dem Flugzeug beobachtet, als der Pilot in Kurven und Schleifen die Wolkentürme und die darin verborgenen Vulkankegel umflog, um die in einem Hochtal gelegene Hauptstadt des Landes, San José, anzusteuern. Jetzt, am Grunde des Waldes, sehe ich nur die Unterseite der undurchdringlichen düsteren Wolkendecke, die so tief hängt, daß die Spitzen der höchsten Bäume darin verschwinden.

Es ist später Nachmittag, und ich liege schweißnaß auf meinem Lager in einer Art überdimensionalem, mehrstöckigen Hühnerstall. Der Konstruktion nach ist es ein Fachwerkbau, doch statt mit Steinen und Mörtel zwischen dem Gebälk ausgefüllt zu sein, ist das Ganze lediglich mit Maschendraht bespannt, so daß es in diesem Haus keinen Unterschied zwischen Innen und Außen gibt. Und das ist gut. Denn nur so kann verhindert werden, daß sich in der immerwährend feuchtwarmen Luft alles mit Fäulnis und Schimmel überzieht. Zwei riesige Ventilatoren mit wenigstens anderthalb Metern Durchmesser quirlen die Luft, die ich wie Flüssigkeit empfinde, durch den Käfig und sorgen somit am windlosen Grund des Waldes für den Hauch einer Abkühlung.

Meine Unterkunft ist das Schlafhaus der La Selva Field Station. Die Forschungsstätte inmitten des Tieflandwaldes wird von der „Organization for tropical Studies" betrieben, einem Zusammenschluß 26 nordamerikanischer und costaricanischer Institute und Universitäten, die sich die Erforschung tropischer Ökosysteme zur Aufgabe gemacht haben. Ständig arbeiten hier abwechselnd bis zu zwei Dutzend Wissenschaftler der verschiedensten Disziplinen daran, etwas über das „Funktionieren" des Tropenwaldes mit seiner unvergleichlichen Vielfalt an Organismen in Erfahrung zu bringen.

Das andauernde Prasseln schwerer Regentropfen auf das Wellblechdach, das Summen der Ventilatoren und das Knistern der Blitze, die zwischen düsteren Wolken und dichter Vegetation meist nur matt aufscheinen, nehme ich kaum noch wahr. Ich lausche auf die Geräusche ringsum im Wald. Laut kreischend fliegt ein grellbuntes Papageienpärchen vorbei. Die langen Schwanzfedern leuchten vor der düsteren Kulisse des Waldes wie Fahnen. In der Tiefe des Waldes hat eine Horde Brüllaffen ihr abendliches Konzert begonnen. Die schaurigen Töne hallen zwischen den Baumsäulen des Waldes wie Rufe in einer Kathedrale. Die Dunkelheit bricht schnell herein. Wie immer, empfinde ich es wie das Verlöschen eines ohnehin schon schwachen Lichts.

Licht, Geklapper aus dem nahen Laboratorium und die Stimme von Mike, der meinen Namen ruft, reißen mich aus meinen Wahrnehmungen. Die Station erwacht zweimal am Tag zum Leben, morgens und abends, wenn die nächtlichen Exkursionen und Forschungsvorhaben vorbereitet werden. Angeekelt ziehe ich meine feuchte Kleidung an, von der ich nicht glauben mag, daß sie jemals wieder trocken wird. Irgendwann werden Hemd und Hose, zermürbt durch Schimmelpilze, einfach zerfallen.

Mike erwartete mich im Laboratorium, wo ein Kollege von ihm gerade die Panzer von gefangenen Käfern mit Nummern beschriftet. Es sind nicht etwa tote Tiere für die Sammlung, sondern lebende, die wieder in die Freiheit entlassen werden. Wie bei beringten Vögeln, hofft man darauf, sie eines Ta-

Das Männchen des Roten Brüllaffen – *Alouatta seniculus* – markiert lautstark sein Territorium. Ein spezielles Organ in dem mächtigen Schädel dient dabei als Resonanzkörper

ges in dem unergründlichen Labyrinth des Waldes wiederzufinden und somit etwas über ihre Lebensgewohnheiten zu erfahren. Ich staune über diesen Optimismus.

Mikes Spezialgebiet ist die Erforschung der nachtaktiven Glasfrösche. Er widmet sich dieser Aufgabe bereits seit mehr als drei Jahren und hat versprochen, mich auf eine Exkursion mitzunehmen.

Wir setzen Helme mit eingebauten Lampen auf, wie sie Bergleute unter Tage tragen, und schnallen uns die Akkumulatoren dafür an die Gürtel. So kann man in dem unwegsamen, nächtlichen Wald beide Hände freibehalten, außerdem stimmen Lichtkegel und Blickrichtung stets überein.

Mühsam suchen wir uns einen Weg durch das Unterholz. Ich denke an die Warnungen der Stationsleiterin bei meiner Ankunft. Sie hatte mir den Schrank mit dem Serum gezeigt, das sofort nach dem Biß der Lanzenotter gespritzt werden muß, will man eine Überlebenschance haben. Alle solche Unfälle waren immer wieder dadurch geschehen, daß Forscher auf die in ihrer Tarnfärbung praktisch unsichtbaren und bewegungslos zusammengerollt am Boden liegenden Schlangen getreten waren. Lanzenottern, die mehr als zwei Meter lang und armdick werden können, sind in diesem Wald besonders häufig.

Gegen eine andere tödliche Bedrohung in diesem Wald konnte bisher keinerlei Gegenmittel gefunden werden. Diese Gefahr geht von einer großen, fast drei Zentimeter langen Ameise aus. Ein einziger Biß von ihr kann das Ende bedeuten. Ich war dem giftigen Insekt gleich am ersten Tag begegnet. Als ich einen umgestürzten Baum überkletterte, merkte ich, daß ihn eben jene gefürchteten Ameisen als Brücke über einen kleinen Bach benutzten. Die Art ist leicht an einem leuchtend gelben Ring um ihren Hinterleib zu erkennen. Glücklicherweise zeigen sich die Tiere, ganz im Gegensatz zu anderen Ameisenarten, als nicht aggressiv. Sie verlassen sich wohl sehr erfolgreich auf ihre markante Färbung, die allen möglichen Feinden von vornherein die tödliche Gefahr signalisiert. In panischem Schrecken war ich zurückgewichen – der beste Beweis, daß diese Art der Abwehr funktioniert.

Während unserer nächtlichen Exkursion erkenne ich in dem Wald, der mir tagsüber zumindest in der Nähe der Station schon fast vertraut ist, nichts wieder. Die Baumstämme mit ihrer Umhüllung aus Klettergewächsen, Moosen, Farnen und Orchideen ragen unabsehbar in die Finsternis empor, die Seile der Lianen hängen wie aus dem Nichts herab. In dem engen Lichtkegel erscheinen die großen Blätter vor mir wie riesenhaft. In diesem Irrgarten aus papierdünnen grünen Wänden fällt es mir schwer, Mike, der nur ein paar Schritte vor mir geht, zu folgen. Das Licht meiner Lampe bricht sich milliardenfach in der perlenden Nässe, die alles überzieht. Eine große Fledermaus fliegt langsam und lautlos durch das Blätterlabyrinth.

Ab und zu sehe ich den Reflex von Augenpaaren. Im Lichtkegel ziehen sich ihre Pupillen zu schmalen Schlitzen zusammen, und die Augen leuchten dann wie rubinrote Kugeln. Sie gehören farbenprächtigen Laubfröschen: smaragdgrün der Rücken, azurblau die Flanken und Beine, ein intensives Orange an Bauch und den mit saugnapfartigen Zehen versehenen Füßen. Fasziniert schaue ich einem großen, einfarbig grünen Laubfrosch zu, wie er sich mit einem Sekret aus Hautdrüsen gegen das Übermaß an Nässe schützt: Mit seinen feingliedrigen Vorderfüßen verteilte er die wachsähnliche Substanz sorgfältig über den ganzen Körper. Es sieht aus wie bei Menschen, die sich am Strand mit Sonnenschutzcreme einreiben, und genau wie sie hat der Frosch Schwierigkeiten, seinen Rücken zu erreichen. Nie habe ich bei Tieren etwas Komischeres beobachtet.

Die feuchte Luft lastet schwer in meinen Lungen, und ich kann mir vorstellen, daß ich mit Kiemen besser ausgerüstet wäre. Bald habe ich das Gefühl, mich in einer bizarren, nächtlichen Unterwasserwelt zu befinden.

Ab und zu bleibt Mike stehen, um den Ruf von Glasfröschen zu orten, jenes seltsame metallische Klicken, das ich allnächtlich aus dem Wald gehört habe, ohne seinen Ursprung zu kennen. Um die Akkumulatoren zu schonen, schalten wir jedesmal unsere Lampen aus. Ich genieße diese schauerlichen Momente in absoluter Dunkelheit. Selbst am Grunde der tiefsten See kann die Finsternis nicht intensiver sein. Anders als in Borneo wird dieser Wald nicht von Bakterien und Pilzen illuminiert. Vielleicht liegt das aber nur an der Jahreszeit. Ich weiß mich von Millionen Kreaturen umgeben, die mir verborgen bleiben, denn meine Sinne sind nicht dafür geschaffen, sie alle wahrzunehmen. Die Tiere hier orientieren sich an infraroter Wärmestrahlung, mit Hilfe von Ultraschall, an unvorstellbar geringen Duftspuren; andere verstehen es, allerletzte Lichtteilchen zu sammeln und zu verstärken. Eindrücke von dieser nächtlichen Anderswelt lassen sich nur mit hochempfindlichen Meßgeräten gewinnen, welche die fremdartigen Botschaften in Signale übersetzen, die wir dann deuten können.

Im Schein unserer Lampen klettern wir die steile Böschung zu einem kleinen Fluß hinunter. Ich muß mich voll darauf konzentrieren, nicht abzurutschen und in die stellenweise reißende Strömung zu stürzen. Schlangen und Ameisen habe ich längst vergessen. Wir sind an unserem Ziel.

Langsam bewegen wir uns über Sandbänke und Felsblöcke im Flußbett stromauf. Überall um uns herum rufen Glasfrösche. Aber so sehr ich auch die Äste und Blätter am Ufer absuche, ich kann keinen entdecken. Da zeigt Mike mir, wo ich suchen muß: an der Unterseite der Blätter, die über den Fluß hängen. Es sind winzige Gestalten, nicht größer als das Endglied meines kleinen Fingers, und sie erscheinen völlig transparent wie hellgrünes Flaschenglas. Man kann durch sie hindurchschauen; ich sehe ihre Organe, ihre Blut- und Nervenbahnen und erinnere mich an das Glasmodell eines Menschen. Jedesmal, wenn die Tiere rufen, schwillt die Schallblase an ihrer Kehle auf Körpergröße an.

Mike scheint über Glasfrösche alles zu wissen. Er erklärt mir die Varianten der Rufe, nicht viel stärker als kaum wahrnehmbare Dialekte, an denen sich die Arten unterscheiden lassen. Ich vergesse das grüne, dunkle Universum um uns herum und beobachte fasziniert den Ringkampf zweier Männchen. Sie schlagen sich um den Besitz eines Blattes. Eng umschlungen, versucht jeder von ihnen, mit einem kleinen Sporn an den Vorderbeinen die Haftfüße des anderen vom Untergrund loszureißen. Wie ein Ringrichter studiert Mike auch die feinsten Details des Kampfes mit einer großen Lupe. Schließlich gelingt es dem einen Glasfrosch, auch noch den letzten Fuß seines Rivalen zu lösen. Der Verlierer stürzt in den Fluß und treibt davon. Wenn er Glück hat und im Wasser keinem Räuber zum Opfer fällt, wird er sich irgendwo flußab ein neues Revier erobern.

Unter den Blättern, geschützt vor Regen, haftet auch der Laich der Glasfrösche. Während Mike an jedem solchen Blatt ein kleines Nummernschild aus Plastik anbringt und sich Notizen darüber macht, erzählt er mir, wovon er träumt. Eines Tages, wenn seine Arbeiten hier abgeschlossen sind, möchte er in die entlegene Südostecke Kolumbiens gehen, dorthin, wo viele der nördlichen Zuflüsse des Amazonas entspringen. Denn auf der Weltkarte der Glasfrösche ist jene Gegend noch ein weißer Fleck; viele Arten werden dort noch zu entdecken sein.

Es hat aufgehört zu regnen. Wir lassen uns an einem der Laichhäufchen nieder und warten auf ein Ereignis, von dem Mike sicher ist, daß es bald eintritt. Und wirklich: Nach nur etwa einer Viertelstunde kommt ein Glasfroschmännchen an. In einer eigens dafür geschaffenen Bauchtasche trägt es Wasser vom Fluß herauf. Es setzt sich über den Laich und bedeckt ihn mit einer Wasserblase, die sich durch ihre eigene Oberflächenspannung hält. Der Laich, stets außerhalb des Wassers abgelegt, kann sich nur bei hundertprozentiger Luftfeuchtigkeit entwickeln. Sobald der Regen aufhört, ist deshalb diese Form der Brutpflege nötig. Bei anderen Arten, so erzählt Mike, geht die Brutpflege noch weiter. Die Männchen bewachen den Laich und verteidigen ihn gegen parasitäre Wespen sowie kleine Räuber wie etwa Ameisen. Gegen größere Jäger können die winzigen Frösche jedoch nichts ausrichten; sie tun dann gut daran, sich selbst in Sicherheit zu bringen. Zu diesen regelmäßigen Laichräubern gehören die Katzenaugennattern. Wir sehen eine dieser nur bleistiftdicken, aber mehr als einen halben Meter langen Schlangen, wie sie mit vollendeter Anmut scheinbar mühelos durch die Zweige gleitet und die Blätter nach Laich absucht.

Trotz solcher unvermeidlichen Verluste scheint die Ablage der Eier außerhalb des Wassers für das Überleben der Art vorteilhaft zu sein. Wenn sich das Ei bis zur Kaulquappe entwickelt hat, lösen sich die Tiere wie Tropfen vom Blatt und lassen sich in den Fluß fallen, wo sie bis zum Abschluß der Metamorphose zum fertigen Frosch leben.

Wie alle Kreaturen in diesem Wald, so haben auch die erwachsenen Glasfrösche eine Vielzahl von Feinden. Einer davon ist eine im Verhältnis zu den Fröschen riesige Spinnenart. Sie hat sich auf die Ortung der Rufe von Glasfröschen spezialisiert. Als Reste ihrer Opfer finden wir nicht viel mehr als ausgesaugte pergamentene Hüllen aus Haut.

Am Ende dieses ersten Nachtausflugs in den Wald von La Selva gehen mir beim Einschlafen viele Dinge durch den Kopf. Nach allem, was ich von den Wissenschaftlern hier bisher über den Regenwald gelernt habe – und das ist mehr als je zuvor –, bin ich fast resigniert. Denn je mehr ich erfahre, je mehr Fakten und Daten ich zusammentrage, desto rätselhafter erscheint mir das Lebensgeheimnis dieses Waldes. Ich beschließe also, meine Studien zunächst auf eine repräsentative Tiergruppe zu konzentrieren – eben auf die tropischen Frösche. So kann ich am ehesten hoffen, Ordnung in das vermeintliche Chaos und einen Einblick in die Naturgesetze dieses Ökosystems zu bekommen.

In der Bibliothek der Station steht mir Literatur in Hülle und Fülle zur Verfügung, und ringsum im Wald wimmelt es von Studienobjekten. Selbst an und zwischen den Gebäuden der Station leben einige Froscharten. Zudem ist das Land topographisch wie klimatisch äußerst vielseitig und deshalb denkbar günstig, um die Evolution der tropischen Lebewelt zu erforschen. Ich fühle mich wie in einer Art riesigem Freilandlaboratorium.

Im Vergleich zu Südamerika, dessen Tropenwälder auf ein Alter von 60 Millionen Jahren geschätzt werden, ist der Wald in Costa Rica mit nur etwa 5 Millionen Jahren noch jung. Kaum älter ist auch die mittelamerikanische Landbrücke, die zwischen dem Doppelkontinent durch vulkanische Aktivitäten entstanden war. Über diese Landbrücke dringen immer noch tropische Pflanzen und Tiere aus ihrem uralten angestammten Lebensraum, Südamerika, weiter nach Norden vor.

Die Frösche Costa Ricas und ihre vielen Variationen sind ein grenzenloses Forschungsfeld. Noch nicht einmal die Zahl der Arten ist genau bekannt. Während einige fast über das gesamte Land verbreitet sind, kommen andere, zum Beispiel die Goldkröte, nur in einem winzigen Areal des Bergregenwaldes auf dem Grat der Cordillera de Tilaran vor.

Im Regenwald des Tieflandes teilen sich gelegentlich bis zu 80 Arten einen Biotop. Das ist nur möglich, weil jede Art ihre besondere Überlebensstrategie entwickelt, ihre eigene ökologische Nische gefunden hat. Am meisten fasziniert mich die große Gruppe der *Dendrobatidae* wegen ihrer höchst merkwürdigen Fortpflanzung. Wie die Glasfrösche, so führen auch die Männchen

Die Katzenaugennatter hat sich darauf spezialisiert, den auf Blättern abgelegten Laich von Laubfröschen zu fressen. Der Granulierte Pfeilgiftfrosch trägt seinen Nachwuchs nach dem Schlüpfen auf dem Rücken zu sicheren Futterplätzen. Das Weibchen des Riesenbeutelfrosches läßt seine Jungen im Rückenbeutel zu fertigen Tieren heranreifen. Die Männchen der Erdbeerfrösche ringen um den Besitz eines Territoriums für den Nachwuchs

dieser Arten heftige Kämpfe um ihre Territorien. Die britische Biologin Patricia Fogden, die gemeinsam mit ihrem Mann das Leben tropischer Frösche jahrelang erforschte, gibt einen eindrucksvollen Bericht darüber: „Diese Frösche verstehen keinen Spaß, wenn ein Nachbarrufer sich auf ihr Gelände wagt: Heftiges Gerangel um das Territorium ist an der Tagesordnung, wobei keiner der Kombattanten erkennbare Regeln beachtet. Im Clinch rollen sie übereinander, teilen Fußtritte und Ellbogenstöße aus, rammen einander die Köpfe in den weichen Leib. Alles scheint erlaubt zu sein. Zwischendurch macht sich einer frei, hüpft einige Meter beiseite und stößt mit Verve einen Ruf aus – was den Zorn des Rivalen wiederum entfacht, und der Kampf beginnt von neuem."

An der Verbissenheit der Kämpfer läßt sich ermessen, wie wichtig ein eigenes Territorium am Grund des Waldes für sie ist. Nur wer eigenen Grund und Boden besitzt, wo das Weibchen seinen Laich sicher unterbringen kann, ist für das andere Geschlecht attraktiv. Wie die Biologin weiter berichtet, sind es die Weibchen, die darüber entscheiden, wer sie begatten darf. Die Anzahl der Eier, welche von den Weibchen im welken Laub deponiert werden, ist klein – verglichen mit den Hunderten und Tausenden, die im Wasser lebende Frösche ablegen. Bei den kleinsten Arten sind es oft nur ein bis zwei Stück, höchstens jedoch ein, zwei Dutzend bei größeren. Beide Elternteile kümmern sich um den Laich, der, wann immer nötig, mit herbeigeschafftem Wasser befeuchtet oder gegen kleinere Räuber verteidigt wird.

Sobald die Kaulquappen geschlüpft sind, kriechen sie auf den Rücken ihrer Eltern, wo sie sich mit klebrigen Sekreten befestigen, die von speziellen Drüsen in der Haut des Frosches abgesondert werden. So sicher gehalten, werden sie von ihren Eltern auf die Bäume getragen und im Kelch einer Bromelie oder in einer wassergefüllten Stammhöhlung abgesetzt. Derartige Miniaturteiche enthalten mit dem Regenwasser aufgefangene Nährstoffe und damit auch eine kleine Nahrungskette.

Aber warum dieser für die Eltern kräftezehrende und auch gefährliche Transport ihres Nachwuchses? Warum werden die Eier nicht gleich in jenen Tümpeln abgelegt? Wahrscheinlich würden sie dort sehr schnell irgendwelchen Feinden zum Opfer fallen. Die Kaulquappen dagegen können sich verteidigen und sind selbst Jäger, oft die größten und kräftigsten in ihrem neuen, kleinen Lebensraum. Aber natürlich sind sie nicht völlig sicher: Tukane, Baumsteiger-Vögel und andere Gefiederte mit langen Schnäbeln suchen die Kleinstgewässer auf und fischen die Kaulquappen heraus. Zudem sind die Nahrungsvorräte in den Kleinteichen sehr beschränkt. Von einer Froschart ist bekannt, daß die Weibchen sich den Aufenthaltsort ihres Nachwuchses genau merken und regelmäßig Futter vorbeibringen – ihre eigenen, unbefruchteten Eier. Bei einer anderen Art gehen die sich selbst überlassenen Kaulquappen gar zu einer kannibalischen Lebensweise über, sobald die Nahrung knapp wird. Die Chance, die Metamorphose bis zum Frosch zu schaffen, hat dann nur ein einziger: der Stärkste.

Meine erste Begegnung mit diesen tagaktiven Fröschen habe ich ungefähr zwei Kilometer von der Station entfernt, auf einer Lichtung, die ein umgestürzter Baumriese in den Wald geschlagen hat. Die Frösche haben sich neben einem herausgebrochenen, riesigen Wurzelteller auf dem Waldboden versammelt und stoßen, anscheinend hochgradig erregt, merkwürdig krächzende Rufe aus. Bemerkt indes habe ich sie durch ihre Färbung. Auffallender kann kein anderes Tier sein. Ganz im Gegensatz zu anderen bodenbewohnenden Fröschen, die sich in Form und Farbe dem abgestorbenen Laub möglichst anpassen, heben sich diese Frösche wie prächtig leuchtende Juwelen von dem dunklen Waldboden ab. Ihre wie mit Email überzogenen Körper prangen erdbeerrot, und die brillant blauen Beine sehen aus, als wären sie gerade in Tinte getaucht worden. Sie sind kaum größer als die Glasfrösche und zeigen nicht die geringste Furcht vor mir. So gelingt es mir mühelos, einen von ihnen zu fangen. Freilich habe ich meine Hände zuvor sorgfältig selbst nach kleinsten Rissen und Verletzungen abgesucht, denn es handelt sich bei den bunten Gesellen um Pfeilgiftfrösche. Mit ihren auffallenden Farben warnen sie vor sich selbst. Durch Hautdrüsen können die Tiere bei Gefahr ein Sekret ausstoßen, das Alkaloide enthält, die jede Berührung für Feinde höchst unangenehm macht. Bei einigen Arten sind diese Substanzen so giftig, daß – geraten sie in die Blutbahn – selbst geringste Mengen in kürzester Zeit zum Tode führen. Die Gifte lähmen das Nervensystem.

Die erste Kunde von diesen Giften brachte der britische Kapitän Charles Stuart Cochrane nach Europa. Nach seiner Verabschiedung aus der Marine hatte er in den Jahren 1823 bis 1824 auf eigene Faust in Kolumbien geforscht. Die Indianer, denen er begegnete, kannten die natürlichen Gifte in ihrer Umwelt und wußten damit umzugehen. So gewinnen ihre Nachfahren noch heute aus der Pflanzengruppe *Strychnos*, Quelle für das Gift Strychnin, auch das gefürchtete, absolut tödliche Curare für die Spitzen ihrer Pfeile. In seinem Forschungsbericht beschrieb Cochrane, wie sich die Indianer auch die Froschgifte für ihr eigenes Überleben nutzbar machten: „Die Indianer fangen die Frösche im Wald und verwahren sie in einem hohlen Gefäß von der Art eines Bambusstabes. Sie werden von ihren Besitzern so lange gefüttert, bis sie das Gift benötigen. Dazu nehmen sie eine der unglücklichen Kreaturen und spießen sie durch das Maul hindurch auf einen angespitzen Holzstab. Diese Tortur veranlaßt den armen Frosch dazu, aufs heftigste zu schwitzen, speziell auf dem Rücken, welcher sich mit einem weißen Schaum bedeckt: Dies ist das stärkste Gift, das er abzugeben vermag, und darin tauchen oder rollen sie die Spitzen ihrer Pfeile, die ihre vernichtende Kraft für ein ganzes Jahr behalten. Anschließend, unter dieser weißen Substanz, erscheint ein gelbliches Oel, welches sorgfältig abgeschabt wird und seinen tödlichen Einfluß in Abhängigkeit vom Wohlwollen des Frosches – wie die Indianer sagen – behält. Von einem einzigen Frosch kann das Gift für fünfzig Pfeile gewonnen werden".

Cochrane beobachtete wohl auch als erster Weißer, wie von vergifteten Blasrohrpfeilen getroffene Affen, Vögel und andere Tiere auf der Stelle tot aus den Bäumen stürzten. Diese Wirkung bietet dem Jäger den unschätzbaren Vorteil, seiner Beute auch habhaft zu werden. Während weiterer Erkundungen amerikanischer Tropenwälder wurden die Beobachtungen Cochranes von anderen Forschern bestätigt. Aber die Versuche, das Pfeilgift chemisch zu analysieren, verliefen lange Zeit erfolglos.

Der schwedische Anthropologe Henry Wassén, der 1934 und 1955 in Kolumbien völkerkundliche Studien betrieb, sammelte auch Pfeilgift von einer kleinen, isoliert im Süden des Landes am Saija-Fluß lebenden Indianergruppe. Die Froschart, aus der es gewonnen war, wurde aber erst 1970 von Wissenschaftlern entdeckt. Bei der chemischen Analyse erwies sich das Präparat als wahrer Superkiller – wahrscheinlich die stärkste natürliche Giftsubstanz überhaupt. Die Forscher gaben der leuchtend zitronengelben Spezies, deren Handhabung allein schon lebensgefährlich ist, den treffenden Artnamen *terribilis*.

Der Pfeilgiftfrosch mit dem bezeichnenden Artnamen *terribilis* – der Schreckliche – ist das wohl giftigste Tier der Welt

Während die Indianergruppen im nördlichen Kolumbien den Fröschen das Gift in der von Cochrane beschriebenen Weise abgewinnen, kommt der supergiftige Frosch im Süden mit dem Leben davon. Seine Besitzer vergiften ihre Blasrohrpfeile einfach dadurch, daß sie damit leicht auf den Rücken des Frosches klopfen und reiben. Die Nutzung der Froschgifte für die Blasrohrjagd ist auf das Verbreitungsgebiet der drei giftigsten Arten in West-Kolumbien begrenzt.

Während ihrer Fahndung nach den faszinierenden Giften in den Jahren

1960 und 1970 entdeckten die amerikanischen Biologen Charles Myers und John Daly ein Dutzend bis dahin unbekannter Giftfrösche und mehr als 200 neue, chemisch hochkomplexe alkaloide Substanzen. Inzwischen beschäftigen sich auch Mediziner und Pharmakologen in der neurophysiologischen Forschung damit. Da die Supergifte in vielfältiger Weise auf die Schaltungen und Funktionen von Nerven und Muskeln einwirken, lassen sich mit ihnen die komplizierten Informationsübermittlungen im Nervensystem erforschen und eines Tages womöglich neue Medikamente entwickeln.

Die Frage, welche die Zoologen vorwiegend interessiert, ist die nach der Evolution der Pfeilgiftfrösche. Das Geheimnis der naturgeschichtlichen Entwicklung ihrer Gifte ist gewiß eng mit ihren Färbungen verbunden. Aber gerade hier treiben die Tiere mit den Forschern ein wahres Verwirrspiel. Wie es in der Tierwelt, besonders der Tropen, häufig der Fall ist, wird die erfolgreiche Warnfärbung der Pfeilgiftfrösche, deren Bedeutung ihre Feinde gelernt haben, von einigen ungiftigen Froscharten nachgeahmt – ein ebenso einfacher wie genialer Überlebenstrick. Was die Unterscheidung der Echten von den Unechten auch für den Forscher bei der Arbeit im Gelände besonders schwierig macht, ist die Tatsache, daß die wirklich Giftigen innerhalb einer Art selbst in Färbungen und Mustern stark variieren können.

Ein besonders gutes Beispiel dafür ist die Art *Dendrobates pumilio*, deren Vertreter ich auf der Urwaldlichtung beobachten kann. Sie kommt in den Regenwäldern an der karibischen Seite Nicaraguas, Costa Ricas und Panamas vor. Myers und Daly fanden heraus, daß sie in Nicaragua und Costa Rica überwiegend einheitlich gefärbt ist: rote Körper mit blauen Beinen. Ganz anders ist das auf dem Inselarchipel Bocas del Toro an der Karibikküste Panamas. Dort zeigen die Populationen von *D. pumilio* eine phantastische Vielfalt an Färbungen und Mustern. In Kombination mit Streifen und Punkten tritt fast das gesamte Farbspektrum in Erscheinung. Selbst die Färbungen schwarz und weiß gibt es.

Zunächst nahmen die beiden Forscher an, daß diese enorme Variabilität durch die erdgeschichtliche Entwicklung Panamas bedingt sei. Als vor etwa 12 000 Jahren die letzte Eiszeit zu Ende ging und die Gletscher weltweit schmolzen, modellierte der wieder ansteigende Meeresspiegel den Inselarchipel aus der Küstenlinie heraus. Doch im weiteren Verlauf der Forschungen erwies sich, daß die Variationen nicht einfach nur durch unabhängige Evolutionslinien in getrennten Inselpopulationen entstanden sein konnten, denn auch innerhalb einer einzigen Inselpopulation war die Färbungs- und Mustervariation oft enorm. Dasselbe gilt für die Größe der Frösche, ja selbst für ihre Verhaltensweisen. Individuen ein und derselben Art können ihren Lebensraum am Boden haben oder in den Bäumen, und ihr Verhalten gegenüber Feinden reicht von heimlich und flüchtig bis hin zu mutig und furchtlos. Besonders faszinierend: Diese Vielfalt innerhalb derselben Art gilt auch für die Gifte. Die Analyse ergab, daß *D. pumilio* mehr als 80 verschiedene Alkaloide produzieren kann. Alles zusammengenommen ist, so die beiden Forscher, *D. pumilio* der führende Kandidat für den Titel „most variable species" – die vielfältigste Art der Welt. Sie kamen vorläufig zu der Erkenntnis, daß alle Variabilität einem einzigen Gen-Pool entsprungen sein muß, dessen Potential groß genug war, immer neue Farben, Muster und vielleicht auch – über noch weitgehend unerforschte Mechanismen – Verhaltensmuster zu entwerfen und auszudrükken, die letztlich das Überleben der Art gewährleisten.

Auch in der Gegenwart müssen von den Tieren immer neue Gift-, Farb-, Muster- und Verhaltenskombinationen ausprobiert werden, denn die Feinde der Pfeilgiftfrösche sind flexibel. Als ein Wissenschaftler sich auf der Forschungsstation im Wald von La Selva mit den Freßgewohnheiten einer bereits seit langem bekannten Schlangenart näher beschäftigte, entdeckte er, daß sie selbst Pfeilgiftfrösche unbeschadet schlucken und verdauen kann. Die Schlange hat vermutlich spezielle Enzyme entwickelt, die das Froschgift neutralisieren.

Nie vergessen werde ich ein Experiment mit eben dieser Schlange und einem engen Verwandten der Frösche, einem ebenfalls sehr giftigen, großen Molch. Ich war ihm zuvor erst einmal begegnet. Selbstbewußt schritt er hochaufgerichtet auf seinen vier Beinen über den Urwaldboden dahin. Ich hatte wirklich den Eindruck, daß er sich seiner Unantastbarkeit bewußt war. Wie bei der gefährlichen Ameisenart, so warnt auch bei ihm eine gelbe Farbbinde um den Schwanz, die sich leuchtend von dem ansonsten tiefschwarzen Körper abhebt, alle anderen Tiere vor der tödlichen Gefahr.

Das Experiment auf der Forschungsstation von La Selva verblüfft mich. In einem Terrarium wartet eine reichlich ausgehungerte Schlange auf Futter. Der Wissenschaftler hebt den Deckel und setzt ein Exemplar eben jener Molchart hinein. Der Molch zeigt sich nicht im geringsten beeindruckt. Es vergehen keine drei Minuten und die Schlange schnappt, sich eines üppigen Mahles sicher, zu. Doch dann kommt alles anders als erwartet. Als die Schlange den Kopf des Molches mit ihrem Maul packt, quillt in Sekundenschnelle aus dessen Hautdrüsen eine gewaltige Menge steifen, weißlichen Schaums hervor, so viel, daß das Maul der Schlange einfach blockiert wird und sie ihr Opfer nicht mehr schlucken kann. Augenblicklich spuckt sie den unerwartet komplizierten, sperrigen Happen wieder aus. In diesem Fall ist also der Gift- und Gegengiftkrieg anscheinend so weit ausgereift, daß der Bedrohte ganz augenfällig wieder zu einer mechanischen Abwehr übergegangen ist.

Anfang der achtziger Jahre machte der amerikanische Zoologe Merlin Tuttle bei seinen Forschungen im Tro-

Die Feuergürtelschlange *Leimadophis etinephalus* schluckt einen Harlekinfrosch der Art *Atelopus varius*. Gegen sein Hautgift hat die Schlange anscheinend Abwehrstoffe entwickelt

penwald Panamas Entdeckungen, die ganz neue Einblicke in die Evolution tropischer Lebensgemeinschaften eröffnen. Als der Forscher nachts eine Gruppe laut rufender Frösche mit einem Infrarot-Nachtsichtgerät beobachtete, erschienen plötzlich mehrere große Fledermäuse auf der Bildfläche. Umgehend erstarb das Froschkonzert. Die Fledermäuse verschwanden. Als die Frösche danach wieder zu rufen begannen, waren die Fledermäuse sofort wieder da. „Wie Kampfflugzeuge im Tiefflug", so der Forscher, „strichen sie über den Grund." Als eine von ihnen wieder emporstieg, hielt sie einen Frosch im Maul.

Merlin Tuttle gingen sofort zwei Fragen durch den Kopf. Wie konnten die Fledermäuse die Frösche im Dunkeln überhaupt orten und wie war es ihnen möglich, freßbare Arten von giftigen zu unterscheiden? Diese Giftfrösche haben aufgrund ihrer nächtlichen Lebensweise nicht die plakativen Warnfarben ihrer tagaktiven Vettern entwickelt, weil das in der Dunkelheit ja keinen Sinn gemacht hätte. Der Forscher kam auf die Idee, daß die Fledermäuse ihre Beute an deren Rufen lokalisieren und identifizieren können. Wenn dem so ist, dann stehen die Frösche allerdings vor dem Problem, wie sie einen Geschlechtspartner akustisch auf sich aufmerksam machen, ohne eine Fledermaus anzulocken.

Mit Rat und Tat des Verhaltensforschers Michael Ryan, einem Netz und Froschrufen vom Tonband gelang es dann tatsächlich, mehrere Fledermäuse zu fangen. Sie wurden für die Tests in einem Freifluggehege ausgesetzt.

Die meisten Fledermausarten – das ist seit längerem bekannt – orientieren sich an dem Echo von Ultraschallsignalen, die sie auf hoher Frequenz ausstoßen. Erste Experimente Merlin Tuttles ergaben nun, daß die froschfressende Art einen zweiten Empfangsbereich für Töne niedriger Frequenz besitzt, wie er bisher bei Fledermäusen noch nicht nachgewiesen wurde, und es war genau der Bereich, in dem sich die meisten Frösche verständigen.

Dann machten die beiden Forscher ein Experiment, auf dessen Ausgang sie am meisten gespannt waren. In zwei entgegengesetzen Ecken des Geheges installierten sie jeweils einen Lautsprecher. Aus dem einen erscholl der Ruf einer genießbaren Froschart, aus dem anderen der einer giftigen. Würden die Fledermäuse die Rufe unterscheiden, oder würden sie sich von beiden Rufquellen angezogen fühlen? Und: Vielleicht sind sie wie die Schlange in der Lage, die Gifte ihrer Beute zu neutralisieren?

Das Tonband lief. Zielstrebig attakkierten die Fledermäuse nur den Lautsprecher mit dem Ruf der ungiftigen Art. Das blieb auch so, wenn die Anschlüsse der Lautsprecher miteinander vertauscht wurden.

In immer mehr verfeinerten Experimenten stellte sich dann sogar heraus, daß die Fledermäuse anhand der Rufe auch die Größe ihrer Beute ermessen und so den Angriff auf Arten vermeiden, die sie nicht bewältigen können. Schließlich wurden die Fledermäuse zugleich mit den Rufen der giftigen Arten auch mit denen von genießbaren konfrontiert, die sie niemals zuvor gehört haben konnten, weil jene nur außerhalb ihres eigenen Verbreitungsgebietes vorkommen. Die Fledermäuse trafen auch jetzt noch die richtige Wahl. Daraus zogen die Forscher den Schluß, daß den nächtlichen Jägern die Rufe der giftigen Arten einprogrammiert sind. Was am Tage die Farben bewirken, wird nachts also mit Rufen erreicht.

Mitte der sechziger Jahre war dem amerikanischen Herpetologen Stanley Rand – ebenfalls in Panama – aufgefallen, daß Froschmännchen dort zwei verschiedene Lockrufe benutzen. Der eine ist eine laute und lange Tonfolge, leicht zu lokalisieren und ganz augenfällig auch von großer Anziehungskraft für die Weibchen. Interessant ist, daß dieser Ruf nur benutzt wird, wenn viele Männchen zusammenhocken. Ein einzelnes Männchen verhält sich dagegen recht kleinlaut und stößt nur einen vergleichbar simplen, leisen und entsprechend schwer zu lokalisierenden Ruf aus. Scharfsinnig vermutete der Forscher, daß diese tonale Differenzierung durch die selektive Kraft eines damals noch unbekannten Feindes entstanden ist.

Eben dieser Feind wurde 16 Jahre später von Merlin Tuttle ausfindig gemacht. Seine Experimente ergaben, daß die froschfressende Fledermaus viel häufiger auf den komplexen und daher leichter zu ortenden Ruf anspricht. Jetzt war auch klar, warum die Frösche diese Rufe nur benutzen, wenn viele von ihnen beieinander sind. Statistisch gesehen ist die Gefahr für jeden einzelnen, erbeutet zu werden, dann gering.

Andere Froscharten der Region haben das Problem noch eleganter gelöst. Jeder in seinem eigenen Revier, verstehen sie es, ihre Rufe genau zu synchronisieren und somit ihre Ortung fast unmöglich zu machen. Einige Froscharten rufen nur während heller Mondnächte, wenn sie die Silhouetten jagender Fledermäuse erkennen können. Experimente mit Atrappen ergaben, daß diese Frösche sehr wohl die für sie gefährlichen Flieger von solchen Arten unterscheiden können, die nur Insekten jagen und deshalb für sie harmlos sind.

Mit ihren Untersuchungen hatten die Forscher am Ende auch nachgewiesen, daß Feinde eine wichtige Rolle bei der Entwicklung akustischer Verständigung innerhalb der Art spielen. Zwischen den Arten, zwischen Jägern und Gejagten erwies sich das Reich der Töne und Geräusche darüber hinaus als wichtige selektive Kraft für die Evolution des Tropenwaldes.

Es gab auf der Forschungsstation La Selva ein besonderes Ereignis, dem die meisten Wissenschaftler immer voller Erwartung entgegensahen: die Ankunft ihres Kollegen Donald Perry aus einer anderen Welt, die doch nur vierzig Meter entfernt war. Der amerikanische Biologe hatte sich unter großer Mühe hoch oben im Kronendach des Waldes eine Plattform gebaut, auf der er wohnte und arbeitete. Nur ein- bis zweimal die Woche stieg er herab, um Proviant und Post zu holen und um seine wissenschaftliche Ausbeute im Labor zu bearbeiten oder einzulagern. Darunter gab es immer etwas Staunenswertes, meistens neue Arten, die keines Menschen Auge je zuvor gesehen hatte. Perrys Mitbringsel stammten aus einem Lebensraum, der seinen Kollegen am Grund des Waldes naturgemäß verborgen blieb.

Das vielschichtige Kronendach des Tropenwaldes ist der am wenigsten er-

40 Meter über dem Erdboden im Gewirr der Epiphyten und Lianen auf einem mächtigen Baum hat sich Donald Perry seine Schlaf- und Arbeitsplattform errichtet, die er an Seilen erreicht

forschte Lebensraum der Erde. Über seine Natur ist weniger bekannt als über den Grund der Tiefsee. Es ist sozusagen der letzte weiße Fleck der Erdoberfläche.

Auf das grüne Dach des Tropenwaldes zu klettern, ist ebenso schwierig wie gefährlich. Die untersten Äste entspringen den säulenartigen Stämmen der Bäume oft erst in 25 bis 30 Metern Höhe. Benutzt man die Kletterpflanzen und Lianen zum Aufstieg, so besteht die Gefahr eines Zusammentreffens mit den darin hausenden, oft tödlich giftigen Kreaturen. Auch der Bau von einigen hohen Beobachtungstürmen in verschiedenen Ländern brachte außer klimatischen Erkenntnissen nicht die erwünschten Aufschlüsse über eine Lebensgemeinschaft, die sich schon auf kurzer Distanz verändert. Jeder Forscher, der mehr erfahren wollte, mußte so mobil wie die meisten der Waldbewohner sein.

Donald Perry entwickelte eine Methode, die dem wenigstens nahe kam. Mit einem Bogen schoß er Fangleinen in die Baumkronen, an denen er dann dicke Seile nachzog. Mit der Ausrüstung und der Technik von Bergsteigern kletterte er daran empor. Gleich einem aus der dunklen, stillen Tiefe des Meeres emporsteigenden Fremdling gelangte Perry so zum erstenmal in das Kronendach des Waldes, das er begeistert wie die lichtdurchflutete, vom Wind bewegte Oberfläche eines Meeres empfand.

Schon bald nach den ersten anstrengenden Aufstiegen für lediglich ein paar Stunden wurde dem Forscher klar, daß er längere Zeit in den Baumkronen leben mußte, wenn er tiefere Einblicke in das Leben hier oben gewinnen wollte. So entschloß er sich, auf einem besonders stattlichen Baum eine ständige Arbeits- und Schlafplattform zu erbauen. Sie wurde gerade groß genug, um ein Feldbett aufzunehmen. Eine Plane darüber schützte vor Regen.

Dieses luftige Baumzelt wurde zum Mittelpunkt eines Netzes von Seilen, die Perry horizontal über eine größere Fläche zwischen mehreren überragen-

Während jeder seiner luftigen Exkursionen macht Donald Perry spektakuläre Neuentdeckungen. Ein beweglicher Pilz auf einem Ast hat sich blitzschnell um eine vorbeilaufende Ameise geschlungen; im Todeskampf verbeißen sich ihre gewaltigen Zangen in einem Blatt. Mehrere Insektenarten verfügen über Stielaugen, um ihre stereoskopische Sehfähigkeit beim Flug durch das dichte Blätterwerk zu steigern. Die Fortsätze auf dem Kopf der Echse *Basiliscus plumifrans* könnten beim Springen als eine Art Gleitsegel dienen.
Nur wenig größer, als eine Nähnadel dick ist, wird eine ebenfalls von Perry entdeckte goldschimmernde Orchidee

den Bäumen verspannte. Mit Rollen und Zugseilen, gesichert durch Gurte um Brust und Beine, konnte der Forscher nun ein größeres Studienareal erschließen.

Perry erlebte den Kampf der Pflanzen ums Licht aus nächster Nähe, sozusagen an vorderster Front: die ineinandergreifenden Äste der Bäume, lückenlos beladen mit Moos, Orchideen, Farnen, Kakteen und wassergefüllten Bromelien, das Ganze von Lianen und Kletterpflanzen zu einer dicken, zusammenhängenden Pflanzenmasse verwoben, so daß man die unsichtbare Tiefe darunter vergißt. Oft ist der Wind so stark, daß die Baumgiganten schwanken. Wie hölzerne Sägen reiben sie ihr Gezweig aneinander, bis das weichere Holz nachgibt und schwere Stücke zum Grund des Waldes stürzen.

Wie trügerisch und voller Gefahren der Aufenthalt in dieser Anderswelt ist, schilderte Perry so: „Ein furchtbarer Krach reißt mich aus einem tiefen Schlaf. Zuerst weiß ich nicht, wo ich mich befinde, doch dann erinnere ich mich. Ich liege 40 Meter über dem Erdboden auf meiner Plattform im Regenwald Costa Ricas. Die Plattform schwankt wie ein Boot in aufgewühlter See. Um mich herum hängende Pflanzen lösen sich und stürzen durch die Kronen der nachwachsenden, tieferen Baumschicht, bis sie schließlich auf dem Grund aufschlagen. In der Dunkelheit taste ich mit der Hand nach meinem Sicherheitsgurt, um mich zu vergewissern, daß ich noch am Baum befestigt bin. Mit ungutem Gefühl liege ich auf dem Rücken, denn ich weiß, was ich von Stürmen wie diesem erwarten kann. Häufig entfalten sie verheerende Kräfte.

Das Heulen des Windes wird überdeckt vom Rauschen eines Tropengusses, dessen Fluten unaufhaltsam näherkommen. Von irgendwo rechts der Plattform höre ich das schauerliche Quietschen berstenden Holzes. Angespannt halte ich den Atem an. Für einen Moment ist nur das Rauschen des Regens zu hören. Dann folgt ein ungeheures Krachen wie von einem Zug, der durch ein Holzhaus hindurchfährt, gefolgt von einer dumpfen Erschütterung. Ein Gigant des Waldes schlägt zu Boden. Sein Sturz reißt andere mit. Ich höre das Brechen ihrer Äste.

Dann, genauso plötzlich, wie er begonnen hat, ist der Sturm vorüber und der Wind erlahmt. Alles, was ich höre, ist das monotone Prasseln des Regens auf meinem Plastikdach. Während ich wieder einschlafe, wird mir bewußt, daß ich wie die Tiere, die hier leben, geworden bin. Ich akzeptiere bereits die immer gegenwärtigen Gefahren und Risiken dieses hochgelegenen Lebensraumes."

Auf seinem luftigen Vorposten gewann Donald Perry eine Fülle neuer Erkenntnisse. Auch eine erstaunliche Anzahl von Tieren, die anderswo typische Bodenbewohner sind, lebt hier hoch oben. Dazu gehören Mäuse, Skorpione, Hundertfüßler, Leguane, ja selbst Regenwürmer, welche in Humusansammlungen auf den Ästen wühlen. Vergleichbar den epiphytischen Pflanzen, hat sich während der langen naturgeschichtlichen Entwicklung des Tropenwaldes auch ein großer Teil des tierischen Lebens nach oben verlagert. Viele Tierarten – Ameisen, Oppossums, Brüll- und Spinnenaffen, um nur einige zu nennen – haben sich in der luftigen Höhe eigene Wege geschaffen. Wie lange Korridore durchziehen sie die dicke Vegetationsschicht.

Eine der auffälligsten Anpassungen an das Leben in den Baumkronen ist die Mannigfaltigkeit der Fortbewegungsweisen ihrer Bewohner. Die Affen der Neuen Welt, aber auch baumbewohnende Ameisenbären, Wickelbären, Schuppentiere und die sogenannten Baumstachler besitzen einen langen, muskulösen Greifschwanz. Er ist gleichsam ein fünftes Gliedmaß, das zweckmäßig vielerlei Aufgaben erfüllt. Während sich die Ameisen- und Wickelbären mit ihrem Schwanz an Ästen festklammern, um beide Hände für das Aufreißen von Termiten- oder Bienennestern frei zu haben, benutzen ihn die Affen als Kletterhilfe genauso geschickt wie ihre Arme und Beine, wenn sie sich rasant durch den Wald bewegen.

Obwohl die Fortbewegungsprobleme in den Baumkronen in allen Tropenwäldern der Welt im Prinzip gleich sein sollten, haben sie ihre Bewohner doch recht unterschiedlich gelöst. Die Affen Afrikas und Asiens besitzen keine Greifschwänze; statt dessen entwickelten einige von ihnen überlange Arme, verbunden mit einer Fortbewegungsart, die als Schwinghangeln bezeichnet wird. Das eindrucksvollste Beispiel hierfür sind die Gibbons in Südostasien. Obwohl diese Tiere bereits lange Beine haben, hängen die Arme bei aufrechter Haltung noch bis auf den Boden. Der Daumen ist mit dem Handwurzelknochen nicht wie beim Menschen durch ein Sattelgelenk, sondern durch ein Kugelgelenk verbunden. Das gibt optimale Bewegungsfreiheit. Es ist atemberaubend, diese wahren Akrobaten unter den Baumbewohnern zu beobachten. Wenn sie es eilig haben, vermag das Auge ihren weitausgreifenden, schwingenden Bewegungen kaum zu folgen. Ohne Mühe gelingt es ihnen, Zwischenräume von mehr als zehn Metern zu überspringen. Daß das für die waghalsigen Gesellen nicht ganz ohne Unfälle ausgeht, stellte sich heraus, als man Skelette von Gibbons untersuchte. Bei einigen waren die langen Armknochen gebrochen gewesen. Die Frakturen waren jedoch stets gut verheilt.

Eines Tages, als Donald Perry von seiner Plattform eine Horde Weißgesichtsaffen bei der Nahrungssuche beobachtete, machte er nebenbei eine merkwürdige Entdeckung. Nahe der Spitze eines 50 Meter hohen Baumes bemerkte er ein ständiges rosarotes Blitzen. Es stammte von einem leuchtend gefärbten, aufgestellten Hautlappen an der Unterseite einer kleinen Anolis-Eidechse. Seine Signalwirkung wurde durch erregtes Kopfnicken des Tieres gesteigert. Es war von der Art, in der streitbare Reptilien miteinander kommunizieren, etwa um die Grenzen ihrer Reviere zu markieren.

Einen Meter tiefer in der Krone eines anderen Baumes war ein zweites solches Blinken zu sehen. Plötzlich rannte die erste Eidechse auf einen kahlen Ast hinaus, sprang in die Luft und schwebte zum unteren Baum hinunter, in dem sie sicher landete. Eine weitere Anolis lief auf den gleichen Ast hinaus und sprang der ersten hinterher. Perry sah diesmal, wie sie mit einer Bewegung während des kurzes Fluges den Seitenwind aussteuerte. Sie landete fast genau an derselben Stelle.

Der Forscher war ebenso überrascht wie begeistert. Fliegende Reptilien waren in der Neuen Welt bis dahin nicht bekannt, und sie sind dort gewiß seltene Ausnahmen. Ihre Domäne ist Südostasien, besonders Borneo. Dort leben zwei Gruppen fliegender Echsen und sogar drei Arten fliegender Schlangen. Freilich ist es kein echtes Fliegen – das ja die Fähigkeit voraussetzt, sich auch aufwärts zu bewegen –, sondern nur ein Gleiten abwärts von einer höheren zu einer tieferen Stelle.

Der fähigste Gleiter ist zweifellos eine kleine, Flugdrache genannte Echse in den Tropenwälder Borneos. Ich bin ihr ein paarmal begegnet, und jedesmal jagte sie mir einen gehörigen Schrecken ein. Die Tiere leben an den Baumstämmen und haben sich perfekt mit deren Farbe getarnt. Kommt man ihnen, ohne sie wahrzunehmen, zu nahe, so schnellen sie sich vom Stamm, spreizen zwischen Vorder- und Hinterbeinen leuchtend bunte Hautsegel und gleiten darauf zum nächsten Stamm. Der Überraschungseffekt ist perfekt.

Wahrscheinlich haben diese Echsen ihre Gleitfähigkeit entwickelt, um Feinden zu entkommen. Die krasse Verwandlung beim Aufleuchten der Segel von lebloser Unscheinbarkeit zu lebendiger Farbe erschreckt sicherlich potentielle Feinde. Umgekehrt verwirrt die genauso plötzliche Rückverwandlung in die Unauffälligkeit nach der Landung und macht es für Verfolger schwer, den Flugdrachen zu orten.

Das Hautsegel ist eine besondere Konstruktion: Es wird durch verlängerte Rippen verstärkt und von kräftigen Muskeln und Sehnen gespannt, die auch seine aerodynamischen Eigen-

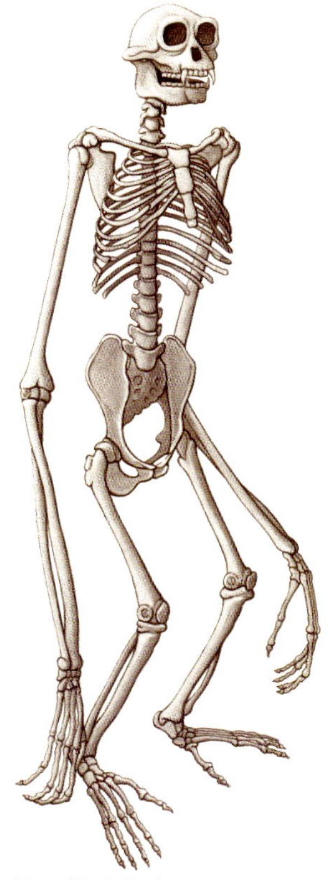

Das Skelett eines Gibbon zeigt die Anpassung an seinen Lebensraum. Die langen Arme, mit denen sich das Tier durch die Baumkronen schwingt, reichen bis auf den Boden hinab

schaften zu verändern vermögen, so daß die Echse ihren „Flug" durchaus lenken kann. Nach der Landung faltet das Tier die Flughäute längs der Körperseiten zusammen.

Ähnlich gebaut ist eine andere kleine Echse, der „Fliegende Gecko." Er kann fast um seine ganze Körperkontur herum Gleithäute entfalten, von den Kopfseiten bis zum Schwanzende; im Ruhezustand trägt er sie eng wie eine Weste an den Körper geschmiegt. Die Gleithäute spannen sich selbst zwischen den Vorder- und Hinterzehen. Die Konstruktion ist aber nicht so wirksam wie die des Flugdrachens, da sie nicht von Muskeln gesteuert werden kann.

Der Flugdrache *Draco volans* in Südostasien entfaltet seine Gleithäute mit Hilfe von extrem verlängerten, beweglichen Rippen. Ebenso funktioniert der Gleitapparat der Schmuckbaumnattern Borneos

Die fliegenden Schlangen Borneos besitzen eine unheimliche Faszination. Wenn ich dort durch die Wälder streife, finde ich es immer beruhigend zu wissen, daß diese Schmuckbaumnattern nicht giftig sind. Wenn sie sich von einem Ast schnellen, um zum Gleitflug anzusetzen, ziehen sie ihren Bauch ein; dabei spreizen sich Rippen und zwei Schuppenleisten, so daß sich unter dem jetzt konkaven Leib ein Luftkissen bildet. Es erlaubt der Schlange immerhin noch ein Gleiten im Winkel von etwa 45 Grad, das sie mit schlängelnden Bewegungen sogar ganz gut steuern kann. Am Ende ihres „Fluges" hebt die Schlange ihren Kopf und landet meist präzise auf dem angesteuerten Ast. Vermutlich „fliegen" diese Schlangen nicht nur, um Feinden zu entgehen, sondern auch, um Beute zu verfolgen.

Der sicherlich merkwürdigste Vertreter der faszinierenden Flugfauna Borneos ist eine Amphibie, der etwa handtellergroße Frosch *Rhacophorus nigropalmatus*. Den ersten Bericht über diese Kreatur verdanken wir dem britischen Naturforscher Alfred Russel Wallace, der sie „den fliegenden Frosch von Borneo" nannte. Er lebt und vermehrt sich in den Baumkronen. Seine Beine besitzen enorm verlängerte Finger und Zehen, zwischen denen er großflächige dünne Membranen wie Schwimmhäute aufspannen kann, und auch an den Ellenbogen und Fersen

trägt er Hautmembrane. Wallace hat dieses Tier nie selbst in Aktion gesehen; sein Bericht basiert auf der Erzählung eines Einheimischen, der ihm ein Exemplar brachte. Das Tier sei, sagte der Mann, „in schräger Richtung, so als ob es flöge, von einem hohen Baum herabgekommen."

Inzwischen ist bekannt, daß der „Fliegende Frosch" eher ein Fallschirmspringer denn ein Gleiter ist. Wenn er von einer erhöhten Warte startet, breitet er sofort Arme und Beine aus und spreizt die langen Zehen und Finger, so daß der Luftdruck vier kleine Schirme entfaltet, die den Frosch zwar fast senkrecht, aber meist sicher zum Ziel tragen.

Auch bei vielen Säugetieren Südostasiens, die nicht näher mit den Fledermäusen verwandt sind, hat sich der Gleitflug entwickelt. So leben allein auf Borneo 14 Arten von Flughörnchen. Bei ihnen spannen sich die Hautmembranen am Körper entlang zwischen Armen und Beinen. Um diese Segel voll zu entfalten und zu spannen, besitzen einige der großen Arten am Handgelenk einen spornähnlichen Fortsatz aus Knorpel, den sie wie eine Stange ausstrecken können.

Während diese Gleiter Verwandte auch außerhalb der Tropen haben, kommen die zwei Arten der Riesengleitflieger, Kolugos genannt, nur in Südostasien vor. Obwohl sie oft auch als fliegende Lemuren bezeichnet werden, sind sie mit diesen stammesgeschichtlich nicht näher verwandt, sondern bilden eine eigene Ordnung, die der *Dermoptera* oder „Hautflügler". Bei diesen etwa katzengroßen Säugetieren umspannt die Flughaut den ganzen Körper, vom Kinn über die Finger, Zehen und die Spitze des langen Schwanzes herum. Wenn die Kolugos sie aufspannen, sehen sie aus wie ein großer fünfeckiger Papierdrachen. Sie können bis zu 140 Meter weit gleiten und verlieren auf dieser Distanz nur etwa 12 Meter an Höhe. Die Kolugo-Weibchen tragen ihre Jungen, die sich in das Bauchfell klammern, ständig bei sich, also auch während des Fluges. Wie auch die Flughörnchen, sind sie dämmerungs- und nachtaktiv und ernähren sich von Früchten und Insekten. Am Tage könnten diese nur schlecht manövrierfähigen Gleiter allzu leicht die Beute von Greifvögeln werden. Am Tage hängen sich die Kolugos, mit dem Rücken nach unten, in den Ästen auf. Durch eine borken- und flechtenähnliche Zeichnung und Färbung ihres Fells, in dem sie dann wie in einer Hängematte zu liegen scheinen, verschmelzen sie völlig mit ihrer Umgebung.

Das auffallend häufige Vorkommen von Fluggleitern innerhalb verschiedenster Tiergruppen, vorwiegend auf Borneo, erklären sich die Wissenschaftler mit dem dort besonders vielgestaltigen Aufbau der Wälder. Auf der gebirgigen Rieseninsel sind die Wälder wegen der Hanglagen stark gestaffelt. Aber auch die Wälder des Tieflandes weisen dort durch die Vielzahl markanter Überständer mehr Stockwerke auf, die es anzugleiten lohnt.

Donald Perry auf seiner Wohn- und Arbeitsplattform hoch in einem Wipfel des mittelamerikanischen Tropenwaldes war stets von einer großen Zahl von Tieren umgeben, doch er hatte oft er-

Das Junge des Hautflüglers Kolugo liegt in den Flughäuten seiner Mutter, die zur Tarnung einer Baumrinde zum Verwechseln ähnlich sehen, wie in einer Hängematte

hebliche Mühe, sie auszumachen. Viele von ihnen sind in Farbe und Form perfekt der Umwelt angepaßt. Sogar leuchtend bunte Papageien verbergen sich so geschickt im Blattwerk, daß sie nahezu unsichtbar sind.

Ein Musterbeispiel für solche Tarnung entdeckte der Forscher rein zufällig in der Krone eines Baumes, der zeitweise alle Blätter abwirft, so daß seine Blüten besser zur Geltung kommen. Erst beim zweiten Hinsehen erkannte er einen Vogel, der durch seine Form und Farbe, ja selbst durch seine Haltung einen flechtenbedeckten abgebrochenen Ast nachahmt. Es ist ein schlanker, etwa 30 Zentimeter großer Vogel mit Eulengesicht und einem außergewöhnlich breiten Schnabel, den er so weit aufreißen kann, daß sich der ganze Kopf zu spalten scheint. Anhand eines Fotos, das Perry als erster von dem Vogel machte, konnte er von einem Spezialisten an der Universität von Costa Rica identifiziert werden. Es ist der „Great Potoo", der Große Urutäu aus der Familie der Tagschläfer. Ihm wird der unheimliche Schrei zugeschrieben, den Wissenschaftler der Forschungsstation nachts manchmal hören.

Donald Perry fotografierte zum erstenmal eine Kreatur, von der man bisher nur den Schrei kannte: Der Große Potoo *Nictibius grandis* ahmt durch Färbung und Haltung einen abgebrochenen, flechtenbedeckten Stamm nach

Ständige Nachbarn des Baumhauses von Donald Perry waren Dreizehen-Faultiere. Sie haben eine einzigartig kombinierte Tarnstrategie entwickelt. Durch extrem langsame Bewegungen – die Durchschnittsgeschwindigkeit eines Faultiers beträgt nur etwa fünf Meter pro Stunde – und durch ein langes, meist triefend nasses Fell, in dem sich grüne Algen wie zur willkommenen Tarnung ansiedeln, entgehen sie zwischen den Massen herabhängender Pflanzen anscheinend sehr erfolgreich der Aufmerksamkeit ihrer Todfeinde: Jaguare und Harpyien – eine große Adlerart. Auch von jagenden Indianern hat das Faultier wenig zu befürchten. Das liegt nicht nur an der Tarnung, sondern auch daran, daß es nicht vom Baum fällt, wenn es verwundet oder tot ist. Seine Krallen verankern sich reflexartig im Untergrund, und ein verendetes Faultier fällt erst herab, wenn die Verwesung seinen Körper auflöst.

Donald Perry tat gut daran, diesen Nachbarn nicht zu sehr auf den Pelz zu rücken. Allzu leicht täuschen ihre Passivität und ihr freundlicher Gesichtsausdruck darüber hinweg, daß sie mit ihren langen Armen auch blitzschnell Abwehrschläge austeilen können. Ihre langen dolchartigen Klauen reißen dabei tiefe Wunden.

In Anpassung an die Gewohnheit, meist mit dem Rücken nach unten an den Ästen zu hängen, von denen sie die Blätter abweiden, befindet sich der

Haarscheitel bei den Faultieren auf dem Bauch. Das überaus dichte Fell wird von einer kleinen Schmetterlingsart zur Übernachtung und zur Eiablage genutzt. Deren Raupen ernähren sich dort von den Algen. Besonders merkwürdig: Nur etwa einmal in der Woche klettern die Dreizehen-Faultiere zum Grund des Waldes hinab, um sich zu entleeren. Auf dem Boden können diese ganz für das Leben in den Baumkronen konstruierten Tiere weder stehen noch gehen. Noch seltsamer aber ist, daß ausgerechnet diese Baumbewohner sich als hervorragende Schwimmer erwiesen haben.

Während einer seiner Exkursionen entdeckte Perry einen gewaltigen, hohlen, doch lebenden Baum der Art *Anacardium excelsum*. Der einzige Eingang lag zwanzig Meter über dem Erdboden und war gerade groß genug, einen Mann durchzulassen. Furchtlos zwängte sich der Forscher in die lange Röhre. Sie diente zahlreichen Tierarten, denen Wissenschaftler bisher selten im Tropenwald begegnet waren, als Behausung. Die Innenwände waren bedeckt von riesigen Schaben, von Skorpionen und Hundertfüßlern. Zu den Bewohnern zählten ferner ein Opossum, eine große Baumviper und Hunderte von Fledermäusen. Ihr stickstoffreicher Kot bildete die Lebensgrundlage einer eigenständigen Lebensgemeinschaft im Inneren des Baumes und düngte auch am Grunde der Höhle dessen Wurzeln. Tropische Böden enthalten ja nur wenig Nährstoffe; so kam dem Forscher der Gedanke, daß diese Baumart genetisch dazu programmiert ist, hohl zu werden, um somit die besten Nährstofflieferanten des Waldes anzulocken – Fledermäuse. Dafür sprach, daß auch andere Exemplare der gleichen Baumart, die Perry während seiner Forschungen entdeckte, hohl waren.

Wie so vieles im Tropenwald, ist die Rolle der Fledermäuse in diesem unvorstellbar komplexen Ökosystem erst in jüngsten Jahren richtig durchschaut worden. Oft repräsentieren sie dort bis zu 50 Prozent der Säugetiere. Je nach Art besetzen sie hier eine Vielzahl von Lebensnischen – von den riesigen Flughunden, deren Flügelspannweite fast einen Meter beträgt, bis hin zu einer erst kürzlich in Thailand entdeckten, nur hummelgroßen Spezies, dem kleinsten Säugetier überhaupt. Die meisten Arten, etwa 70 Prozent, jagen mit Hilfe von Ultraschall ebenfalls nachtaktive Insekten. Einige erbeuten aber auch Echsen, Frösche, Mäuse, Vögel, ja selbst Skorpione, andere sogar Fische. Die werden mit Sonar geor-

Das Fell des Faultiers ist von Algen grün gefärbt und damit optimal getarnt. Es ist auch Heimstatt einer bestimmten Motte. In Anpassung an seine hängende Lebensweise befindet sich der Haarscheitel des Faultiers auf dem Bauch

Die Fledermaus *Glossophaga soricina* ernährt sich von Nektar, den große kelchförmige Blüten bereithalten. Dabei bestäubt das Tier die Pflanze

tet und dann nach Art der Fischadler mit großen Klauen gepackt. Vampire schließlich, die die Phantasie des Menschen stets beschäftigt haben, sind darauf spezialisiert, Säugetieren kleine Wunden zu schlagen und das Blut aufzulecken.

Ein sehr großer Teil der Fledermausarten lebt aber auch rein vegetarisch von Früchten, Nektar und von Pollenstaub, an den sie mit Hilfe einer ungemein langen Zunge gelangen. Studien in den noch verbliebenen Tropenwäldern Westafrikas haben gezeigt, daß fruchtfressende Fledermäuse für viele Pflanzen die wichtigsten Verbreiter von Samen sind – noch effektiver als Vögel. Oft ist es nur eine ganz bestimmte Fledermausart, die sich zu wechselseitigem Nutzen auf eine Pflanzenart spezialisiert hat.

Wie bereits beschrieben, passen sich viele Baumarten an die Lebensweise ihrer Partner an, indem sie ihre Blüten und Fruchtstände an den kahlen Stämmen ausbilden, die gut anzufliegen sind. Die Blüten mit ihren großen Mengen an Pollen und Nektar öffnen sich nur nachts; sie sind so groß und robust, daß die Fledermäuse ihren Kopf hineinstecken können. Viele dieser Pflanzen haben zusätzlich stabile Blütenblätter, die den Besuchern als Landeplattform dienen. Ein Wissenschaftler auf der Forschungsstation La Selva nannte die Fledermäuse treffend: „keeper of the tropical forest" – Erhalter des Tropenwaldes.

Allzugern hätte ich Donald Perry einmal auf einer seiner akrobatischen Exkursionen ins Dach des Waldes begleitet. Doch meine Kletterkunst reicht dafür bei weitem nicht aus. Ich bin noch nicht einmal schwindelfrei. Doch einen Eindruck von seiner Welt kann ich mir allnächtlich in der Nähe der Forschungsstation verschaffen.

Eines der Laboratorien liegt etwa einen halben Kilometer von den Hauptgebäuden entfernt auf einer kleinen Lichtung. An einer seiner Außenwände hängt über einer großen, mit weißem Stoff bespannten Tafel eine starke Speziallampe für ultraviolettes Licht. Strahlen dieser Wellenlänge wirken auf nachtaktive Insekten wie ein Magnet auf Eisenspäne – ein Zauberlicht, das allnächtlich ein Heer sonst unsichtbarer Wesen beschwört, um ihnen für kurze Zeit Gestalt zu geben, die meinen Sinnen zugänglich ist. Viele von ihnen taumeln in engem Spiralflug aus den Baumkronen herab. Im magischen Lichtkreis der Lampe stehe ich eingehüllt von einer Wolke von Flügeln, die wie Blätter und Blüten anmuten. Fledermäuse stoßen hindurch und machen reiche Beute. Sie kommen mir so nahe, daß ich das Klappen der Kiefer dieser sonst lautlosen Flieger hören kann. Die ganze pflanzliche Formenvielfalt des Waldes scheint sich in mobile Gestalten verwandelt zu haben. Da gibt es Insekten, die wie grüne Blätter unterschiedlicher Größe und Form wirken, halbe Blätter, von Pilzkrankheiten befallene, ja selbst von Raupen angefressene Blätter, welke Blätter, Blütenblätter von Orchideen. Flechtenbedeckte Borkenstücke umflatterten mich ebenso wie phantastisch silbern glitzernde Gestalten, die aussehen wie ein Büschel Vogeldaunen.

Vor mir auf der weißen Leinwand scheinen Kletterdornen von Lianen zu krabbeln, abgebrochene, zersplitterte kleine Äste, Blattrippen, eingerollte vertrocknete Blätter, völlig ausgefranste Blattpaare und Blätter mit Fenstern, die durch transparente Hautmembranen imitiert werden.

Das alles sind Nachtfalter. Obwohl diese bizarren Tiere zu Tausenden kommen, gleicht kaum eines dem anderen. Insektenkundler können hier heute noch allnächtlich ein Dutzend unbekannter Arten entdecken.

Die Vielfalt der Insekten scheint unergründlich. Bisher sind weltweit rund eine Million Arten beschrieben. Fachleute schätzen aber, daß es insgesamt etwa zehn Millionen Arten gibt, überwiegend in den Tropen.

Die *Leptidoptera*, die Schmetterlinge, sind mit bisher etwa 140 000 bekannten Arten die größte Ordnung. Etwa fünf Sechstel davon sind Nachtfalter. Nur an Käferarten gibt es noch mehr. Als ein

Team von Entomologen im Forschungswald von La Selva nur einen einzigen Baum in monatelanger Arbeit genauestens inspizierte, kamen fast tausend verschiedene Käferarten zum Vorschein. Viele davon waren unbekannt. Vielleicht, so vermuten einige Wissenschaftler, entstehen unter den Insekten im Tropenwald neue Arten schneller, als man sie entdecken und registrieren kann.

Keine andere Tiergruppe auf Erden hat so viele Methoden des Überlebens entwickelt wie die Insekten. Nirgendwo sonst im Tierreich findet man solche Unterschiede der Färbung, der Gestalt und des Verhaltens. Insekten imitieren fast jede Farbe und jede Form, um nicht entdeckt und gefressen zu werden. Ihr Stamm existiert seit fast 400 Millionen Jahren – Zeit genug, um ein gewaltiges genetisches Potential zu entwickeln. Das geschieht in enger Koevolution, wie die Biologen sagen: Die Insekten sind dabei unzählige Wechselbeziehungen mit Pflanzen eingegangen. Die enorme Biomasse der Tropenwälder bietet den Insekten eine Fülle von Nahrungsquellen und besiedelbaren Strukturen. Nur: Das Heer ihrer Freßfeinde ist groß, ihr Selektionsdruck gewaltig. So überlebt auf Dauer nur, wer am besten angepaßt ist, wer sich flexibel immer wieder auf neue Herausforderungen im Kampf ums Überleben einstellen kann. Das Geheimnis des Überlebens der Insekten liegt in einer ungeheuer großen Variabilität ihres genetischen Potentials, verbunden mit kurzer Lebensdauer des Individuums und dadurch bedingter schneller Generationenfolge.

Da das einzelne Insekt nur kurze Zeit existiert, besteht keine Möglichkeit, daß es sich selbst an sich verändernde Bedingungen seiner Umwelt anpaßt. Es stirbt vor der Zeit und verändert so den für die Art entscheidenden Bestand an Erbanlagen. Auf diese Weise schaffen es Insekten in kürzester Zeit, beispielsweise ihre berühmte Resistenz gegen Insektizide zu entwickeln – und zwar nicht dadurch, daß sie sich an die Gifte gewöhnen, sondern weil der

Rüsselkäfer, Ecuador

Prachtkäfer, Bangladesch

Rüsselkäfer, Neuguinea

Giraffenkäfer, Madagaskar (Trachelophorus giraffa)

Schildkrötenkäfer, Peru

Schildwanzen, gerade geschlüpft; Südostasien

Pilzkäfer, Peru

Diamantenkäfer, Philippinen

Randwanzen-Larven, Peru

Blattkäfer, Brasilien (Endocephalus retiferus)

Unter allen Insekten stellen die Käfer die artenreichste Ordnung dar. Fast täglich werden im Regenwald neue entdeckt, deren Artzugehörigkeit selbst Fachleuten viele Rätsel aufgibt und noch nicht definiert ist. Der Flechtenkäfer erhielt seinen Namen, weil er mit Flechten und Wanzen, die auf seinem Körper siedeln, eine Lebensgemeinschaft bildet

Schildkrötenkäfer, Mexiko

Flechtenkäfer, Neuguinea (Gymnopholus lichenifer)

ganze Bestand bis auf wenige, zufällig widerstandsfähige Individuen, die in der Vielzahl des genetischen Potentials vorhanden sind, ausstirbt. Die Überlebenden bilden dann die Basis eines neuen, nun insgesamt resistenten Bestandes.

Genauso sind die Tarntrachten entstanden. Aus spontanen Veränderungen im Erbgut – Mutationen – entstehen neue Merkmale, die in vielen Schritten dazu führen können, daß ein Insekt etwa einem Blatt zum Verwechseln ähnlich sieht. Aber nur, wenn zufällig am selben Ort, zur selben Zeit ein verfolgtes Tier mit einer entsprechenden Pflanze zusammentrifft, nützt es dem Bedrohten, einem Blatt, einer Blüte oder einem Zweig zu gleichen. Unbemerkt kann das Insekt sich und seine Erbanlagen fortpflanzen. Seine Artgenossen, denen die Tarnung nicht so perfekt gelang, werden von ihren Feinden ausgelesen. Meine GEO-Kollegin Uta Henschel hat das Resultat treffend beschrieben: „Die Tarnungstricks, die wir heute bestaunen, sind Spitzenleistungen der Evolution. In Jahrmillionen hat eine strenge Jury von Räubern die Auslese getroffen, und nur die gelungensten Masken haben überlebt."

Bei den Methoden, nicht aufzufallen, unterscheiden die Zoologen zwischen Tarnung und Nachahmung. Tarnung löst durch Färbung und Zeichnung die Gestalt des Tieres auf und läßt es mit seiner Umgebung verschmolzen erscheinen. Meist geschieht das durch unregelmäßig angeordnete Flächen und quer über den Körper verlaufende Linien, die oft auffälliger sind als das Tier selbst, doch in ihrer Anordnung und Form nicht der Form seines Körpers entsprechen. Die Muster und Farben finden ihre Fortsetzung beispielsweise im toten Laub des Waldbodens und in den Strukturlinien von Blattrippen. So löst sich die Gestalt des Tieres optisch auf. Eine Farbmusterung kann die Gestalt eines Tieres auch in mehrere scheinbar nicht miteinander verbundene Teile zerlegen. Damit wird die verräterische bilaterale Symmetrie des Körpers aufgehoben. Eine Körperhälfte erscheint dann asymmetrisch und ist damit schwerer zu erkennen als das ganze Tier. Nachahmung läßt das Tier wie einen bestimmten unbelebten Gegenstand seines Lebensraumes – etwa ein welkes Blatt, ein dürres Ästchen, Borke oder gar ein Häufchen Vogelkot – aussehen.

Während tarnende Tiere darauf setzen, daß sie nicht gesehen werden, vertrauen die Nachahmer darauf, daß sie zwar gesehen, aber nicht als das erkannt werden, was sie wirklich sind. Beide Phänomene gehen jedoch fließend ineinander über und sind oft miteinander kombiniert.

Um wirksam getarnt zu sein, ist natürlich auch ein entsprechendes Verhalten erforderlich. Das Tier muß sich möglichst wenig bewegen, eine Umgebung mit geeigneter Färbung wählen und eine jeweils passende Haltung einnehmen. Deshalb finden sich derartige Tarnungen vor allem bei Tieren, die nachtaktiv sind, wie etwa Kröten und Nachtfalter: Während des Tageslichts ruhen sie.

Ganze Heerscharen von Nachtfaltern ahmen flechtenbedeckte Baumrinde nach, auf der sie am Tage still sitzen. Risse und andere Strukturen der Borke setzen sich genauestens auf ihren Flügeln fort. Ein Nachtfalter der Gattung *Antea* gleicht verblüffend einem halben vertrockneten Blatt. Die Beine des Falters imitieren Reste der Blattadern der fehlenden Hälfte. Einige dieser Blattnachahmer treiben es so weit, daß sie sich bei Gefahr einfach wie ein abfallendes Blatt zu Boden trudeln lassen. Viele kleine Mottenarten ahmen perfekt Vogeldreck nach und sind, wenn sie am Tage zwischen echten Kothäufchen ruhen, praktisch nicht mehr zu erkennen.

Die Kurzfühlerschrecke der Gattung *Eumegaladon* ahmt ein angefressenes, braunes verrottendes Blatt am Boden nach, wo sie tagsüber zwischen ihren echten Vorbildern ruht. Ein extrem verlängerter Kopf wirkt wie der Blattstiel. Mit weißen Flecken täuscht sie sogar Pilzbefall und Vogelkot vor. Bei

Gefahr wirft sie sich auf die Seite, um wie ein herabgefallenes Blatt auszusehen. Nur nachts klettert sie ins Unterholz, um frisches Grün zu fressen.

Der wohl perfekteste Blattnachahmer ist ein Insekt aus der Gattung *Phyllium* und wird treffend Wandelndes Blatt genannt. Bis ins kleinste Detail ahmt es perfekt eine Ansammlung angefressener Blätter nach; es frißt nämlich Laub und lebt deshalb ständig zwischen angefressenen Blättern. Auch sein Verhalten ist perfekt. Es bewegt sich äußerst langsam. Ab und zu erzittert das Tier ein wenig, so als streiche ein sanfter Wind durch das Laub. Der britische Biologe Michael Fogden berichtet, daß andere blattfressende Insekten gelegentlich sogar versuchen, Wandelnde Blätter anzufressen. Nichts könnte die

Blatt-Gottesanbeterin, Panama (Acanthops sp.)

Blatt-Gottesanbeterin, Costa Rica (Choeradodis brunneri)

Blatt-Gottesanbeterin, Mittelamerika (Acanthops sp.)

Buckelzikaden, Costa Rica (Umbonia sp.)

Laubheuschrecke, Ecuador (Cycloptera sp.)

Pfauenspinner, Costa Rica (Eacles magnifica)

Tropische Insekten ahmen nahezu jeden Gegenstand ihrer Umwelt perfekt nach – lebende wie tote Blätter oder auch Dornen. Die Laubheuschrecke *Cycloptera* treibt die Tarnung auf die Spitze: Ihr „Blatt" scheint von Pilzen befallen und angebissen zu sein. In Ruhestellung am Tage ergänzt sich ihre „Bißstelle" mit einem tatsächlichen Abbiß an einem Blatt

Tarnungsperfektion eindrucksvoller beweisen. Derartige Beispiele ließen sich fast unbegrenzt fortsetzen.

Als der erste Tagesschimmer bis zum Grund des Waldes dringt, ist der nächtliche Spuk der Insekten an der Wand des Labors vorbei. Was Wissenschaftler und Fledermäuse nicht abgesammelt haben, besorgen nun Vögel. Auch für sie hat das Zauberlicht auf der weißen Wand das Unsichtbare sichtbar werden lassen.

Während die Morgensonne an wenigen Stellen das Dach des Waldes durchdringt und tanzende Lichter auf das Blattwerk des Unterholzes wirft, erscheinen hoch oben die ersten Tagschmetterlinge – meist farbenprächtige, schillernde Gestalten. Eine der wenigen Arten, die in die Tiefe des Waldes herabkommt, ist ein handtellergroßer Falter. Er schillert in einem metallischen, irisierenden Blau. Es kommt nicht durch Farbpigmente zustande, sondern ist eine sogenannte Strukturfarbe: Sie entsteht durch Aufspaltung des Lichts in die verschiedenen Wellenlängen des Farbspektrums und selektive Filterung einzelner Farbanteile in den Schuppenplättchen der Flügel. So kommt das wunderbare Schillern vieler tropischer Falter zustande.

Der Falter vollführt einen rasanten Zickzackflug, dem mein Auge kaum zu folgen vermag. Je nach Einfallswinkel des Lichtes erscheint das Blau seiner Flügel mal samtig dunkel, mal wie ein helles Blitzen. Kein Vogel ist so geschickt, diesem Verwirrspiel zu folgen und den Falter in der Luft zu erbeuten. So versucht es auch keiner. Was die Sache noch schwieriger macht: Obwohl der Falter gerade noch vor meinen Augen tanzte, scheint er plötzlich wie vom Nichts verschluckt; dann aber taucht er oft nur kurz darauf an genau derselben Stelle wieder auf. Ich brauche eine Weile, um hinter sein Geheimnis zu kommen: Seine Flügelunterseiten sind genau das Gegenteil der Oberseiten; wenn er sich niedersetzt und seine Flügel blitzschnell zusammenklappt, stellt er präzise das Abbild eines abgestorbe-

Nachahmung ist eine der Methoden von Tieren, sich zu tarnen. Ein Nachtfalter, dessen Kopf detailgenau einen abgebrochenen Ast imitiert, hat sich einen entsprechenden Ruheplatz gesucht. Die Heuschrecke *Maskia nystrix* ist von Flechten auf einem Ast kaum zu unterscheiden. Eine winzige Motte liegt wie eine abgefallene, zusammengerollte Blüte auf einem Blatt. Der Baumhüpfer *Sphongophorus sp.* gleicht perfekt dem knorrigen Luftwurzelwerk, in dem er lebt

nen trockenen Blattes dar. Alles ist dabei vorgesehen: Blattrippen, Pilzbefall, Freßspuren, ja selbst ein entsprechendes Verhalten – der Falter setzt sich stets an einen Ast mit toten Blättern. Gipfel der Tarnung: Wenn ein Luftzug die Blätter bewegt, ahmt der Schmetterling dies synchron nach.

In der Umgebung der Station begegne ich auch mehrmals einem anderen kleinen Falter, der ebenfalls einem Blatt zum Verwechseln ähnlich sieht. Wenn er trotzdem entdeckt wird, so rettet er sein Leben mit einem zusätzlichen Trick. Eine Kopf-Attrappe an den Hinterkanten seiner Flügel wirkt mit ihren Fühlern und Augen auffallender als der wirkliche Kopf. Dieser Falter macht sich die Angriffstaktik der Vögel, die bevorzugt nach dem Kopf der Insekten picken, zunutze. Wenn ein Vogel seine Attacke gegen den auffallenden falschen Kopf startet, fliegt die Beute nicht in die von ihm vermutete Richtung, sondern entgegengesetzt davon. Völlig verwirrt geben die Räuber ihre Nachstellungen meist sehr schnell auf. Einige Arten dieser „Falter mit zwei Köpfen" drehen sich nach dem Hinsetzen sogar blitzschnell um, so daß die Kopfattrappe in die Richtung weist, in die der Schmetterling normalerweise weiterfliegen würde und die sich ein Verfolger gemerkt haben könnte.

Eine verblüffend einfache, aber ebenso wirkungsvolle Täuschung haben die Glasflügelfalter entwickelt. Wie schon ihr Name verrät, tragen diese zarten Geschöpfe völlig transparente Flügel; wer hindurchschaut, sieht nichts anderes mehr als die Vegetation dahinter.

Die Vermehrungsstrategien tropischer Insekten sind nicht minder imposant als ihre Tarnungskünste. Ganze Bücher ließen sich damit füllen, so daß ich mich hier mit Beispielen begnügen muß. Weit verbreitet etwa ist die Methode, Eier einzeln mit langen Seidenstengeln, die haardünn und gleichwohl steif sind, auf die Oberseite der Blätter zu stellen; kriechende Freßfeinde laufen daran vorbei. Einen anderen Trick hat ein großer südamerikanischer Schmetterling entwickelt. Nachdem er seine Eier an der Unterseite eines Blattes abgelegt hat, umklebt er das Gelege mit mehreren Palisadenringen aus speziellen, rasiermesserscharfen großen Schuppen seiner Flügel. Kleine Räuber wie etwa die allgegenwärtigen Ameisen würden sich darauf die Beine abschneiden. Wenn eines Tages die Raupen inmitten ihrer sicheren Burg geschlüpft sind, spinnen sie sich eine seidene Brücke über die Palisaden hinweg in die Freiheit.

Um ihre Metamorphose zum fertigen Schmetterling in Ruhe und Sicherheit zu vollziehen, spinnen sich die Raupen mancher Arten raffinierte Kokons. Dieses Gehäuse einer südasiatischen Art ist eine konstruktive Meisterleistung. Zunächst spinnt die Raupe über sich einen feinmaschigen, domförmigen Käfig, dann zwölf Seidenfäden, an denen sie den Kokon schwer erreichbar aufhängt. In seine Außenschicht werden giftige Haare der Raupe mit eingesponnen. Im Wald von La Selva gibt es eine Raupe mit Kokons, die von Ästchen herabhängen und dicken, silbern glänzenden Regentropfen täuschend ähnlich sehen. Viel besser kann ein Insekt in diesem Lebensraum sicherlich nicht der Aufmerksamkeit seiner Feinde entgehen.

Wenig bekannt unter all solchen Vermehrungsstrategien ist ein Phänomen, das die Biologen als Polymorphismus bezeichnen: Manche Insekten vermögen innerhalb einer Population zwei und selbst mehrere Farbtypen auszubilden, die häufig sogar an derselben Fraßpflanze anzutreffen sind. Eine Besonderheit tropischer Pflanzen ist nämlich eine sehr variable Blüten- und Laubfärbung, die an derselben Pflanze von Grün über Braun und Rosa bis zu Weiß reichen kann. Viele Raupen passen sich ihrem Untergrund an, indem sie die Blatt- oder Blütenfarbstoffe ihrer Nahrung einfach in sich speichern. Bei anderen Arten sind die Farbanpassungen genetisch festgelegt. Die Farbe der jeweiligen Umgebung, welche die aus dem Ei schlüpfende Raupe sieht, wirkt vermutlich auf sogenannte Um-

Der Falter *Thecla sp.* hat, um seine Feinde in die Irre zu leiten, an der Hinterkante seiner Flügel eine Kopfattrappe entwickelt, auf die das Flügelmuster noch besonders hinlenkt. Der Glasflügelfalter *Calltaera* macht seinen Verfolgern das Auffinden durch Transparenz schwer

schaltgene, die dann die für die Farbgebung maßgeblichen Gene aktivieren.

Besonders eindrucksvolle Beispiele für Polymorphismus finden sich in den Tropen bei räuberischen Fangschrekken. Wegen ihrer emporgereckten, blitzschnell vorklappenden Fangarme nennt man sie auch Gottesanbeterinnen. Viele ihrer Arten sind detailgenau Blüten oder Teilen davon nachgebildet; so postieren sie sich auch oft inmitten einer entsprechenden Blüte. Dadurch sind sie nicht nur perfekt getarnt, sondern bekommen auch ihre Beute, nektarsuchende Insekten, direkt vor ihre Fänge. Einige Arten dieser leibhaftig gewordenen Horrorvision des Kampfes ums Überleben können als Jungtiere ihre Farbe jeweils der Blüte angleichen, in der sie dann zeitlebens auf Beute lauern.

Besonders auf die fetten Raupen der Schmetterlinge hat es ein Heer von Feinden abgesehen. Aber wie die Falter, wissen auch sie sich zu schützen: durch Tarnanzüge, durch Rüstungen, durch Gift und spezielle Verhaltensweisen. Trotz Übereinstimmung mit ihren Fraßpflanzen bestünde für viele Raupen besonders im lichtdurchfluteten Dach des Waldes die Gefahr, erkannt zu werden, wenn ihr eigener Schatten die Gestalt ihrer dicken, walzenförmigen Körper sichtbar werden ließe. Hier schafft eine Gegenschattierung Abhilfe. Oft ist die schattenwerfende Körperunterseite heller und die beleuchtete Oberseite entsprechend dunkel gefärbt, wodurch die Tiere nun flach wie das Blatt selbst wirken.

Raupen, die im Schutz der Dunkelheit nachts aktiv sind und am Tag bewegungslos verharren, ahmen dann, wie die Nachtfalter, Gegenstände ihrer Umgebung nach. Es liegt auf der Hand, welche Dinge eine Raupe am besten imitieren kann. Sie klammert sich mit ihren hinteren Beinen an einen Ast, neigt den Körper nach außen und sieht dann einem abgebrochenen Zweig täuschend ähnlich. Feinste Furchen und Wülste wie von Rinde sind zu erkennen, und selbst die vorgetäuschte Bruchstelle sieht zersplittert aus.

Ein Heer von Insektenarten des Tropenwaldes versucht indes, Freßfeinden durch das genaue Gegenteil von Tarnung zu entgehen: durch plakative Buntheit, gepaart mit einem auffallenden, selbstsicheren Verhalten und mit Ungenießbarkeit. Wie die farbigen Frösche signalisieren sie unmißverständlich: „Schau her, ich bin giftig, geh' mir aus dem Weg." Charakteristisch für derartige Insekten ist, daß sie meist nur schwer zu knacken sind. Ungewöhnlich harte Panzerungen lassen sie Angriffe überstehen, die für getarnte Tiere auf der Stelle tödlich wären. Auf den ersten Blick erscheint das widersprüchlich, aber diese Insekten müssen trotz ihrer Warntracht und giftigen Sekrete auf Angriffe gerüstet sein; in zahlreichen Experimenten hat sich nämlich herausgestellt, daß ihre Feinde sie keinesfalls instinktiv, also angeborenermaßen, meiden. Die Feinde müssen vielmehr erst durch Erfahrung lernen, welche Beute genießbar ist und welche man besser nicht anrührt. Erst dann erkennen sie die Bedeutung der auffallenden Farben. Das aber setzt voraus, daß die giftigen Substanzen nicht zu stark, aber auch nicht zu schwach sind. Meist wirken sie nur wie ein Brechmittel. Ein vergifteter Feind, dem keine Gelegenheit mehr gegeben ist, aus seinen Erfahrungen zu lernen, ist für die betreffende Insektenart nicht mehr von Nutzen. Erst das Überleben des Feindes garantiert also das eigene Überleben.

Naturgemäß wirken Warnfarben vor allem bei Tageslicht am besten. Faszinierend ist in diesem Zusammenhang eine Gruppe nachtaktiver Motten, die schlecht schmecken und dies während ihrer Ruhe bei Tage Vögeln durch Warnfarben signalisieren. Nachts aber wenden sie einen anderen Schutzmechanismus an: Sie übermitteln den Fledermäusen ihre Ungenießbarkeit durch Ultraschallsignale.

Manche Insekten übertreffen noch alle bisher beschriebenen Tarn- und Warntaktiken. Sie drehen den Spieß um und spielen selbst die Bedroher, obwohl sie völlig harmlos sind. Es gibt tag-

Die Blumen-Gottes-anbeterinnen ahmen in Form, Färbung und Haltung die Blüten von Orchideen und anderen Pflanzen täuschend nach und locken so andere Insekten in die Reich-weite ihrer Fänge

aktive Raupen, die Räuber bluffen, indem sie die angeborene Furcht ihrer Feinde vor Schlangen ausnutzen und Feinde ihrer eigenen Feinde nachahmen. Dafür gibt der amerikanische Tropen-Entomologie L.P. Butler ein eindrucksvolles Beispiel: „Verhalten und Färbung von *Leucorbampha* bewirkt vielleicht das ungewöhnlichste Proteus-Benehmen im gesamten Tierreich. (Proteus war ein griechischer Gott, der Feinden entkam, indem er seine Gestalt änderte.) Diese etwa zehn Zentimeter lange Raupe lebt an Waldrändern auf der Blattunterseite von Weinreben. Aus der Ferne ist sie nur schwer zu erkennen. Rüttelt man aber an der Pflanze, läßt die Raupe alle Beinpaare außer dem allerletzten los, das Vorderende schwillt an, und es werden ungemein realistische Augen sichtbar, die zunächst versteckt waren. Im selben Moment beginnt sie wie eine Schlange in gekrümmter Haltung hin- und herzuschwingen. Wenn ich eine der Raupen am Hinterende berührte, stieß sie wie eine zuschnappende Viper ihren Kopf immer wieder vor und zurück."

Ähnliche Raupen mit echt wirkenden Augenzeichnungen, ja selbst mit Schuppenmustern und bei einer Art sogar mit einer vorgetäuschten gespaltenen Schlangenzunge sind überall in den Tropen anzutreffen. Aus Butlers Bericht geht hervor, daß also – wie bei den getarnten Tieren – neben dem Aussehen auch ein bestimmtes Verhalten nachgeahmt wird.

Nie vergesse ich ein Erlebnis im Tropenwald Borneos. Ich beobachte eine lange, dünne, farbig schimmernde Schlange. Obwohl bereits ein Meter von ihr unter einer lockeren Laubschicht hervorgekrochen ist, scheint sie kein Ende zu nehmen. Vorsichtig gehe ich ein wenig näher heran, um ihre ungewöhnliche Bewegung zu studieren. Dann entdecke ich das Unerwartete. Die Schlange entpuppt sich als ein Zusammenschluß Hunderter gemeinsam kriechender Raupen. Raupen kriechen über Raupen wie bei einem endlosen Transportband. Feinde würden es sich sicherlich gut überlegen, dieses vermeintliche Reptil anzugreifen.

Derartiges Nachahmen gefährlicher Kreaturen durch an sich harmlose Tiere bezeichnen die Biologen als Bates'sche Mimikry, benannt nach dem englischen Naturforscher Henry Walter Bates, der während seiner Forschungsreisen zum Amazonas in der zweiten Hälfte des 19. Jahrhunderts als erster das Phänomen der Mimikry, des Vortäuschens von Wehrhaftigkeit, erkannte.

Ihre Vollendung erreicht die Bates'sche Mimikry, wenn Insekten gefährliche wirbellose Tiere – andere Insekten- oder Spinnenarten – nachahmen. Das ist weit verbreitet. Bienen, Wespen und Hornissen werden von zahlreichen harmlosen Faltern, Käfern und Fliegen genauestens kopiert, selbst Sta-

Eine harmlose Schmetterlingsraupe ahmt den Kopf einer Schlange nach, um Feinde abzuschrecken. Bei einer anderen Art nimmt selbst die Puppe bis in Einzelheiten das Aussehen einer gefährlichen Vipernart an. Die Raupe des Schmetterlings *Apatelle alni*, die am Tage auf Blättern ruht, entgeht der Aufmerksamkeit von Vögeln, indem sie von oben exakt wie ein Häufchen frischen Vogelkots aussieht. Gegen Ameisen schützt sie sich seitlich durch ein Gespinst scharfer Seidenfäden

chelattrappen wurden entwickelt. Häufig werden auch wehrhafte Ameisen von kleinen Spinnen nachgeahmt. Fast immer schließt die Nachahmung das Verhalten mit ein. So laufen Spinnen, die Ameisen nachahmen, genau wie Ameisen umher, nicht wie Spinnen. Ihre Vorderbeine benutzen sie als Fühlerattrappen und betasten damit den Boden genauso, wie es Ameisen tun. Viele dieser Nachahmer geben für die Wissenschaft ihre wahre Identität erst preis, wenn sie in Museumssammlungen genau unter die Lupe genommen werden. Bis dahin sind sie des öfteren irrtümlich ihren Vorbildern zugeordnet worden.

Die Mimikry bezieht selbst noch Geräusche mit ein. So beginnen Nachahmer von Bienen, Wespen und Hornissen, wenn sie sich bedroht fühlen, genauso zu brummen wie ihre Vorbilder. Krönung von allem: Genießbare Nachtfalter imitieren die Ultraschallsignale, die giftige Arten gegen Fledermäuse ausstoßen.

Das wohl frappierendste Beispiel für Bates'sche Mimikry erlebe ich, als ich im Wald von La Selva nachts mit Mike das Flußufer nach Glasfröschen absuche. Im Schein meiner Helmlampe sehe ich auf einem Ast eine höchst merkwürdige Kreatur. Selbst Mike, der bereits seit vielen Jahren im Tropenwald forscht, ist ihr noch nie begegnet, weiß sie aber einzuordnen: *Laternaria phosphorea*, zu deutsch „Laternenträger". Es ist eine große, etwa zehn Zentimeter lange Zikade. Ihre zusammengelegten Flügel sehen aus wie von weißen Flechten bewachsene Baumrinde. Sicherlich ist sie damit am Tage gut getarnt.

Als ich ihr anscheinend zu nahe komme, breitet sie blitzartig ihre Flügel aus; darunter wird ein zweites, hinteres Flügelpaar sichtbar, von dem mich ein Paar riesiger Augen anstarrt. Das Insekt vertraut offensichtlich auf die Wirkung dieser Zeichnung; es fliegt nicht weg, so daß wir Zeit genug haben, es weiter zu studieren. Das Ungewöhnlichste an ihm ist der gewaltig verlängerte Kopf – in Form und Zeichnung dem Kopf eines Krokodils, mit dem das Insekt den Lebensraum teilt, zum Verwechseln ähnlich. Die Übereinstimmung geht so weit, daß das Insekt auch die herausragenden Zähne und die charakteristischen Augenhöcker des Reptils nachahmt. Zwei weiße Punkte darin täuschen selbst noch den Lichtreflex eines echten Krokodilauges vor. Dieses Maul wirkt so echt, daß ich unwillkürlich davor zurückschrecke, als ich das Tier fangen will. Diese Warntracht gilt wohl insektenjagenden Vögeln, die ihrerseits auf der Hut vor Krokodilen sein müssen. Die Zikade benutzt also eine Kombination von Tarnung (Flügelfärbung), momentaner Abschreckung (Augenzeichnung) und permanenter Bedrohung (Krokodilmaul). Was die Sache noch raffinierter macht: Die Maulattrappe ist nachts illuminiert; sie phosphoresziert in einem gespenstisch grünlich-gelben Licht.

Als ich später in der Station von meiner aufregenden Entdeckung erzähle, erfahre ich, daß der monströse Kopf schon aus Gründen des Gewichts innen hohl ist und dem Insekt auch als Resonanzkörper für Schallsignale dient. Vielleicht ist das seine ursprüngliche Bedeutung gewesen.

Der Laternenträger gab während eines der allabendlich auf der Forschungsstation stattfindenden Kolloquien Anlaß zu der Frage, ob Charles Darwin Recht hatte, als er – wesentlich angeregt durch seine Beobachtungen an tropischen Insekten – Mutationen und deren natürliche Auslese durch Feinde zum Hauptantrieb des Artenwandels und der Evolution erklärte. Neuerdings kommen immer mehr Wissenschaftlern Bedenken gegen die Ausschließlichkeit dieser Aussage; Gegenargumente, die im Ursprung so alt sind wie der Darwinismus selbst, werden wieder aktiviert und ausgebaut.

Daß ein paar Veränderungen durch Mutation und deren Selektion durch

Die zehn Zentimeter lange Zikade *Laternaria phosphorea* schreckt durch die Nachahmung eines Krokodilkopfes. Dieselbe Wirkung erreicht der Schmetterling *Pseudophex sp.*, der wie eine Wespe aussieht. Als Ameise tarnt sich die Spinne *Myrmecium sp.*, um als Räuber unbehelligt in Ameisenkolonnen mitmarschieren zu können

die natürliche Auslese entstehen, ist noch leicht vorstellbar. Wie aber sollte eine Unzahl zufälliger Mutationen so koordiniert werden, daß komplexe Neuerungen – wie etwa das Auge, das Ohr oder beispielsweise ein Krokodilkopf – entstehen konnten? Ein weiteres Problem: Je komplexer neu entwickelte Strukturen wurden, desto gerichteter und präziser mußte jede weitere konstruiert sein, um die vorangegangene sinnvoll zu ergänzen.

Berechnungen von Mathematikern ergaben unlängst, daß nach der Methode „zufällige Mutation und deren Auslese" für die Entstehung auch nur einer einzigen komplexen Neuerung Milliarden Jahre nötig wären; Darwin selbst hatte schon über das Problem der Evolution komplexer Organe und Strukturen nachgedacht und zugegeben: „Der Gedanke an das Auge macht mich schaudern".

Wie die Entwicklung des Kopfes beim Krokodil auch immer verlaufen sein mag: Die ähnliche Entwicklung des Kopfes bei der Laternenträger-Zikade läßt sich mit Darwins Evolutionsgesetzen allein nicht mehr erklären. Es muß noch andere, unbekannte Evolutionsmechanismen geben, deren Geheimnis im Funktionieren der Gene liegt.

Einige der Wissenschaftler auf der Station waren skeptisch, ob diese Geheimnisse jemals endgültig gelüftet werden. Wenn sich ein Lebewesen verändert und sich in seinem Lebensraum durchsetzt, so verändert es dadurch auch seine Umwelt, die nun ebenfalls wieder modifizierend auf das Leben einwirkt. Die Umwelt besteht nicht nur aus Wasser, Luft und Boden, sondern auch aus der Summe ihrer Bewohner und deren Interaktionen. Wenn es sich dabei um wenige Lebewesen handelt, lassen sich diese Beziehungen vielleicht durchschauen, nicht aber, wenn – wie im Tropenwald – Millionen Pflanzen- und Tierarten gemeinsam agieren. Die Zahl der Ursache-Wirkung-Beziehungen, die Zahl der potentiellen Rückkopplungen wird unfaßbar groß. Das offenbart sich mir schon bald während einer weiteren Exkursion.

Eines Tages beobachte ich unweit der Forschungsstation einen großen, wunderschönen Falter. Auf schwarzem Grund trägt er ein leuchtend gelb-rotes Flügelmuster. Brillanter, plakativer kann ein Schmetterling kaum aussehen. Ruhig segelt er langsam durch die feuchte Luft. Die Färbung, zusammen mit diesem Verhalten, kann nur eines bedeuten: Schaut her, ich bin ungenießbar, ich bin giftig, geht mir aus dem Weg!

Fasziniert folge ich dem Falter immer tiefer in den Wald hinein. Nach einer Weile setzt er sich auf ein Blatt, und da er ganz im Gegensatz zu anderen tagaktiven Schmetterlingen keinerlei Furcht zeigt, kann ich ganz nahe herangehen und ihn betrachten. Ich bin verblüfft: Auf der Unterseite eines der hochgeklappten Flügel sehe ich Zeichen wie kleine Buchstaben und Zahlen. Das ist an sich nichts Ungewöhnliches. Launen der Natur haben in den Mustern von Falterflügeln alle Buchstaben des Alphabets und auch alle Zahlen von eins bis neun vorausgeschaffen. Die Buchstaben und Zahlen vor mir sind jedoch anders. Ihre Präzision, ihre Abfolge und Kombination – D 248 H 16 – verraten, daß sie menschengemacht sind.

Als ich abends einem Entomologen von meiner Beobachtung erzähle, erfahre ich, daß er es war, der den Code mit einer Spezialfarbe auf den Falter gemalt hat. Und als ich den Zusammenhang hinterfrage, höre ich eine schier unglaubliche Geschichte über den Wald und eines seiner Gewächse: Sie handelt von der Passionsblume.

Passionsblumen gedeihen vor allem in den Tropen Afrikas und Amerikas als Rankpflanzen. Allein in der Neuen Welt gibt es etwa 500 verschiedene Arten von ungewöhnlich variablem Aussehen. Viele von ihnen zeigen Blüten von entrückter, exotischer Schönheit. Die Staubgefäße einiger Arten wurden als Abbild der Dornenkrone auf dem Haupt des Gekreuzigten angesehen – deshalb der Name Passiflora. Die Früchte mancher Arten sind für den Menschen genießbar und werden auch medizinisch verwendet. An den Blüten der Passiflora gibt es für Insekten und Kolibris Pollen und Nektar um den Preis, dafür die Pflanze zu bestäuben.

Lebenspartner der Passiflora Süd- und Mittelamerikas sind Schmetterlinge der Familie *Heliconniidae*. Der numerierte Falter, dem ich im Wald begegnet war, gehörte dazu. Diese Falter haben die Spezialität entwickelt, sich von proteinreichen Pollen zu ernähren – einzigartig unter den Schmetterlingen. Diese Partnerschaft ist jedoch zweischneidig. In der Begriffswelt des Menschlichen würde man sie eine Art Haßliebe nennen. Die Falter bestäuben nämlich nicht nur die Pflanze und sichern damit deren Existenz, sondern sie legen auch ihre Eier darauf ab. Die Raupen fressen die Blätter; sie gefährden somit die Existenz der Pflanze und letztlich auch ihre eigene.

Die Passionsblumen sind durch Raupenfraß ganz besonders gefährdet, denn während sie vom Grund des Waldes dem Licht entgegenklettern, benötigen sie jeden Quadratmillimeter ihrer Blattfläche für die Energieversorgung; Blattfresser sind mehr als unerwünscht.

Meist stellt sich im Laufe der Entwicklung zwischen Pflanze und ihren Parasiten ein Gleichgewicht ein. Die Gegner werden gewissermaßen zu Partnern, die in stetem Wechselspiel ihre Kräfte messen. Sie schlagen eine gemeinsame Entwicklungslinie ein, die Biologen als Koevolution bezeichnen, weil die Eigenschaften und Fähigkeiten des einen durch die entsprechenden des anderen wechselweise beeinflußt werden.

Die Passiflora versucht sich gegen Parasiten mit starken Blattgiften zur Wehr zu setzen. Das hilft gegen zahlreiche Feinde, nicht aber gegen die Raupen der *Heliconius*-Falter. Sie haben gegen die Gifte eine Immunität entwikkelt, mehr noch: Sie nutzen sie sogar zum Vorteil ihrer eigenen Art. Die mit dem Futter aufgenommenen Gifte werden von den Raupen nämlich nicht ausgeschieden, sondern im Körper eingelagert und durch die Metamorphose hindurch an den Schmetterling übergeben, der damit zum Träger der Abwehrstoffe wird. Ursprünglich dienten

Um die komplizierte Lebensgemeinschaft zwischen den Passionsblumen und den nach ihnen benannten Schmetterlingen genauer erforschen zu können, wurden einzelne Tiere mit Nummern markiert

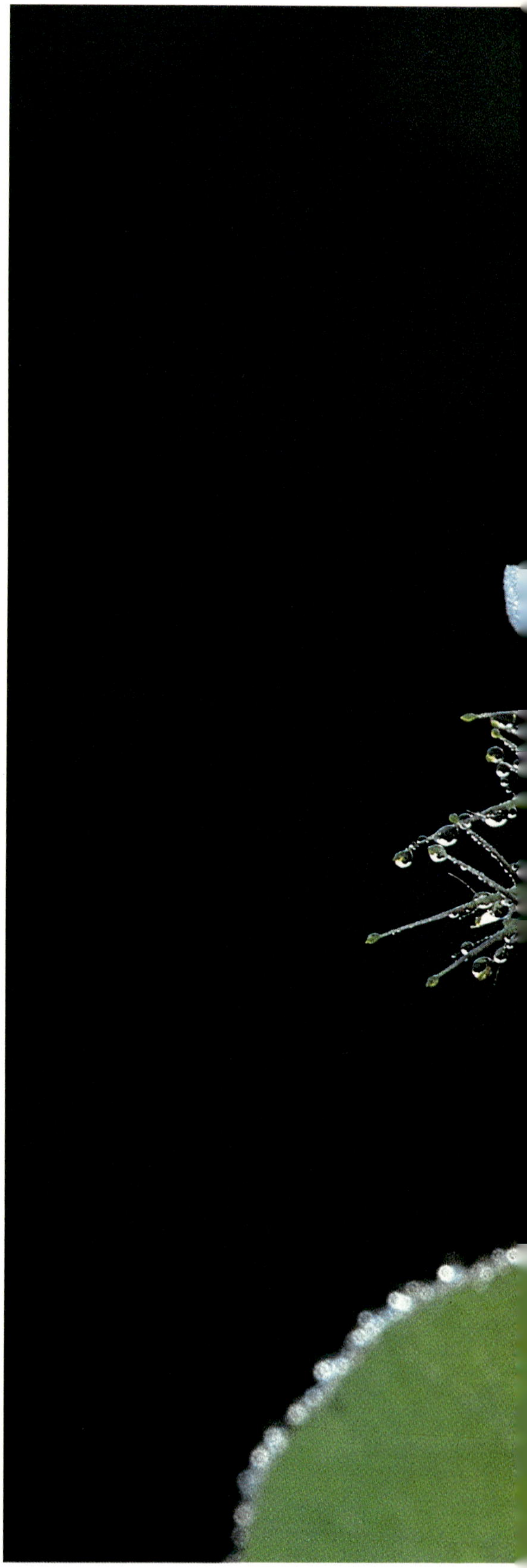

die Gifte den Pflanzen als Schutz vor Freßfeinden, nun spielen sie für den Falter die gleiche Rolle.

Im Laufe der Zeit hat die Passiflora immer wieder neue Giftmischungen entwickelt, und immer wieder haben die Falter dank ihrer schnellen Generationenfolge die neuen Gifte bewältigt. Als Ergebnis dieses Giftkrieges entstand die Vielzahl von Arten der Passionsgewächse und die ähnlich große Fülle speziell daran angepaßter Schmetterlinge.

Die Schmetterlinge signalisieren ihre neue Überlebensweise durch plakative Warnfarben. Daß diese Entwicklung sehr schnell erfolgreich verlief, zeigt unter anderem auch, daß eine ganze Reihe von Schmetterlingsarten – weder mit den Passionsfaltern näher verwandt, noch giftig – deren spezifische Färbung nachahmen. Sie betreiben also Bates'sche Mimikry, indem sie unter falscher Flagge segeln.

Doch für diese „Schafe im Wolfspelz" gibt es ein Problem. Ihre Methode

Während sich Blattfußwanzen der Gattung *Anisoceles* auf einer Passionsblume paaren, saugt das Weibchen giftige Blattsubstanzen in sich auf, um selber giftig zu werden und sich damit vor Feinden zu schützen

funktioniert nur, wenn sie nicht allzu zahlreich werden, da sonst die Wahrscheinlichkeit sinkt, daß ein Vogel eines der ungenießbaren Vorbilder fängt und sich das zugehörige Muster einprägt.

Leichter läßt sich überleben, wenn die Muster von mehreren schlecht schmekkenden, giftigen Arten genau übereinstimmen. Der deutsche Naturforscher Fritz Müller, im 19. Jahrhundert einer der treuesten Anhänger Darwins, sammelte in Südamerika Schmetterlinge und fand als erster heraus, daß ganz verschiedene Arten giftiger Falter identische Warnmuster und -farben aufweisen. Daraus schloß er, daß diese Übereinstimmung einen Vorteil haben mußte. Feinde müssen nämlich an Stelle von mehreren nur noch ein einziges Warnmuster vermeiden lernen. Kollektiv sind die Falter besser geschützt. Hinzu kommt, daß sich Angriffe von Feinden, die noch nicht gelernt haben, dieses Zeichnungsmuster zu meiden, auf mehrere Arten verteilen und damit die Verlustrate für die einzelne Art entsprechend geringer ausfällt. Zu Ehren ihres Entdeckers wurde diese zweite Form der Mimikry die Müllersche Mimikry genannt.

Das wohl beste Beispiel für eine Müllersche Mimikry sind die vielen Arten echter Passionsblumen-Schmetterlinge. Das Bemerkenswerte an ihnen ist, daß sie zwar jeweils innerhalb einer Art geographisch viele verschiedene Farb- und Zeichnungsvariationen aufweisen, aber zwei verschiedene Arten bei gemeinsamem Vorkommen stets identisch gefärbt und gezeichnet sind. So sehen sich beispielsweise *Heliconius melpomene* und *Heliconius erato* so ähnlich, daß man sie äußerlich nur an winzigen roten Flecken unter dem Flügel unterscheiden kann. Die eine Art hat vier, die andere drei solcher Punkte.

Weil die Passionsblumen-Falter sich also immer wieder in die Lage versetzten, die Giftabwehr der Pflanzen auszuspielen – noch dazu zu ihrem eigenen Vorteil –, mußten die Pflanzen neuartige Abwehrmethoden entwickeln. Sie „erfanden" etwas für Pflanzen äußerst Ungewöhnliches. Sie nutzten dabei die Eigenart der Schmetterlinge aus, für die Eiablage geeignete Blätter visuell aufzufinden. Die Falter suchen nämlich für ihre Brut bevorzugt nach Pflanzen mit jungem, verdaulichen Grün. Die aber tragen noch keine Blüten, deren Duftspur die Falter mühelos aufspüren könnten.

Die Eier müssen genau zur richtigen Zeit gelegt werden. Schlüpfen die Raupen nämlich zu früh, würde der noch kleine Pflanzentrieb zu schnell von ih-

Die aggressive Lebensgemeinschaft zwischen den Passionsblumen-Raupen und ihren Wirtspflanzen ließ verschiedene giftige Schmetterlingsarten entstehen, deren Unterarten überall dort dieselbe Warnzeichnung tragen, wo sie gemeinsam vorkommen

Die Passionsblume *Vitifolia* hält sich Ameisen zur Abwehr von Bienen, die in den Blütenkelch Löcher beißen, um an den Nektar zu gelangen – ohne die Blüte zu bestäuben. Mit der Imitation von Schmetterlingseiern täuschen manche Blätter vor, schon belegt zu sein. Mit der Nachahmung von Blattformen anderer Pflanzen irritieren Passionsblumen legebereite Falterweibchen

nen aufgezehrt. Schlüpfen sie aber zu spät, wäre das Blatt bereits hart und kaum verdaulich. Die Raupen müßten verhungern, noch ehe sie sich verpuppen können.

Die Passiflora ahmt nun genau Blattformen anderer Pflanzen nach, die von den Faltern nicht angeflogen werden. Diese pflanzliche Mimikry berücksichtigt sogar, daß im Tropenwald viele Pflanzenarten auf ihrem Weg nach oben zum Licht meist ihre Blattformen und -größen verändern. So ahmen junge Passionsgewächse typische Blattformen des Waldgrundes, ältere aber solche der oberen Waldstockwerke nach. Das führt dazu, daß viele Passifloragewächse außerhalb der Blütezeit nur von wenigen Spezialisten und nur vor Ort – lediglich anhand der speziell zur Pflanze gehörenden Falterart – bestimmt werden können. Und die Falter einzuordnen, erfordert auch schon kriminalistische Fähigkeiten.

Viele Schmetterlinge versuchen inzwischen, jene Täuschungsmanöver ihrer Wirtspflanzen zu durchschauen, indem sie die Blätter einer genauesten Untersuchung unterziehen. Sie klopfen mit dem speziell dafür ausgebildeten vordersten Beinpaar die Blätter ab. Wahrscheinlich haben sie gelernt, die wahre Artzugehörigkeit des Blattes an der Resonanz zu ermitteln.

Doch der Wettlauf der Entwicklung zwischen Tier und Pflanze geht immer subtiler weiter. Um eine übermäßige Eiablage auf ihren Blättern zu verhindern, ahmen die Pflanzen mit kleinen Blattauswüchsen die Eier und selbst die Legemuster der Schmetterlinge nach; so täuschen sie den trächtigen Weibchen vor, die Blätter seien schon besetzt. Da bei zu dichtem Besatz die

Raupen kaum eine Überlebenschance haben, ziehen die Weibchen weiter. Eine Passiflora-Art treibt es so weit, daß sie die begehrten jungen Triebe hinter einem bereits weiterentwickelten, mit Scheineiern besetzten Blatt versteckt.

Einige Wissenschaftler gehen davon aus, daß manche Falter auch die Täuschung mit den falschen Eiern durchschauen. Denn die Auseinandersetzung zwischen den Partnern, die Suche nach Ausgewogenheit zwischen Schaden und Nutzen, geht noch viel weiter, mit ganz anderen Mitteln: mit einer Art biologischer Schädlingsbekämpfung. Die Blätter vieler Passiflora-Arten weisen Drüsen auf, die einen von Ameisen begehrten Nektar außerhalb der Blüten produzieren. Als Gegenleistung fressen die Ameisen auch Eier und Raupen und wehren legebereite Falterweibchen ab. Faszinierend ist aber, daß sie nur in Aktion treten, wenn die Pflanze durch zu viel Befall gefährdet scheint. Die Ameisen greifen genau dann ein, wenn eine Triebspitze beschädigt zu werden droht und damit die Entwicklung eines neuen Zweiges gefährdet ist. Außerhalb dieser Zeiten verschmähen sie Eier und Raupen.

Bei der blutrot blühenden *Passiflora vitifolia* haben es die stachellosen Bienen der Art *Trigona fulviventris* auf den Nektar abgesehen. Sie beißen von außen Löcher in die Blütenwand und saugen dann den süßen Saft ohne jede Gegenleistung, daß heißt: Sie bestäuben die Blume nicht. Zum Schutz gegen die Diebe hält sich diese Passionsblume eine Ameisenleibwache der Art *Ectatomma tuberculatum*. Die Garde, die Bienen überwältigen und töten kann, wird durch kleine Futternäpfe belohnt, die sich außerhalb der Blüte speziell für diesen Zweck entwickelt haben.

Können auch die Ameisen einen übergroßen Raupenbefall nicht verhindern, so greift die Pflanze zu einem letzten Mittel: Aus den Blättern sprießen nadelfeine Dornen und Haken, an denen sich die Raupen aufspießen und aufschlitzen.

Alle diese Abwehrmethoden der Pflanze sind so ausgeklügelt, daß die Schmetterlinge wahrscheinlich eine eigene Intelligenz entwickeln mußten, um damit fertigzuwerden. Wie die Bienen vermögen sie sich Landmarken einzuprägen und sich so ihre Futter- und Ablageplätze zu merken. Am Abend suchen sie gemeinsame Schlafplätze auf, wo sie auch, so vermuten Wissenschaftler, Informationen über ihre widerspenstigen Wirtspflanzen austauschen.

Die Lebensgemeinschaft zwischen Passionsgewächsen und Faltern steht als eindrucksvolles Beispiel dafür, wie dynamisch und homogen der Organismus Tropenwald ist. Sie ist ein winziger Teil einer viel umfassenderen Gemeinschaft, in der Millionen Pflanzen und Tiere ständig zusammen agieren und voneinander profitieren. Keiner wäre etwas ohne den anderen.

Partner auf Gedeih und Verderb

Die fruchtbarste und produktivste Lebensgemeinschaft der Erde steht auf nichts als unfruchtbarem Sand. Alle Nährstoffe zirkulieren auf kürzestem Weg im System. Nichts geht verloren. Pilze und Ameisen zumal sorgen für ein restloses Recycling. Auch das klimatische Geschehen bildet einen in sich fast geschlossenen Kreislauf

Lithographie aus dem Tafelwerk „Voyage pittoresque dans le Brésil", Paris, 1827–1835

Während der Entladung von Gewittern kommt es in der Atmosphäre zu einer chemischen Reaktion, die eine für Pflanzen aufnehmbare Stickstoffverbindung aus der Luft freisetzt. Sie regnet ab und düngt den Tropenwald

Im stets feuchtwarmen Klima des tropischen Regenwaldes sind Pilze allgegenwärtig. In ihrer windlosen Umwelt erheben sich die sporentragenden Hüte oft auf haardünnen Stengeln, die aus abgestorbenen Blättern schießen

Der Korallenpilz ist nur eine von unzähligen Pilzarten, die bizarre Methoden entwickelt haben, um ihre Sporen verbreiten zu können. Ein Beispiel dafür ist der Schleierpilz, der mit seinem Verwesungsgeruch Fliegen anlockt. Absterbende Blätter werden noch am Baum von Pilzfäden befallen und zersetzt – Kennzeichen für den kurzgeschlossenen Nährstoffkreislauf

Weberameisen versammeln sich zu Hunderten auf einem großen Blatt, um es durch ihr Gewicht herabzudrücken. Auf dem Blatt darunter warten Artgenossen auf Kontakt mit ihnen. Dann verhaken sich die Tiere mit ihren Beinen zu Ketten, um die Blätter aneinanderzuziehen

Wenn die Weberameisen die Blattkanten zusammengezogen haben, klammern sie sie zunächst mit ihren Kieferzangen. Andere heften sie dann mit Hilfe ihrer eigenen Larven, die klebrige, hochfeste Fäden absondern, aneinander. So entstehen, Blatt für Blatt, große kugelförmige Nester, die einem ganzen Staat als Unterkunft dienen

Der tropische Regenwald entwickelt das feuchte Klima, in dem er gedeiht, in Eigenproduktion. Nachdem das Regenwasser von den Blättern verdunstet ist, bildet es über dem Wald neue Wolken

Der tropische Regenwald funktioniert in einem kurzgeschlossen Nährstoffkreislauf. Sichtbares Indiz dafür sind die Strukturen der Wurzeln; dünne Tastwurzeln ragen über die Erdoberfläche hinaus und saugen Nährstoffe direkt aus der verrottenden Blattstreu. Andere, besenartige Wurzeln filtern Nährstoffe aus dem Regenwasser. Selbst aus den Ästen von Baumkronen sprießen Wurzeln, die im Humus der Epiphytenteppiche nach Nahrung suchen. Die Wurzeln bilden ständig Lebensgemeinschaften mit Pilzfäden, die ihnen die Nährstoffe aufbereiten. Viele davon stecken in dem Material, das Ameisen und Termiten für ihren Nestbau herbeigeschleppt haben. Auch das Klima bildet einen fast geschlossenen Kreislauf. 75 Prozent der gesamten Wassermenge zirkulieren ständig über dem Wald. Von den Baumstämmen hochgepumpt, von den Blättern verdunstet, kondensiert das Wasser abermals zu Regenwolken. Nur die übrigen 25 Prozent werden von Flüssen ins Meer abgeleitet

Hoch über mir im Labyrinth der Blätter erschallt ein lauter, dumpfer Warnruf. Ich höre schwere Körper durch die Baumkronen fliehen und sehe, wie sich schlanke Bäume und Äste unter ihrem Gewicht biegen und zurückschnellen. Für ein paar Sekunden mustert mich ein Paar brauner Augen in einem roten Gesicht mit riesiger, gurkenförmiger Nase. Das kräftige Nasenaffen-Männchen sichert den Rückzug der Sippe. Von dem nahen Mangrovenwald haben sich die Tiere in den dichten Urwald gewagt, der die wildzerklüftete Steilküste der Bako-Halbinsel im Norden Borneos bedeckt.

An diesem Wald, durch den ich auf einem schmalen, steilen Pfad langsam emporsteige, fällt mir die große Zahl verschiedener Palmenarten auf. Zwischen ihnen entdecke ich eine prächtige Cycadophyte, deren Stamm und Blätter einer Palme zum Verwechseln ähnlich sehen. Die drei Meter hohe Pflanze ist ein lebendes Fossil, ein Bindeglied zwischen der urtümlichen Pflanzengruppe der Farne und den in der Entwicklung jüngeren Palmen. Sie stammt aus einer erdgeschichtlichen Periode vor 300 Millionen Jahren. Statt der Sporen der Farne trägt sie bereits Samen, die jedoch noch nicht von Fruchtfleisch umhüllt sind und ohne Blüten gebildet werden.

Die Vegetation um mich herum ist ein besonderer Urwaldtyp, den man an vielen tropischen Küsten rund um die Erde antrifft. Die Samen vieler Pflanzen dieses Küstenwaldes zeichnen sich durch hohe Überlebenskraft, Salzwasserresistenz und Schwimmfähigkeit aus. So konnten sie durch Meeresströmungen in immer neue Siedlungsgebiete verbreitet werden.

Nach einer Stunde Aufstieg erreiche ich die Oberfläche eines langgestreckten Plateaus. Die Vegetation ändert sich von einem Meter zum anderen. Ich trete aus dem feuchtwarmen, üppigen Küstenwald heraus und stehe vor einem kümmerlichen lichten Wald, in dem die kräftigsten Bäume nur etwa armdick und nicht viel mehr als zehn Meter hoch werden. Zahlreiche Kasuarinen verleihen mir fast das Gefühl, mich in einem mitteleuropäischen trokkenen Kiefernwald zu befinden. Kein dichtes Blätterdach hindert die Sonnenstrahlen. Schon morgens herrschen hier große Hitze und Trockenheit. Eine bodenbildende Humusschicht gibt es kaum. Unter einer schütteren, dünnen Schicht trockener Blätter und Nadeln tritt überall großflächig nackter Sandstein zutage. Dicke, schwarze Krusten aus Mangan- und Eisenhydroxiden, wie sie typisch für Wüsten sind, verleihen dem Felsplateau einen ausgeglühten, verbrannten Eindruck. Die metallischen Krusten sind durch die Kräfte der Verwitterung entstanden. Regen drang in das Gestein ein und löste, zusammen mit den Säureausscheidungen felsbewohnender Flechten, Mineralien heraus. Durch kapillaren Aufstieg gelangt die Lösung an die heiße Oberfläche des Gesteins. Dort verdunstet das Wasser, während die Mineralien zurückbleiben und mit der Zeit immer dickere Krusten bilden.

Dieses unfruchtbare Felsplateau ist für Pflanzen fast genauso schwer zu besiedeln wie eine lebensfeindliche Felswüste – mit einem Unterschied: Hier, in der tropischen Klimazone, fällt im Jahresmittel wesentlich mehr Niederschlag. Aber im Gegensatz zum üppigen, geschlossenen tropischen Regenwald kann diese spärliche Vegetation nicht genügend Feuchtigkeit binden, so daß kein dauerhaftes Treibhausklima entsteht. Besonders während der oft monatelangen Trockenzeiten, wenn die Luftfeuchtigkeit in den Wäldern des Binnenlandes nur wenig sinkt, gleicht das Klima auf dem Bako-Plateau eher dem einer Wüste als dem der Tropen.

Die Pflanzen, die hier wachsen, haben darum auch eine Reihe von Anpassungen entwickelt, wie sie typisch für Wüstenpflanzen sind. Wie auch viele Blätter im Kronendach des hohen Tropenwaldes, das ja ebenfalls langen Trokkenzeiten ausgesetzt sein kann, tragen auf dem Plateau alle Blätter einen wachsähnlichen Überzug, der vor Verdunstung schützt. Bemerkenswert ist, daß der Aufbau dieses Trockenwaldes – lichter als ein abgestorbener Nadelwald – in vieler Hinsicht dem der benachbarten Tropenwälder gleicht. Auch hier gibt es Rankgewächse, die an den schmächtigen Stämmen der Bäume emporklettern. Ihre Blätter haben sich zu dickfleischigen, wasserspeichernden Organen verwandelt. Und an den Stämmen, oft schon knapp über dem Boden, klammern sich mehr epiphytische Pflanzen fest, als ich es je in einem anderen Wald auf Borneo gesehen habe. Der Grund für das epiphytische Wachstum kann aber nicht sein, daß die aufsitzende Pflanze einen Platz an der Sonne erringen muß. Licht gibt es in diesem Wald ja im Übermaß, bis zum Boden. Statt Lichtmangel treibt hier der harte, nährstoffarme Felsboden solche Pflanzen auf die Bäume.

Aber woher sollen die Nährstoffe dann kommen? Einen ständigen Regen von Humusmaterial aus einem dichten Baumkronendach wie in anderen Tropenwäldern gibt es hier nicht.

Eine Antwort erhalte ich, als ich zwei Pflanzen der Gattungen *Hydnophytum* und *Myrmecodia* näher untersuche. Diese Epiphyten, die selbst wie kleine Miniaturbäumchen aussehen, bilden an ihrer Basis – über den Wurzeln, die sie wie Schlingen um die Baumstämme legen – dicke, kartoffelähnliche Knollen. Kaum habe ich mein Taschenmesser angesetzt, um eine der Knollen aufzuschneiden, da strömen aus winzigen Öffnungen Hunderte von Ameisen hervor und greifen unverzüglich meine Hand an. In dem schwammigen Gewebe des Knolleninneren kann die Pflanze nicht nur einen beträchtlichen Wasservorrat speichern, sondern auch einen ganzen Ameisenstaat beherbergen. Die Tiere leben in einem labyrinthischen System von Gängen, die das Gewebe durchziehen.

Schon gleich nach dem Betreten des Plateaus war mir aufgefallen, daß der felsige Grund kreuz und quer von Ameisenstraßen überzogen ist, bevölkert von einer besonders kleinen Art. Jetzt nehme ich sie genauer unter die Lupe. In der einen Hälfte des Ameisenstroms trägt jedes Tier winzige pflanzliche Partikel, einige so klein, daß es sich vermutlich um zusammengesammelte Pollen handelt. Sie bringen sie in ihr Pflanzenhaus und lagern sie als Nahrungsvorrat in den Gängen ein. Als Gegenleistung für das Wohnrecht versorgen die Ameisen ihre Wirtspflanze mit Nährstoffen: Phosphaten, Nitraten, Stickstoff und Mineralien aus ihren Exkrementen.

Aus vielen dieser Knollen sprießen wunderschöne Orchideen und andere Blumen – aus Samen, welche die Ameisen in ihre Behausung geschleppt hatten.

Ein anderer Epiphyt, *Dischidia rafflesiana*, hat einige ihrer Blätter zu urnenähnlichen Gebilden umgewandelt, in die ein Teil ihrer eigenen Wurzeln hineinwachsen. Auch sie dienen als Wasserspeicher, zumindest aber als feuchter Raum mit Nährstoffen in winzigen Humusansammlungen, die von den Ameisen stammen, welche die Urnenblätter ebenfalls als willkommene Behausung nutzen. Um den Start als Epiphyt in dem trockenen Wald überhaupt zu schaffen, besitzt der Keimling

Einige epiphytische Pflanzen verschaffen sich Nährstoffe, indem sie in besonderen Wurzelknollen Ameisen, die Humusstoffe herantragen, eine Heimstatt bieten

ein dickes, knollenförmiges, wasserspeicherndes Organ, das ihm bis zur Ausbildung der Urnenblätter hilft, über die erste Trockenperiode hinwegzukommen. Mit einem großen, dichten Kranz von Wurzelhaaren hält er sich auf seiner Trägerpflanze sicher fest.

Die Existenz der Epiphyten auf dem Plateau ist vom Fleiß der Ameisen abhängig. Nur sie vermögen den wenigen Abfall, den der kümmerliche Wald noch produziert, zusammenzutragen und den Nährstoffkreislauf aufrechtzuerhalten.

Aber nicht nur die Epiphyten dieser wenig fruchtbaren Umwelt zeichnen das Bako-Plateau in der Ökologie tropischer Wälder als etwas Besonderes aus, sondern auch seine große Zahl fleischfressender Kannenpflanzen. Karl von Linné hat der Gattung den Namen *Nepenthes* gegeben, nach dem Zaubertrank, dessen Bestimmung Homer in seiner Odyssee besingt: „Kummer zu tilgen und Groll und jeglicher Leiden Gedächtnis."

Die wunderschön geformten und farbig gemusterten Kannen hängen überall in den Bäumen zwischen den epiphytischen Ameisenpflanzen. Mit ihren leuchtenden, schillernden Farben wirken sie wie Blüten, die Insekten anlocken wollen. Der dicke Wulstrand der Kanne und die Unterseite eines halb geöffneten Deckels, der den Regen abweist, sind mit zahlreichen Nektardrüsen besetzt, die für Fliegen, Käfer, Raupen und Ameisen süße Nahrung verheißen. In Wirklichkeit ist die Kanne jedoch eine tödliche Falle, hauptsächlich für kriechende und laufende Insekten. Innen sind Kanne und Deckel nämlich glatt wie blankes Eis. Durch die alkoholischen Substanzen berauscht, rutschen und stürzen die Insekten hinab in eine Verdauungsflüssigkeit, welche die Kanne etwa zu einem Drittel füllt, und ertrinken in kurzer Zeit. Der vermeintliche Honigtopf ist ihnen zum Grab geworden.

Der Stoffwechsel der fleischverdauenden Kannen gleicht dem von Raubtiermägen. Wie dort wird an den Innenwänden der Kanne von bis zu 6000 Drüsen pro Quadratzentimeter ein Enzym abgesondert, das tierisches Eiweiß aufzuspalten vermag. Dieses Enzym aus der Gruppe der *Endopeptidasen* verwandelt die Nahrung zunächst in einen Stoff, den die Biochemiker als Peptid bezeichnen. Er kann von der Pflanze allerdings nicht direkt aufgenommen und verarbeitet werden. Sie braucht Hilfe: Am Grunde der Kanne leben Bakterien, die das Enzym *Aminopeptidase* in die Verdauungsflüssigkeit abgeben. Dadurch werden die Peptide zu Aminosäuren zerlegt. Sie erst werden von den gleichen Drüsen der Pflanze absorbiert, die die Verdauungsflüssigkeit absondern. Ein anderes Enzym zerlegt das äußerst widerstandsfähige Baumaterial der Insektenpanzer, das Chitin. Selbst Benzoesäure wurde in der Verdauungsflüssigkeit nachgewiesen. Es verhindert, daß die Nährstoffe verrotten, bevor sie langsam verdaut sind.

Es gibt aber auch kleine Tiere, die sich darauf spezialisiert haben, den Kannenpflanzen ihre Beute wegzufangen. Verschiedene Arten von Spinnen verstehen es, im Inneren der Kannen über dem Pegel der Verdauungsflüssigkeit ein Netz zu bauen, um die herabstürzenden Insekten abzufangen. Die Spinnen können sich bei Gefahr sogar in die Flüssigkeit retten, von der ihre Körper sonderbarerweise nicht angegriffen werden.

Die Larven einer Fliegenart bohren sich in die Kannen hinein und mästen sich unbehelligt an den verwesenden Insektenteilen. Und für den Nachwuchs eines winzigen Schmetterlings ist die tödliche Falle sogar zum sichersten Ort der Welt geworden. Der Falter heftet seine Eier an die Innenwände der Kanne. Die ausgeschlüpften Larven weben ein Netz quer durch die Kanne, so daß sie nicht in die Verdauungsflüssigkeit fallen können. Dann fressen sie sich durch die Wände der Pflanze ringsum, bis ihre Kinderstube völlig aufgezehrt ist.

Botanisch gesehen sind die Kannenpflanzen ganz normale Gewächse, die im Boden wurzeln, an Bäumen emporranken und über die Photosynthese

Pflanzenmasse produzieren. An besonders unfruchtbaren Standorten jedoch wie etwa dem Sandsteinplateau von Bako, wo die Wurzeln mit wenig Erfolg nach Nährstoffen suchen, verlängern sich die mittleren Blattrippen über die Blätter hinaus, schwellen an ihren Enden an und bilden die kannenförmigen „Mägen" aus. Die meisten *Nepenthes*-Arten entwickeln zwei verschiedene Kannentypen. Im unteren Bereich der Pflanze haben sie die Form dickbäuchiger Krüge und liegen dem Boden auf, während die oberen frei herabhängen und meist wie schlanke Vasen geformt sind. Aus den gefangenen Tieren – auf dem Bakoplateau vorwiegend Ameisen – beziehen die fleischfressenden Pflanzen Nitratverbindungen, Phosphor und Stickstoff.

Hinter der raffinierten Verwandlungsfähigkeit der Kannenpflanzen verbergen sich komplexe, noch wenig erforschte genetische Steuerungsvorgänge, zu deren Erschaffung die Naturgesetze der Evolution sicherlich viele Millionen Jahre gebraucht haben. Das Hauptverbreitungsgebiet der Kannenpflanzen liegt in Südostasien. Von den 71 bekannten Arten kommen 30 allein auf Borneo vor. Vielleicht liegt hier deshalb auch der Ausgangspunkt ihrer evolutionären Entwicklung, die sie dann auf die anderen Inseln des malaiischen Archipels und bis nach Indochina verbreitet hat. Jeweils nur eine Art gelangte im Osten bis Neu-Kaledonien, im Süden bis zur York-Halbinsel Australiens, im Westen bis Madagaskar, nach den Seychellen und Ceylon und im Norden bis Nordostindien.

Das Mekka für die auf Kannenpflanzen spezialisierten Botaniker ist ein wild zerklüftetes Bergmassiv im Norden Borneos. An den Flanken des 4175 Meter hohen Mt. Kinabalu wurden bis heute zehn verschiedene *Nepenthes*-Arten entdeckt. Weitere werden im noch wenig erforschten Norden der Gebirgswildnis, in unzugänglichen, bis zu 1500 Meter tiefen Schluchten vermutet.

Ich habe den höchsten Berg Borneos, der von der malaysischen Regierung wegen seiner vielfach einzigartigen

Nur in aller Morgenfrühe geben die Wolken den Blick auf den Mt. Kinabalu frei, eine 4175 Meter hohe Granitbeule im Norden Borneos, von Botanikern auch „Berg der fleischfressenden Pflanzen" genannt

Tier- und Pflanzenwelt unter Naturschutz gestellt wurde, auf der Suche nach Kannenpflanzen mehrmals bestiegen.

Früh am Tag bin ich von einer 1500 Meter hoch gelegenen Berghütte aus aufgebrochen. Wie an fast jedem Morgen, ist die Luft kristallklar, und die Zacken und Grate des Gipfels, wie die Zinnen einer gewaltigen Burg aufragend, scheinen zum Greifen nah. In Wirklichkeit sind sie zwei harte, beschwerliche Marsch- und Klettertage weit entfernt.

Auf den ersten Blick erweckt der Mt. Kinabalu den Eindruck, als sei er der uralte, abgewitterte Kern der Urwaldinsel. Tatsächlich trifft aber das Gegenteil zu. Das Bergmassiv ist ein verhältnismäßig neuer Bestandteil der Landschaft, jünger, nicht älter als die Berge rundherum. Es ist die Kuppe einer gewaltigen, im Inneren zähplastischen Granitblase, die langsam – mit einer Geschwindigkeit von etwa 5 Millimetern pro Jahr – aus großen Erdtiefen aufsteigt und sich dabei ausdehnt, ihren Weg durch alte Sandstein- und Schiefertonschichten nach oben bahnt und sie so sprengt und beiseiteschiebt, wie ein Trieb einer Knolle zu Frühjahrsbeginn den noch harten Boden durchbricht.

Steil wie eine Leiter führt der Pfad durch dichten, tropischen Regenwald empor, wie es scheint, direkt in die Wolken, die sich bereits zwei Stunden nach Sonnenaufgang um den Berg gebildet haben. Die feuchten, glitschigen Stufen der Leiter sind die Wurzeln der Urwaldbäume. Von einem schmalen Berggrat beobachte ich, wie Nebelfetzen in den bodenlos erscheinenden grünen Abgründen der Schluchten scheinbar aus dem Nichts entstehen, sich rasch vergrößern und zu mir emporwallen. Mit jedem Meter, den ich aufsteige, sinkt die Temperatur. Es ist ein Genuß, dem Treibhausklima des Tieflandwaldes zu entsteigen. Die Nebelfetzen, die durch den Wald wehen, lassen eine matte Sonnenscheibe nur noch sekundenweise erkennen, und bald ist der ganze Berg in quellende Wolkenmassen gehüllt.

Die Welt um mich herum, die Farben, die Geräusche und die Vegetation, hat sich völlig verändert. Die Stämme und Äste der Bäume sind in dicke Moospolster eingepackt, die vor Nässe triefen und in einem irisierenden Grün leuchten. In den Moosen wurzeln unzählige Farne und Orchideen. Im Unterbau des Waldes erheben sich riesige Farne auf baumdicken Stengeln meterhoch empor. Alle Geräusche werden von der dichten Vegetation wie von einem Schwamm aufgesogen; es herrscht die gespenstische Stille einer Unterwasserwelt. Zum erstenmal friert mich in den Tropen.

Erst nach einer ganzen Weile der Übung entdecke ich in dem Gewirr pflanzlicher Formen und Farben die ersten Kannenpflanzen. Und dann sehe ich sie überall: die farbenprächtigen, hängenden Kannen der *Nepenthes fusca*, deren Form an die eines Füllhorns erinnert, daneben die *Nepenthes entaculata*, deren kleine, schlanke Kannen dicht beieinander Polster auf dem moosbedeckten Boden bilden. Und dann finde ich auch die wohl schönste Art: *Nepenthes lowii* – benannt nach ihrem Entdecker, dem britischen Naturwissenschaftler Sir Hugh Low, der den Kinabalu 1851 als erster Mensch bestieg. Ein ganzer Baum hängt voll von ihren 20 Zentimeter großen, vasenförmigen Kannen. Einige haben sich unter der Last ihrer Verdauungsflüssigkeit mitsamt dem Blatt von der Rankenpflanze gelöst und sind herabgefallen. Sie liegen offensichtlich schon lange dort, aber sie sind völlig frisch geblieben. Auch ohne Wurzeln können sie überleben. Blatt und „Magen" stel-

Die 20 Zentimeter großen Fangtrichter der fleischfressenden *Nepenthes lowii* tragen ein Nektarblatt, das Insekten in die tödliche Falle locken soll. Eine Vegetationsstufe höher, bei mehr als 3000 Metern, bilden Rhododendren, zusammen mit Leptospermen und knorrigen Eiben,die Baumgrenze am Mt. Kinabalu

len einen autarken, funktionsfähigen Organismus dar.

Der Nebel wird immer dichter. Er schlägt sich in schweren Tropfen auf den Pflanzen nieder, und bald regnet es in Strömen. Über 2000 Metern Höhe ändert sich die Vegetation abermals. Zuerst bemerke ich nur einzelne, baumhohe Rhododendronbüsche, deren lachsrote oder weiße Blütenpolster leuchtende Lichtoasen in dem düsteren Bergnebelwald bilden. Dann, in 2500 Metern Höhe, lösen sie zusammen mit kleinblättrigen Leptospermen und knorrigen Blatteiben die vielen Baumarten des Tieflandwaldes endgültig ab. Ganz im Gegensatz zum uniform erscheinenden Tropenwald tief unter mir, zeigt hier jedes einzelne Exemplar der wenigen Arten eine individuelle Form, durch rauhes Klima und exponierten Standort geprägt. Jedes der bizarren Gewächse könnte das Vorbild für eine Bonsai-Zucht abgeben.

Damit die Verdauungsflüssigkeit im Inneren ihrer Fangkanne durch den häufigen und heftigen Regen nicht verwässert, hat die *Nepenthes villosa* eigens einen Deckel entwickelt

In den Ästen der Rhododendren und Eiben lasten ganze Vorhänge der *Nepenthes villosa*. Ihre dickbauchigen Kannen leuchten rosarot, und ihre lamellenartigen Ränder strahlen in einem für Insekten verführerischen Gelb. Je höher hinauf ich in die Dauerregenzone des Berges steige, desto häufiger werden die Kannenpflanzen. In 3000 Metern Höhe gibt es dann zwar nur noch diese Art, aber ihre Bodenkannen liegen stellenweise so dicht auf dem Grund, daß es fast unmöglich ist, sie nicht zu zertreten.

Diese Besonderheit hat ihren guten Grund. 6000 bis 7000 Millimeter Regen im Jahr waschen fast ständig alle Nährstoffe, die aus Gesteinsverwitterung und Pflanzenzersetzung anfallen, vom Berg hinunter. Pflanzen, die nicht wie Bäume tief in Gesteinsspalten wurzeln können, müssen versuchen, sich die fehlende Nahrung durch den Fang von Insekten zu verschaffen.

Oberhalb von etwa 3400 Metern türmt sich dann silbergrauer, blanker Granit, gebuckelt wie der Rücken eines Wals, weiß gestreift von Wasserfällen, die breit an den steilen Flanken hinabstürzen. Ich muß aufpassen, nicht hinuntergespült zu werden. Vor dem gleichen Problem stehen die Pflanzen. Nur noch in Spalten und Klüften gelingt es einzelnen knorrigen Bäumen und Büschen, sich an den Berg zu krallen.

Das kalte, nasse Gipfelplateau ist von den Gletschern der letzten großen Eiszeit fast blankgehobelt. Dort vegetieren nur noch einige wenige kleinwüchsige Gräser und Blumen zwischen Granitschutt. Viele Arten stammen aus einer fernen Klimazone im Süden, und die Botaniker haben keine rechte Vorstellung, wie sie auf diesen Gipfel eines geologisch so jungen Berges gelangt sein konnten.

Eine legendäre *Nepenthes*-Art – die riesige *rajah*, die nur am Mt. Kinabalu vorkommt – finde ich leider nicht. Ihre Standorte an Wasserfällen in steilwandigen, tiefen Schluchten sind mir unzugänglich. Die Kanne von *Nepenthes rajah* kann bei einem Durchmesser von 18 Zentimetern bis zu 35 Zentimeter lang

werden und mehr als einen Liter Verdauungsflüssigkeit enthalten. In ihr wurden schon die Reste von kleinen Säugetieren und jungen Vögeln gefunden, die den Todesteich wohl mit einer Tränke verwechselt hatten. Aber die *Nepenthes rajah* ist ein Zwerg, verglichen mit den fleischfressenden Pflanzen, die von der Phantasie der Abenteuerreisenden des 19. Jahrhunderts entworfen wurden und denen man nachsagte, ganze Expeditionen seien ihnen zum Opfer gefallen.

Die Epiphyten, die mit Ameisen eine Lebensgemeinschaft bilden, und die fleischverdauenden Kannenpflanzen existieren mit Hilfe eines kurzgeschlossenen, effektiven Nahrungskreislaufs, der sich weitgehend von einem unfruchtbaren Untergrund unabhängig gemacht hat. Er funktioniert oberirdisch. Beide Beispiele sind modellhaft für den Nährstoffkreislauf des gesamten tropischen Regenwaldes, der ähnlich angelegt ist. Die Produktionskraft tropischer Regenwälder wird sinnfällig sichtbar in ihren extrem hohen und massiven Bäumen, in der Mehrschichtigkeit der Kronenstockwerke sowie in der Auffüllung aller Zwischenräume durch Zehntausende verschiedener Epiphyten und Kletterpflanzen. Daß die Produktion von Biomasse in tropischen Urwäldern tatsächlich wesentlich größer ist als in außertropischen Waldregionen, konnten Wissenschaftler durch Untersuchungen zweifelsfrei belegen. Danach beträgt die jährliche Bruttoproduktion an Biomasse pro Hektar im tropischen Regenwald 32,5 Tonnen, im subtropischen Feuchtwald 24,5 Tonnen, in den mitteleuropäischen Laubwäldern nur noch 13 und im borealen Nadelwald lediglich 7 Tonnen. Demnach ist die Produktionskraft natürlicher Wälder in den Tropen also durchschnittlich zweieinhalbmal größer als in außertropischen Regionen.

Aus diesen Beobachtungen wurde noch bis vor kurzem gefolgert, daß die produktionsstärkste Lebensgemeinschaft unserer Erde, der tropische Regenwald, in einem schier unerschöpflich fruchtbaren Boden wurzeln müsse.

Aber wie war dann die ebenso eindeutige Produktionsschwäche in Kulturen von Nahrungspflanzen zu erklären, die man anstelle gerodeten Tropenwaldes anbaute?

Eine Antwort fanden die Wissenschaftler, als sie die Nährstoffversorgung der Tropenwälder unter die Lupe nahmen. Generell läßt sich sagen: Tropenböden sind infolge rund hundertfach schnellerer chemischer Verwitterung – verglichen mit den Böden gemäßigter Klimazonen – und durch starke Regenfälle ausgewaschen und verarmt. Aber wie alle grünen Pflanzen, benötigen die Urwaldbäume für ihre Ernährung ja nicht nur Kohlenhydrate, die sie aus Wasser und Kohlendioxid durch Photosynthese herstellen, sondern auch eine ganze Reihe von Mineralsalzen, insgesamt mehr als zwanzig Elemente. Eines davon ist Phosphor. Er wird in geringen Mengen im Boden durch die Verwitterung von Gestein freigesetzt. In der Pflanze wird er unter anderem für den Aufbau der Nukleinsäuren und der Energieträgermoleküle benötigt. Kalium ist ein weiteres bei Gesteinsverwitterung frei werdendes Element, das die Pflanzen in großen Mengen für das Wachstum und seine enzymatischen Vorgänge brauchen. Und zu den wichtigsten Elementen zählt der Stickstoff. Elementar ist er zwar reichlich in der Luft vorhanden; er kann aber in diesem Zustand von den meisten Pflanzen nicht verarbeitet werden. In aufnehmbarer Form kommt er im Boden meist viel zu wenig vor.

Wie also werden die Urwaldpflanzen mit diesen Mängeln fertig? Viele von ihnen haben sich eine weitere Quelle für Mineralsalze und vor allem für Stickstoff erschlossen. Die Rinde und viele Blätter der meisten Urwaldbäume sind von weißen Flechten besiedelt. Unter dem Mikroskop erkennt man, daß sie aus zwei völlig unterschiedlichen Pflanzentypen bestehen, die sich zu einer Lebensgemeinschaft zusammengeschlossen haben: runde, grüne Algen, die Photosynthese betreiben, sowie fadenförmige Pilze, die Mineralsalze und Luftstickstoff binden. Zu-

Aus Lehm und Speichel haben Termiten ihren meterhohen Bau errichtet, in dessen Zentrum die riesige Königin Nachwuchs produziert. Ein pilzförmiges Dach leitet das Übermaß an Regen ab

sammen mit dem herabfallenden Laub der Bäume gelangen die Flechten und damit ihre Nährstoffe auf den Waldboden zu den Wurzeln der Pflanzen.

Die Flechte gibt schon im Kleinen eine modellhafte Vorstellung davon, daß der Tropenwald nur durch Lebensgemeinschaften existieren kann. Wie bei den Flechten spielen im Tropenwald neben Bakterien hauptsächlich Pilze eine Rolle. Sie ernähren sich ja nicht wie die grünen Pflanzen durch Photosynthese, sondern durch den Abbau toter organischer Materie. Dabei setzen sie Mineralsalze frei, die anschließend, gelöst im Wasser, von den Wurzeln der Urwaldpflanzen aufgenommen werden.

Pilze sind im Tropenwald in ungeheurer Vielfalt allgegenwärtig. Ihre charakteristischen schirmförmigen Fruchtkörper über der Erde lassen die Masse der eigentlichen feinen, hauptsächlich unterirdischen Pilzfäden nur ahnen. Viele Pilze bilden sogar eine Lebensgemeinschaft auch mit höher entwickelten Pflanzen. *Mycorrhizae* heißen die Pilze, die sich als Geflecht, Mäntel oder Anhäufungen rund um die Baumwurzeln legen und zum Teil auch darin eindringen. Sie werden vom Baum mit Assimilaten aus der Photosynthese beliefert. Als Gegenleistung helfen sie bei der Versorgung der Baumwurzeln mit lebenswichtigen Mineralsalzen. Manche *Mycorrhizae* verwandeln Mineralverbindungen, die sonst den Pflanzen nicht zugänglich sind, in solche, die von den Wurzeln aufgenommen werden können. Das trifft vor allem für Phosphorverbindungen zu, an denen es ohnehin in den meisten tropischen Waldböden mangelt. Hauptsächlich aber wirken die Wurzelpilze als eine Art Falle für Nährstoff.

Als Wissenschaftler im Labor von Wurzelpilzen durchsetzter Erde radioaktiv markierte Nährelemente zuführten, konnten sie deren Weg auf dem Röntgenschirm verfolgen. In kurzer Zeit wurden die Nährelemente von der Pilzmasse aufgenommen, verarbeitet und an die Baumwurzeln abgegeben.

Was an nährstoffreichen Abfällen des Waldes nicht von Bakterien oder Pilzen bewältigt und aufbereitet wird, übernehmen zahlreiche niedere Tiere, hauptsächlich Asseln, Würmer, Hundert- und Tausendfüßler, die auf dem Boden in der dünnen Laubschicht leben. Die Exkremente dieser Lebewesen, die sich von dem abgeworfenen Pflanzenmaterial ernähren, sind reich an Mineralsalzen, hauptsächlich Phosphor und Stickstoff.

Eine bedeutende Rolle innerhalb der Lebensgemeinschaft des Tropenwaldes spielen Termiten und Ameisen. Durch ihre Sammel- und Erntetätigkeit, durch Aufbereitung von totem Holz und abgefallenem Blattwerk verkürzen und beschleunigen sie die Nährstoffumsetzung des Waldes wesentlich.

Das ausgeprägte und differenzierte staatenbildende Sozialleben der Termiten weist darauf hin, daß diese Tiergruppe mit ihren vielen Arten eine sehr lange Entwicklung absolviert hat. Wahrscheinlich existieren Termiten schon so lange, wie die Ursprünge der tropischen Urwälder zurückreichen: mehr als 200 Millionen Jahre. Aus einem einzigen Staat können bis zu einer Million Tiere ausschwärmen, um Pflanzenmaterial in ihre oft riesigen Erdbauten zu schleppen. Eine Art auf Borneo bevorzugt dabei Blattflechten, die Luftstickstoff binden und deshalb besonders nährstoffreich sind.

Einige südamerikanische Termiten ernähren sich auf ganz besondere Weise. Sie bauen zwischen den Wurzeln von Bäumen riesige unterirdische Nester aus durchgekautem Pflanzenmaterial und Exkrementen. Auf der Suche nach Nahrung durchdringt eine Vielzahl feiner Baumwurzeln diese humosen Nester. Die Termiten beißen die Spitzen der Wurzeln an, wodurch diese blumenkohlähnliche Wucherungen ausbilden, von denen sich die Termiten ernähren. Wie eng diese wahrscheinliche Lebensgemeinschaft zwischen Bäumen und Insekten verknüpft ist, zeigt sich, wenn die Termiten ausziehen. Die Wurzeln verkümmern.

Zu den auffallendsten und häufigsten Insekten der Tropenwälder gehören die nach ihrer bevorzugten Tätigkeit benannten Blattschneiderameisen. Oft habe ich fasziniert zugesehen, wie Heerscharen von großen Arbeitern, bewacht von wehrhaften Soldaten, mit ihren messerscharfen Kieferzangen frische, grüne Blätter zerschneiden und so in kurzer Zeit einen Busch oder Baum entlauben. Die herausgeschnittenen Blattstücke tragen sie wie aufgestellte Segel zu ihrem unterirdischen Bau. Oft sitzen obendrauf noch Artgenossen einer besonderen, kleinen Arbeiterkaste. Sie wehren parasitäre Fliegen ab, die ihre Eier im Nacken der großen Arbeiter abzulegen versuchen. Wenn die Maden geschlüpft sind, bohren sie sich in die Ameisen hinein und fressen sie von innen zu Tode.

Im Bau zerkauen die Arbeiter der Blattschneider ihre Ernte zu einem Brei, auf dem sie Pilzkulturen züchten. Für deren Wachstum ist ein ganz bestimmtes Enzym erforderlich, das die Ameisen mit Darmsekreten ausscheiden. Wenn die Pilzfäden gedeihen, werden sie von den Ameisen ständig beschnitten. Dadurch bilden die Fäden saftige, nährstoffreiche Knollen aus, von denen die Ameisen leben.

Jede Kolonie der Blattschneiderameisen, die bis zu zwei Millionen Tiere beherbergen kann, wird von einem einzigen Tier gegründet, von der Königin. Nach ihrem Paarungsflug wirft sie ihre Flügel ab und gräbt eine neue Nestkammer. In einer speziellen Mundtasche hat sie ein Stück des lebenswichtigen Pilzes mitgebracht, das sie mit ihren Darmsekreten zum Wachstum anregt. Erst dann beginnt sie mit der Eiablage.

Ob die Bäume über ihre Wurzeln in einer ausgewogenen Lebensgemeinschaft mit den Blattschneiderameisen leben, ob die Vorteile der stickstoffbindenden Pilzzucht oder die Nachteile der Blatternte für sie überwiegen, ist nicht eindeutig geklärt.

Blattschneiderameisen verrichten ihr Werk. Die herausgefrästen Blattsegmente werden als Grundlage für Pilzkulturen in den Bau getragen. Dabei sitzen Angehörige einer eigenen kleinwüchsigen Kaste auf, um die Transporteure vor parasitären Fliegen zu schützen

Im tropischen Regenwald funktioniert die Produktion der Biomasse also durch vielfältig miteinander verwobene Lebensgemeinschaften, gefördert durch ein immer feuchtes, immer warmes Klima in einem direkten, kurzgeschlossenen Kreislauf von Nährstoffen. Im Laufe der Entwicklung hat sich dieser Kreislauf immer weiter nach oben verlagert – Folge des Konkurrenzkampfes um Nährstoffe und Licht.

Sichtbare Bestätigung dafür sind die Wurzelstrukturen im Tropenwald. Im Regenwald Westafrikas etwa befinden sich 80 Prozent der gesamten Wurzelmasse in den obersten 30 Zentimetern des Bodens; in Amazonien sind mehr als 70 Prozent der Feinwurzeln bis in eine Tiefe von 45 Zentimetern konzentriert. Selbst ihre Standwurzeln haben viele Urwaldbäume weitgehend über die Erde verlegt. Durch diese für die Riesen unter den Urwaldbäumen charakteristischen Brettwurzeln werden wohl höchstmögliche Standfestigkeit und extrem flacher Wurzelteller am besten miteinander kombiniert.

Zahlreiche Baumarten warten gar nicht erst, bis die Laubstreu von den verschiedensten Lebewesen aufbereitet und die Nährstoffe in den Boden vorgedrungen sind. Von ihren Wurzeln wachsen dünne, tentakelartige Tastwurzeln an die Erdoberfläche empor. Damit saugen die Bäume beispielsweise Stickstoffverbindungen aus dem herabgefallenen Abfall heraus. Über dem Wurzelbereich wieder anderer Baumarten ragen büschelförmige, besenartige Wurzeln aus dem Boden. Sie filtern Nährstoffe, die von den Ästen und Stämmen der Bäume, aus Epiphyten, Exkrementen, Laubansammlungen und Flechten durch den Regen herausgewaschen werden, aus dem Wasser heraus, noch bevor sie in den Boden eindringen. Das wohl eindrucksvollste Beispiel für den kurzgeschlossenen Nährstoffkreislauf des Regenwaldes sind die erst kürzlich entdeckten Wurzeln, die hoch oben aus den Ästen der Baumkronen sprießen und in den Epiphytenteppichen nach Nährstoffen suchen.

Die gesamte Architektur der Tropenwälder ist auf bestmöglichen Nährstoffumsatz angelegt. Der Aufbau in mehreren Stockwerken, starker Bewuchs mit Epiphyten, oft dichter Flechten- und Moosbewuchs der Stämme und Äste sowie Konzentration der Wurzelmasse nahe oder gar über dem Boden, schließlich die Nährstoff-Falle der Mycorrhizae wirken zusammen, um allen Abfall wiederaufzubereiten, die freigesetzten Nährstoffe aufzufangen und schnellstmöglich wieder für die Produktion der Biomasse einzusetzen. Der gesamte Wald ist wie ein Filtersystem aufgebaut. Fast nichts geht verloren.

Wie effektiv das Recycling-Verfahren des Tropenwaldes arbeitet, sehe ich im Inneren des brasilianischen Urwaldes in der Nähe von Manaus am Rio Negro. Kurz nach dem Beginn der Regenzeit schließe ich mich einem Trupp von Wissenschaftlern an, die ihre tief im Wald liegenden Wassermeßstationen kontrollieren wollen. Die Meßvorrichtungen bestehen aus Gefäßen, die über der Erde Regenwasser und Abtropfwasser der Äste und Blätter auffangen, sowie aus Röhren, die unterschiedlich tief in den Boden hinabreichen. Oben sind sie mit einem Gummipfropfen verschlossen. Mit einer kleinen Pumpe werden aus beiden Systemen Wasserproben entnommen. Ihre chemische Analyse fällt verblüffend aus. Während die Proben aus den oberirdischen Gefäßen mit mineralischen und organischen Nährstoffen fast gesättigt sind und einer bierähnlichen Brühe gleichen, sind die, die nur zwanzig Zentimeter tief aus den Röhren im Boden entnommen wurden, chemisch reiner als Regenwasser – so klar wie destilliertes Wasser. Was kann die Wirksamkeit des Wurzelfilters eindrucksvoller beweisen?

Entsprechend „rein" sind die Flüsse vieler Tieflandwälder. Ihr Wasser hat den Wurzelfilter der Urwaldbäume passiert und enthält fast keine Nährstoffe mehr. Als Wissenschaftler die Fließgewässer im Einzugsgebiet des Rio Negro untersuchten, stellten sie fest, daß selbst noch der Nährstoffgehalt des Regens, bevor er den Wald passiert hat, jenen der Gewässer weit übertrifft. Da wundert es nicht, daß in derart nährstoffarmen Flüssen kaum Pflanzen und noch weniger Tiere zu existieren vermögen. Gewiß, es gibt Ausnahmen; darüber soll in einem eigenen Kapitel berichtet werden.

Der kurzgeschlossene Nährstoffkreislauf des Tropenwaldes, der teilweise schon oberirdisch erfolgt, ist in vielen Millionen Jahren entstanden. Währenddessen hat der Urwald dem Boden alle Nährstoffe entzogen und sich einverleibt. Einen Nährstoffspeicher in Form einer tiefgründigen Humusschicht – etwa wie in den mitteleuropäischen Wäldern – gibt es schon lange nicht mehr. Die fruchtbarste und produktionsstärkste Lebensgemeinschaft steht heute vielerorts buchstäblich auf nichts als unfruchtbarem Sand.

Das fast geschlossene System des unberührten Tropenwaldes erleidet naturgemäß auch einmal kleine Leckagen, die zu Nährstoffverlusten führen. Ein abgestorbener Baum etwa stürzt in einen Fluß und wird ins Meer geschwemmt; oder – wenn auch ein seltenes Naturereignis im immerfeuchten Wald – ein Brand vernichtet Biomasse. Im ersten Fall ist das Holz für das Recycling des Waldes total verloren. Im zweiten Fall entweicht der wertvolle Stickstoff größtenteils in die Luft, und nährstoffhaltige Flugasche wird vom Wind fortgetragen. Offensichtlich aber vermag das System diese natürlichen Verluste gering zu halten und mit neuen Nährstoffen auszugleichen. Einige davon stammen noch von verwitternden Mineralien tieferer Bodenbereiche. Der größte Ausgleich kommt aber aus der Luft.

Durch die Entladung von Gewittern kommt es in der Atmosphäre zu einer chemischen Reaktion, die eine für Pflanzen aufnehmbare Stickstoffverbindung aus der Luft freisetzt. Sie regnet ab und düngt den Wald. Das vorhandene Gleichgewicht zwischen Verlusten und Nachschub muß umso stabiler sein, je kürzer und schneller sich der Nährstoffkreislauf vollzieht, also je sicherer der Nachschub dem System zugeführt wird. Und dieser Kreislauf muß umso geschlossener bleiben, je vielfältiger der Pflanzenbestand zusammengesetzt ist. Die einzelnen Pflanzen benötigen ja – der Jahreszeit, dem Alter und der Art entsprechend – ihre Nährstoffe jeweils in unterschiedlichen Mengen. Eine immer größere Artenzahl machte eine gesteigerte, bestmögliche Ausnutzung der freigesetzten Nährstoffe möglich. Viele Forscher sehen deshalb in der großen Artenvielfalt des Tropenwaldes eine hochgradige Anpassung an den nährstoffarm gewordenen Boden.

Aber wo liegen hier Ursache und Wirkung? Es könnte so gewesen sein: In dem Maße, in dem der Nährstoffkreislauf des Waldes immer effektiver wurde und sich immer mehr nach oben verlagerte, wurde der Wald in die Differenzierung gezwungen – etwa nach dem Motto „Entwickle dich weiter, oder stirb".

Und eines Tages kamen die Wissenschaftler zu einer spektakulären Erkenntnis: Auch das klimatische Geschehen über großen, zusammenhängenden Urwaldregionen – etwa des Amazonasbeckens – bildet einen fast geschlossenen Kreislauf. 75 Prozent der gesamten Wassermenge befinden sich ständig über dem Wald im Umlauf. Nachdem dieses Wasser von der Oberfläche der Blätter und Gewässer verdunstet ist, bildet es über dem Wald neue Regenwolken und damit auch Gewitter, durch die Luftstickstoff in jener chemischen Reaktion produziert wird. Nur die übrigen 25 Prozent des Wassers werden von Flüssen wieder ins Meer transportiert. Der tropische Regenwald entwickelt also das feuchte Klima, das seinen Nährstoffkreislauf und damit seine Existenz überhaupt erst ermöglicht, in Eigenproduktion. Dieser Wald erhält sich aus sich selbst.

Durch Eingriffe des Menschen jedoch werden neuerdings so große, schwere Lecks in dieses natürliche System der Tropenwälder geschlagen, daß ihrer Lebensgemeinschaft nach mehr als 200 Millionen Jahren Entwicklung und Bestand der Untergang droht.

Überfluß auf kargem Grund

Stahlstich „Erstes Zusammentreffen mit Caripuna-Indianern am Rio Madeira" 186[illegible]

Der Rio Negro kurz vor seinem Zusammenfluß mit dem Rio Solimões zum Amazonas nahe der Stadt Manaus. Das geringe Gefälle führt nach der Regenzeit zum Rückstau der Wassermassen; die Sedimentfracht setzt sich ab. So entstand ein viele Kilometer breites Mäandersystem

Am frühen Morgen, wenn die Luft über dem Amazonasbecken etwas abgekühlt ist, kondensiert die Feuchtigkeit, die Wald und Fluß ausgeschwitzt haben, zu Nebelbänken. Sie heben sich mit den ersten Sonnenstrahlen

Wenn die Fluten des Amazonas während der Regenzeit steigen, werden die Wälder zu beiden Seiten des Flusses bis zu hundert Kilometer weit überschwemmt und von fruchtbarem Schlamm gedüngt. So entstand hier ein besonders üppiger Lebensraum

Grellweiß läßt das Licht der Abendsonne eine Sandbank im Rio Negro aufleuchten. Ihr überfluteter Teil erscheint rötlich – eine Färbung, die von winzigen Mengen Humussäure im Wasser verursacht wird

Wolken von Schmetterlingen fliegen über einem Nebenfluß des Amazonas in Kolumbien. Jetzt, nach dem Ende der Regenzeit, suchen sie nach Sandbänken, auf denen sich nahrhafte mineralische Stoffe abgelagert haben

Der schneeweiße Sandstrand des Rio Negro wirkt paradiesisch, doch die Idylle täuscht: Das Wurzelwerk des Regenwaldes hat alle Nährstoffe aus dem Boden aufgesogen. Er gibt weniger her als Sand in einer Wüste. Was von den Niederschlägen der Regenzeit noch in den Fluß gelangt, ist so rein wie destilliertes Wasser

Obwohl es noch früh am Morgen ist, dampfen die kopfsteingepflasterten Straßen von Manaus vor Wärme und Feuchtigkeit. Schon nach kurzem Weg bin ich schweißnaß und merke, daß ich mich in diesem Treibhausklima viel zu schnell bewege. Ich zwinge mich, es den Einheimischen gleichzutun: ruhig und gelassen zu sein.

Die Straße, durch die ich an den Fluß hinuntergehe, hätte ebensogut in Lissabon oder Porto liegen können. Längst hat der Regen die Barockfassaden der Häuser grau gewaschen, und von den gußeisern verschnörkelten Balkonen fließt der Rost herab. Letzte Flecken gelber Farbe und bröckelnder Stuck zeugen von vergangenem Reichtum. Seit das Kautschukmonopol Brasiliens im Jahre 1912 gebrochen wurde, verrotten die mächtigen Villen der Gummibarone von einst. Sie liegen mitten in der Stadt, und doch scheint sie der Tropenwald zurückzuerobern. Aus dem Munde einer prallen Putte sprießen lange Blütenrispen, die einen dumpfen, betäubenden Geruch verströmen. Der hohe Schornstein einer längst stillgelegten Kautschukkocherei ist völlig von Schlinggewächsen umhüllt.

Niemand versucht die Relikte einer prachtvollen Vergangenheit vor dem Zugriff der Zeit und des unerbittlichen Klimas zu retten. Die Stadt hat die Gummi-Epoche vergessen, die wenigen millionenfachen Reichtum, Hunderttausenden aber knapp die Zinsen ihrer Schuldknechtschaft brachte wie einen Makel. Nun gibt sie sich einem neuen Boom hin: der Industrialisierung. Noch 1968 hatte Manaus nur knapp 200 000 Einwohner. Als dann die Enkel und Urenkel der Gummisammler den modernen Verheißungen folgten und in die Stadt strömten, wurden es schnell eine Million und mehr. Die genaue Zahl kennt niemand. Mit geschätzten zwölf Prozent jährlicher Zuwachsrate weitet sich Manaus unter den Großstädten Brasiliens am schnellsten aus.

Als ich am Fluß ankomme, ist mir, als träte ich an das Ufer eines warmen, stillen Meeres. Oberhalb von Manaus weitet sich der Rio Negro bis auf acht Kilometer Breite, so daß das andere Ufer sich dem Blick entzieht. Zu sehen sind nur einige Inseln im Strom. Hier, inmitten des südamerikanischen Kontinents, 1500 Kilometer vom Atlantischen Ozean entfernt, herrschen so marine Verhältnisse. Große Ozeanschiffe ankern vor der Binnenküste. Eine Flottille von Fischkuttern fährt auf den Fluß hinaus, um eine oftmals wochenlange Fangreise anzutreten. Ein Leuchtturm hoch oben auf dem steilen Flußufer weist ihnen des nachts den Weg zurück in den Heimathafen.

Außer einer schwimmenden Pieranlage, an der die großen Frachtschiffe ihre Ladung löschen und für die Rückreise mit Holz, Jutefasern, Palmöl, Maniok und Nüssen beladen werden,

ist das gesamte Flußufer vor Manaus Hafen und Markt zugleich. Das Ufer säumen Hunderte oft abenteuerlich anmutende Holzbarkassen, die die Stadt mit den Siedlungen flußauf und flußab verbinden. Viele von ihnen sind immerhin so groß und stabil, daß ich ihnen die tagelangen Reisen zutraue. Mit lauter Sambamusik, die aus großen, rostigen Lautsprechern krächzt, versuchen die Kapitäne die Gunst der Passagiere für ihr Schiff zu erlangen. In offenen Kähnen bieten Händler Obst, Gemüse und eine Vielzahl prächtiger, oft bizarrer Fische feil. Dazwischen baden Kinder, Frauen waschen ihre Wäsche. Über allem liegt eine Wolke dumpfen, süßlichsäuerlichen Gestanks von faulenden Früchten und Fischabfällen im Wasser. Große, schwarze Rabengeier streiten um den Kadaver einer Katze. Wenn sich ihnen jemand nähert, hüpfen sie allenfalls ein Stück zur Seite, um sofort danach zu ihrem Mahl zurückzukehren.

Eine düstere, dicke Wolkenschicht lastet tief und schwer über dem Fluß. Die Regenzeit hat vor ein paar Wochen eingesetzt, und die Wasser des Rio Negro schwellen unaufhörlich an. Der Fluß wird all den Unrat hier mit sich forttragen und, wie in jedem Jahr, die armseligen, grob auf Flößen zusammengezimmerten gestrandeten Hütten wieder emporheben, wahrscheinlich wie immer um rund 14 Meter.

Die Flußufer gehören in einer Breite von 600 Metern über der Hochwasserlinie dem Staat. Jeder kann zu jeder Zeit hier siedeln und kann zu jeder Zeit von hier vertrieben werden, vom Staat und vom Fluß. Wer keine Floßhütte besitzt,

Der Wasserstand des Rio Solimões schwankt zwischen Regen- und Trockenzeit um 14 Meter. Wer hier leben will, muß seine Hütte auf einem Floß errichten

baut sich seine Kate auf den längsten Stelzen, die sich finden und aufrichten lassen, doch die sind oft nicht lang genug. In manchen Jahren steigt der Fluß auch 16, manchmal 18 Meter; 1953 gar war es eine Rekordhöhe von 29 Metern über dem Niedrigwasserpegel. Dann spült das Wasser die Trümmer der ärmlichen Hütten hinweg und führt sie 16 Kilometer unterhalb der Stadt dem gewaltigen Amazonas zu, der oberhalb seines Zusammenflusses mit dem Rio Negro noch Rio Solimões heißt.

Aber längst meint die Bezeichnung „Amazonas" nicht nur den einen Flußabschnitt, sondern das gesamte riesige Flußsystem, zu dem er gehört. Mit 1100 Nebenflüssen und einem Einzugsgebiet kontinentaler Dimensionen von 7 Millionen Quadratkilometern ist es das gewaltigste der Erde. Allein zwei Nebenflüsse des Hauptstroms, der Rio Negro und der Madeira, führen jeweils ebenso viel Wasser wie der imposante Kongo. Aus der Mündung des Amazonas strömen am Ende der Regenzeit bis zu 310 000 Kubikmeter Wasser in der Sekunde – das entspricht etwa einem Fünftel des gesamten Süßwassers aller Flüsse der Erde – in den Atlantik und drängen das Salzwasser 200 Kilometer weit zurück. Das Flußbett ist so tief, daß große Überseeschiffe 3700 Kilometer weit stromauf, fast durch den ganzen Kontinent hindurch, bis ins peruanische Iquitos fahren können. Die Gesamtlänge schiffbarer Flüsse des ganzen Systems beträgt 80 000 Kilometer. Darüber hinaus besitzt der Amazonas durch den Casiquiare eine natürliche Verbindung mit dem Flußsystem des Orinoko und bei Hochwasser über ein System von Seen und Sümpfen auch mit dem Rio de la Plata. So könnte man auf einer abenteuerlichen Reise den südamerikanischen Kontinent von Nord nach Süd mit dem Boot durchqueren.

Obwohl sich riesige Wassermassen in den Atlantik ergießen, werden noch ungleich gewaltigere Mengen, die ungefähr zwei Dritteln allen auf der Erde vorhandenen Flußwassers entsprechen, im Amazonassystem zurückgehalten. Die Erklärung ist einfach: Auf seiner mehr als 4000 Kilometer langen Wegstrecke außerhalb der Anden durch den tropischen Regenwald hat der Amazonas ein Gefälle von nur knapp einem halben Zentimeter pro Kilometer – die Amazonas-Hauptstadt Manaus inmitten des Kontinents liegt nur 26 Meter über dem Meeresspiegel. Das geringe Gefälle reicht für eine Entwässerung nach hohen Niederschlägen – 1500 bis 3000 Millimeter im Jahr – nicht aus; so läßt jede Regenzeit die Flüsse meist mehr als ein Dutzend Meter ansteigen und den Urwald bis zu hundert Kilometer zu beiden Seiten überfluten. Dann gleicht die ganze Amazonasregion einem riesigen Binnenmeer, für das in Anlehnung an das ausgedehnte pazifische Inselreich Ozeanien der Name „Amazonien" geprägt wurde.

Daß dieses Binnenmeer nicht längst übergelaufen ist, liegt im wesentlichen auch an dem bereits beschriebenen, weitgehend geschlossenen Wasserkreislauf in der Atmosphäre über dem Amazonasbecken. Von der Oberfläche des Binnenmeeres verdunsten ständig gewaltige Wassermengen, steigen mit der Luft empor, fallen als Regen wieder herab und erhalten den Wald am Leben. Im Amazonasbecken regnet es immer irgendwo. Das Wandern der Sonne im Jahreslauf von der nördlichen Hemisphäre über den Äquator in die südliche steuert die Regenzeiten. Der Nordsommer und der Südsommer bringen im Tropengürtel gleichermaßen Regen, weil jeweils während dieser Phase der wirksamsten Einstrahlung der Sonne besonders viel Feuchtigkeit aus Gewässern und Wald emporsteigt. Der Amazonas profitiert von beiden Sommern, weil sein Einzugsgebiet in beide Hemisphären reicht. Nördlich des Äquators fällt der Höhepunkt der Regenzeit in den Juni, südlich von ihm in den Dezember und Januar. Das Steigen und Fallen des Flußsystems, zuerst im Norden, dann im Süden, bewirkt, daß das Wasser in der gesamten Region gleichsam pulsiert wie ein riesiges Herz. So ist es nichts Ungewöhnliches, wenn einzelne Flüsse des Systems ihren

Lauf während vieler Wochen umkehren und in die „falsche" Richtung fließen, sobald der nächstgrößere Fluß, in den sie sonst münden, übermächtig Wasser führt.

Das Amazonasbecken ist derart flach, daß die Gezeiten des Ozeans noch 800 Kilometer landeinwärts wirksam sind. Zweimal im Monat, bei Vollmond und bei Neumond, läuft eine gewaltige, bis zu fünf Meter hohe Flutwelle den Amazonas hoch und dringt selbst tief in die Nebenflüsse Rio Tocantins, Rio Xingú und Rio Jari ein. Die gefährliche Welle, Pororoca genannt, wirft sich auf, weil die bei Mondwechsel besonders hohe Springflut gegen die Strömung des Flusses läuft. Für Stunden zwingt die Kraft des Mondes den ungeheuren Amazonas, sich gegen sich selbst zu kehren.

Als erster Europäer machte Vicente Yañez Pinzón Bekanntschaft mit der legendären Flutwelle. Der Kapitän der „Niña" aus dem Entdeckergeschwader des Kolumbus bemerkte im Jahre 1499, als er sich auf der Suche nach einem Seeweg nach Indien bereits irgendwo vor der chinesischen Küste wähnte, daß das Wasser plötzlich lehmig wurde und nicht mehr salzig schmeckte. Ehe Pinzón die überraschende Situation überblicken konnte, trug eine ungeheure Woge die Karavelle wie ein Stück Treibholz westwärts. Die Besatzung betete für ihr Überleben. Und die Woge verebbte. Pinzón dankte der „Santa Maria da Mer Dulce", der heiligen Maria des Süßwassermeeres, wie die neue Entdeckung zunächst genannt wurde.

Fast ein halbes Jahrhundert später, im Jahre 1541, fielen dann im fernen Equador am Fuße der Anden am Ufer des Rio Napo die ersten Bäume für den Weg der Weißen ins Innere Amazoniens. Auf Befehl des Gonzales Pizarro ließ der spanische Kapitän Francisco de Orellana aus dem Holz ein Schiff bauen, mit dem die Eroberer nach dem sagenumwobenen Goldreich eines Indianerkönigs, El Dorado genannt, suchen wollten. Nach acht Monaten erreichten die Seeleute und Soldaten auf Orellanas Schiff, fiebergeschüttelt und viele dem Tode nahe, die Mündung des Amazonas mit leeren Händen. Als erste Weiße hatten sie den Kontinent auf dem großen Strom von West nach Ost durchquert. Orellana berichtete von Kämpfen gegen Indianerinnen, kriegerisch wie die Amazonen der griechischen Sage. Nie ließ sich jedoch klären, ob seine Truppe wirklich gegen Frauen kämpfte oder nur gegen ungewöhnlich gekleidete und bemalte männliche Krieger.

Die entlegenste Quelle des Amazonas wurde jedoch erst im Jahre 1971 von meinem amerikanischen Freund Loren McIntyre entdeckt. Bis dahin hatte alle Welt geglaubt, daß der Quellfluß des Amazonas der Marañon sei, dessen Ursprung am Lauricocha-See hoch in den Anden am weitesten von der Amazonasmündung entfernt liege. McIntyre glaubte das nicht. Er war davon überzeugt, daß der Rio Apurimac, der in den Rio Ucayali mündet, der entfernteste Wasserlieferant des Amazonas ist. Dort, wo dieser Fluß seinen Anfang nimmt, wollte der Forscher die wahre Quelle des gewaltigsten Stromes der Erde suchen. Mit finanzieller Hilfe der National Geographic Society in Washington brach er zusammen mit dem Geodäten Victor Tupa und dem erfahrenen Bergsteiger Richard Bradshaw im Oktober 1971 zu einer Expedition auf.

Ungefähr dreißig Kilometer von der kleinen peruanischen Stadt Arequipa entfernt hatte Victor Tupa an einem halbkreisförmigen Geröllwall die kontinentale Wasserscheide ausfindig gemacht. Alles, was vom östlichen Innenrand absickert, fließt in den Apurimac. Am Fuße dieses Walls, inmitten einer sumpfigen Wiese, wo sich fünf kleine Bäche zu einem Zufluß des Apurimac vereinigen, schlugen die Forscher ihr Basislager auf. Nun kam es darauf an, den längsten der Bäche bis zu seinem Ursprung zu verfolgen.

McIntyre erzählt darüber: „Am nächsten Tag klettern wir auf den Gipfelkamm des Kontinents. Der Luftdruck ist nur noch halb so hoch wie in Meereshöhe. Während der kommenden Monate wird tiefer Schnee die Spitzen bedecken, doch jetzt, am Ende der Trokkenzeit, stehen bloß windgeformte Eistürme auf dem nackten Fels . . . Ich frage mich, ob es irgendwo auf der Erde noch einmal solch eine Mondlandschaft gibt. Wir überwinden die Gipfelgrate über viele Meilen, um ganz sicherzugehen, keine der möglichen Quellen des Apurimac ausgelassen zu haben. Am 15. Oktober erreichen wir einen eisbedeckten Grat oberhalb des Carhuarsonta, des längsten der fünf Quellbäche. Die Indianer nennen den 5547 Meter hohen Gipfel Choquecorao . . . 300 Meter unterhalb des Grats löschen wir unseren Durst an einem kleinen See. Seine Eisdecke ist von der Mittagssonne geschmolzen. Wir trinken aus der entferntesten Quelle des mächtigen Amazonas! In seiner offiziellen Eigenschaft als Namensgeber nennt Victor den kleinen See nach mir: Laguna McIntyre. Ich bin 6000 Flußkilometer weit vom schwülheißen Belém entfernt und fünf Kilometer hoch darüber – und zittere in der eisigen Kälte, in der der Amazonas geboren wird."

Am Strand von Manaus spült mir lauwarmes Wasser um die Beine, als ich in das bestellte Boot von Antonio da Silva steige. Er ist ein Caboclo, Abkömmling eines Weißen und einer Indianerin. Seine Haut schimmert so kaffeefarben wie das Wasser des Rio Negro. Als entstammten sie alle einer einzigen Familie, nennen sich die meisten Caboclos „da Silva", das heißt: aus dem Wald.

Antonio ist vor ein paar Jahren aus dem Wald, in dem er als Enkel eines Gummisammlers geboren wurde, nach Manaus gezogen, wo er auf eine bessere Existenz hoffte. Bis dahin hatte er mehr schlecht als recht versucht, seine Frau und seine acht Kinder mit den Er-

Hunderte von Quellbächen, die von den Höhen der Anden herabstürzen, speisen das größte Flußsystem der Erde: den Amazonas. Ungehindert schwingen die Wassermassen dann durch die Ebene und bilden so die weiten Mäander

trägen kleiner Pflanzungen im Urwald des Rio Solimões durchzubringen. Es war ein Leben von der Hand in den Mund. Als dann in den siebziger Jahren der Fluß fast jährlich höher stieg und die Fluten bis zur nächsten Regenzeit kaum gewichen waren, mußte Antonio aufgeben. Er hatte gerade noch ein paar Cruzeiros, um seine Floßhütte von den ertrunkenen Feldern nach Manaus schleppen zu lassen. Jetzt verdingt er sich als Flußschiffer.

Antonio lenkt sein langes schmales, von einem Außenbordmotor angetriebenes Boot den Rio Negro aufwärts, der hier die für einen Fluß ungewöhnliche Tiefe von hundert Metern aufweist. Sein Wasser sieht unter den Wolken völlig schwarz aus. Aber die Wolkendecke reißt bald auf und differenziert sich zu riesigen weiß-schwarzen Türmen, die vor dem Wind segeln. Aus ihrer Unterseite sehe ich den Regen in den Wald hinabfallen. An anderen besonnten Stellen schwitzt der Wald das Übermaß an Feuchtigkeit, das er gerade erhalten hat, wieder aus. Wie riesige Lichtsäulen steigen die Dampfmassen empor, um abermals Regenwolken zu bilden. Wenn die Sonnenstrahlen wie Lichtpfeile in das dunkle Wasser dringen, leuchtet es auf wie ein geschliffener Rubin. Weiter unten nimmt es den Ton goldfarbenen Tees und Kaffees an.

Ich beuge mich über den Bootsrand und trinke aus dem hohen Schwall. Das darf ich oberhalb von Manaus ohne jedes Risiko für meine Gesundheit tun, denn sauberer als das Wasser des Rio Negro kann Wasser nicht sein. Der deutsche Forscher Harald Sioli, ehemals Direktor des Max-Planck-Instituts für Limnologie, stellte fest, daß sein Wasser so rein ist wie destilliertes.

Der Rio Negro ist ein „Hungerfluß", dem jegliche Nährstoffe fehlen. Sie werden ihm vom Wald vorenthalten, aus dem der Löwenanteil seines Wassers heraussickert. Nachdem das Regenwasser sich in der Atmosphäre und beim Durchdringen des vielstöckigen Waldes mit vielen mineralischen und organischen Stoffen angereichert und den Boden erreicht hat, entzieht ihm der dichte, lückenlose Wurzelfilter des Waldes fast alle Nährstoffe. Seine dunkle Farbe erhält der Fluß allein von winzigen Mengen Humusstoffen, die das Wasser aus Schichten von Rohhumus abgestorbener Pflanzen herauslaugt. Auch von seinen zahlreichen Nebenflüssen, die vom Bergland von Guayana herabströmen, bekommt der Rio Negro kaum mineralische Nährstoffe.

Die Felsformationen des Guayana-Schildes im Norden und des Brasilianischen Schildes im Süden, die das Amazonasbecken einrahmen, sind Milliarden Jahre alt und bereits so weit eingeebnet, daß Flüsse sie kaum noch weiter abzutragen vermögen. Alles lockere Material wurde bereits vor sehr langer Zeit hinweggespült.

Genauso nährstoffarm sind deshalb auch die meisten der südlichen Zuflüsse des Amazonas, beispielsweise der Rio Tapajós und der Rio Xingú. Im Gegensatz zu den nördlichen Tributaren ist ihr Wasser noch nicht einmal mehr schwarz von Humusstoffen, sondern glasklar. In diesen Flüssen spiegelt sich das Blau des Himmels, und zusammen mit schneeweißen Stränden allerreinsten Sandes und der grünen Kulisse des Waldes dahinter vermittelt sich der Eindruck einer heiter-schönen, paradiesischen Landschaft, deren Untergrund in Wirklichkeit jedoch meist unfruchtbarer als die wüsteste aller Wüsten ist.

Ein eigener Nährstoffkreislauf, der auf pflanzlicher Photosynthese aufbaut, mochte im Rio Negro nicht so recht in Gang kommen. Abgesehen von dem stark sauren Wasser und den fehlenden Mineralstoffen – seine dunkle Färbung absorbiert zu viel von dem für die Planktonproduktion lebenswichtigen Sonnenlicht.

Wie in einen grauen Vorhang fährt das Boot in den Wolkenbruch hinein. In Sekundenschnelle hat mich die lauwarme Dusche bis auf die Haut durchnäßt. Genauso abrupt ist der Schauer auch zu Ende, und hinter uns spannt sich ein gewaltiger Regenbogen über den schwarzen Fluß. Vor mir, über dem

Horizont der Wasserwüste, schweben wie von einer Fata Morgana linsenförmig verzerrt einige Baumgruppen. Als wir näherkommen, zerfließen sie zu Waldinseln inmitten des Stroms. Sie haben sich aus sandigen Ablagerungen des Flusses gebildet, der bis hierher von der stärkeren Strömung des Solimões rückgestaut wird. Es ist ein Labyrinth alter Mäanderwälle, die um diese Jahreszeit in den Fluten versinken; nur die Bäume darauf schauen noch heraus. Die ungeheure Ausdehnung dieser merkwürdigen Inselwelt kann ich erst später aus dem Flugzeug ermessen.

Antonio lenkt sein Boot langsam durch einen Wald, der ohne Sonne im schwarzen Wasser düster und verlassen wirkt. Ich kann nicht einen einzigen Vogel entdecken. Wasserpflanzen gibt es nicht. Verglichen mit den üppigen Wäldern des Amazonasbeckens, wirkt dieser hier kümmerlich. Viele Bäume sehen wie abgestorben aus. Als weiße Skelette stehen sie vor schwarzen Wolkenwänden. Wie Taue, die nicht mehr gebraucht werden, hängen Lianen von den dicken Ästen herab, auf denen gelegentlich noch das frische Grün von Farnen und Bromelien zu sehen ist. Einige der Bäume werden vielleicht eine Wiedergeburt erleben, wenn das Wasser abgezogen ist.

Ich mag in diesem Wald nicht lange bleiben. So bitte ich Antonio, sein Boot den Rio Negro abwärts zu lenken, zum Rio Solimões.

Dieser Fluß ist lehmig ockergelb, befrachtet von mineralischem Schlamm, den Hunderte seiner Zuflüsse aus den Anden herausspülen. Lange Zeit wälzen sich die verschiedenen Wassermassen in dem nun gemeinsamen Bett des Amazonas nebeneinander her wie zwei Elemente, die sich nicht vermischen wollen. Erst nach etwa 80 Kilometern gewinnt die größere Menge des gelben Wassers vom Solimões die Oberhand über das schwarze aus dem Rio Negro.

Die Ufer des Rio Solimões entsprechen schon eher meiner Vorstellung, die ich mir immer vom Amazonas gemacht habe. Stellenweise wimmelt es hier von Leben. Truppen kreischender Papageien und große, farbige Schmetterlinge überqueren den Fluß, in der Ufervegetation stelzen Reiher auf Fischfang und ganz nahe am Boot prustet eine Schule weißer Flußdelphine Feuchtigkeit aus den Atemlöchern. Vor einer zwischen den Bäumen verankerten Floßhütte halten ein schmächtiger Mann und eine Frau eine armdicke, etwa vier Meter lange Anaconda empor. Sie hoffen wohl auf einen Käufer.

Antonio lenkt das Boot durch die Wand des Uferwaldes hindurch in einen phantastisch anmutenden Auwald, dessen Grund tief unter Wasser steht. Bei abgestelltem Motor lassen wir uns zwischen den zementfarbenen Säulen der Baumstämme treiben und lauschen auf die Geräusche des Waldes. Es ist erstaunlich still. Ab und zu lockt irgendwo ein Vogel. Die Rufe hallen wie in einer Kathedrale. Sonnendurchflutete Lichtungen sind angefüllt mit den riesigen, kreisrunden Schwimmblättern der *Victoria regia*. Sie können einen Durchmesser von zwei Metern erreichen. Ein großer Reiher, der auf einem solchen Blatt steht, fliegt erschreckt davon. Zwischen diesen Blättern leuchten die prächtigen, weißen Blüten wie Lichter.

Je tiefer wir in diesen Uferwald eindringen, der sich wie eine lichte, mit

80 Kilometer weit strömen die lehmgelben Fluten des Rio Solimões mit den schwarzen des Rio Negro nach dem Zusammenfluß in den Amazonas nebeneinander her, bis sie sich vermischen. Dies ist der Lebensraum von Tapiren, Schildkröten sowie von Flußdelphinen, die sich als ursprüngliche Meeresbewohner dem Leben im Süßwasser angepaßt haben

Seen durchsetzte Parklandschaft, Várzea genannt, bis zu hundert Kilometer tief zu beiden Seiten des Flusses ausbreitet, desto klarer wird das Wasser, und bald kann ich Fische beobachten, die vor dem Schatten des Bootes fliehen. Hier kommt das Wasser zur Ruhe und seine Schlammfracht setzt sich als fruchtbares Sediment auf dem Grund ab.

Die gelben Flüsse – Weißwasserflüsse, wie sie meist genannt werden – stellen eine Art Oase innerhalb des Flußsystems dar. Sie beziehen ihre Nährstoffe von außerhalb des Amazonasbeckens, aus den Anden. Wenn das Wasser nicht mehr in enge Gebirgstäler eingezwängt ist und frei durch die Ebene strömt, schwingt es von einer Seite zur anderen. Der Fluß windet sich wie eine Schlange, er verlagert ständig sein Bett. Diese Mäanderbildung führt dazu, daß sich das Überflutungsgebiet ständig verbreitert und stets nährstoffreiche Sedimente enthält. Da immer wieder neuer Schlamm nachgeliefert und abgelagert wird, kann die auswaschende Kraft der Regenfälle zu den Zeiten, in denen die Várzeas wieder trockenfallen, damit nicht Schritt halten. Nur ein sehr kleiner Teil des gesamten Amazonasbeckens, weniger als vier Prozent, besteht aus dem fruchtbaren Schwemmland.

Sobald sich das Wasser aus den Várzeas zurückzieht, beginnen die Menschen, die sich hier mit ihren Floßhütten angesiedelt haben, auf kleinen Rodungen Maniok, Jute, Melonen, Süßkartoffeln und Reis anzubauen. Der Tisch ist mit Fischen reich gedeckt. Mit dem Sinken des Wasserstandes konzentrieren sie sich mehr und mehr in toten Flußarmen und in Seen. Für Fische bieten die Várzeas ideale Lebensbedingungen. Sobald sich der Schlamm des Hochwassers abgesetzt hat, beginnt in dem mineralstoffreichen, lichtdurchfluteten Wasser ein üppiges Planktonwachstum, Grundlage einer Nahrungskette mit einer Vielzahl vegetarisch bis räuberisch lebender Fischarten. Zusätzlich gelangen Nährstoffe in Form von Blättern und Früchten, die von den Bäumen herabfallen, in diese Gewässer.

Die hohen Wassertemperaturen – in den Várzea-Lagunen können sie bis auf 40 Grad Celsius ansteigen – beschleunigen den Nährstoffkreislauf erheblich. Die vom Plankton dem Wasser entzogenen mineralischen Nahrungsgrundstoffe werden nur kurze Zeit in den organischen Substanzen festgehalten. Schnell remineralisiert, stehen sie bald wieder zur Verfügung. Wie im angrenzenden Tropenwald, so kann also auch in diesen Gewässern ein Mangel an Nährstoffreserven durch einen beschleunigten Nährstoffkreislauf wettgemacht werden. Aber auch in den Schwarzwasserflüssen leben unterschiedlich angepaßte Fischarten – vorwiegend räuberische Salmler. Sie verwerten, da Algen und Wasserpflanzen fehlen, herabgefallenes Laub, Früchte und ertrunkene Insekten. Einige Arten haben sich sogar darauf spezialisiert, Blütenstaub von der Wasseroberfläche aufzunehmen. Andere, die in der Hierarchie der Nahrungskette schon bei den Räubern stehen, ernähren sich von den Schuppen anderer Fische, die sie mit einem speziellen Gebiß abraspeln.

Wenn das Wasser nach der Regenzeit aus den Várzeas abläuft, ergießt sich damit auch ein großer Teil des Planktons und der Jungfische in den Hauptstrom und beteiligt die Fische dort an der Nahrungsproduktion der Überschwemmungsgebiete.

Trotz der heiklen Ernährungslage leben im System des Amazonas mehr Fischarten als auf irgend einem anderen Kontinent. Etwa 2000 Arten wurden bis heute registriert. Aber längst sind nicht alle Arten entdeckt. Allein in einem Umkreis von nur knapp vier Kilometern um Manaus kommen etwa 700 verschiedene Arten vor. Im Vergleich dazu: In allen Binnengewässern Europas leben zusammen kaum mehr als 150 Arten; im zweitgrößten tropischen Flußsystem, dem des Kongo, gibt es immerhin etwa 500. Übrigens leben einige nächstverwandte Arten von Amazonasfischen auch noch im tropischen Afrika.

Schon Reiseberichte aus dem 16. Jahrhundert schilderten in glühenden Worten den Reichtum an Fischen, die an der Angel hingen, sobald der Haken eben ins Wasser getaucht war oder die gar von sich aus in die Boote sprangen; da ist auch die Rede von gewaltigen Mengen Schildkröten, Delphinen und von riesigen Seekuhherden. Wen wundert es, daß die ersten Europäer am Amazonas glaubten, hier könne der Mensch unbegrenzt Nahrung finden?

Gäbe es einen Wettbewerb für ungewöhnliche Fische, auch dann gewönne die Amazonasregion den ersten Preis. Der sicherlich bekannteste der Exoten ist der Pirañha, der in Trupps angreift und mit seinem rasiermesserscharfen Gebiß in kürzester Zeit Beutetiere skelettieren kann. Weit gefährlicher für Menschen ist jedoch der Candira, ein winziger Vertreter der Welsfamilie, der sich darauf spezialisiert hat, in die Kiemen größerer Fische einzudringen und dort Blut zu saugen. Bei badenden Menschen vermag dieser nadelfeine Parasit aber auch in die Harnwege einzudringen, aus denen er dann nur durch einen komplizierten chirurgischen Eingriff wieder entfernt werden kann. Gefürchtet ist auch der berühmte Zitteraal, dessen elektrische Eigenschaften schon Alexander von Humboldt während seiner Südamerikareise faszinierten. Alle Tiere mit einem Nervensystem erzeugen elektrische Energie, keines aber so viel wie der Zitteraal. Vier Fünftel seines Körpers bestehen aus stromerzeugendem Gewebe. Ausgewachsene Exemplare von anderthalb Metern Länge können, um Feinde abzuwehren oder Beute zu lähmen, elektrische Schläge bis zu 650 Volt austeilen.

Am Amazonas leben auch die einzigen wirklich fliegenden Fische der Welt. Es sind neun Arten der Characiden: Beilbauchfische. Im Gegensatz zu den sogenannten Fliegenden Fischen des Meeres, die in Wirklichkeit auf ih-

Die Pirañhas sind harmloser als ihr Ruf. Wenn sich das Hochwasser aus ihrem Lebensraum, den Auwäldern, jedoch zurückzieht, geraten sie in einen Stress von Nahrungsmangel und Überpopulation. Erst dann entfalten sie ihre berüchtigte Gefräßigkeit

ren enorm verlängerten, abspreizbaren Brustflossen nur durch die Luft gleiten, können die Flieger vom Amazonas ihre Brustflossen vergleichbar Flügeln sehr schnell bewegen. Auch sie fliegen über dem Wasser, um Feinden zu entgehen.

Im Flußsystem des Amazonas gibt es viele der größten Süßwasserfische der Erde, gewaltige, mehrere Zentner schwere Riesenwelse. Zu diesen Giganten zählt auch ein Vertreter aus der Gruppe der *Osteoglossidae*, der Knochenzüngler, *Arapaima gigas*. Von den Indianern wird er Pirarucú, von den Weißen Arapaima genannt. Dieser hechtschlanke Fisch wird bis zu vier Meter lang und mehr als 150 Kilogramm schwer. Zwei bis drei Meter lange Exemplare sind nichts Ungewöhnliches. Beim Atmen ist der Arapaima von dem oft sehr warmen und sauerstoffarmen Wasser weitgehend unabhängig, denn seine Schwimmblase ist zu einem lungenähnlichen Organ umgebildet, das Luft aufnehmen kann. Dazu kommt der Riesenfisch alle 10 bis 15 Minuten an die Oberfläche und verrät so auch seinen Jägern den Standort. Wenn der Arapaima sich hochschnellt und dann auf das Wasser zurückschlägt – wahrscheinlich, um sich Parasiten zu entledigen –, hallt es wie ein Gewehrschuß über die stillen Cocha, wie die bei Niedrigwasser abgeschnittenen Flußarme genannt werden.

Die Amazonasfische sind auch den extrem schlechten Sichtverhältnissen in den schlammigen Fluten bestens angepaßt. Welse ertasten ihre Umgebung mit langen Barteln, und auch das elektrische Feld des Zitteraals dient seiner Orientierung. Viele Arten orientieren, verteidigen oder verständigen sich aber auch unter Wasser mit akustischen Signalen. Sie zirpen, brummen, zwitschern, knarren oder trompeten gar. Der Wissenschaft der Bioakustik öffnet sich in Amazonien ein faszinierendes Forschungsfeld.

Der große Artenreichtum und die hochgradige, vielfältige Spezialisierung der Fische, die sich nur in erdgeschichtlich sehr langen Zeiträumen herausbilden konnte, sind eindeutige Hinweise

Schon Darstellungen von Forschungsreisenden aus dem 19. Jahrhundert bekunden den Reichtum des Amazonas an ebenso riesigen wie seltsamen Tieren – etwa der aus dem Meer stammende Rochen oder der bis zu vier Meter lange Arapaima auf das hohe Alter des Amazonas-Flußsystems.

Auf dem Fischmarkt im peruanischen Iquitos, fast 4000 Flußkilometer von der Mündung in den Atlantik entfernt, werden außer einer Vielzahl von Süßwasserfischen auch Haie, Rochen, gewaltige Sägefische, ja selbst Seezungen, Sardinen und Garnelen angeboten. All diese Meerestiere wurden nicht etwa mit Kühlschiffen hierher geschafft, sondern an Ort und Stelle gefangen. Lange Zeit war das Vorkommen dieser typischen Meeresbewohner, zu denen auch die weißen Flußdelphine gehören und deren nahe Verwandte im Pazifischen Ozean leben, in den andennahen Oberläufen des Amazonas-Flußsystems ein großes Rätsel für Biologen, die sich speziell mit der Verbreitung von Tierarten beschäftigen. Gewaltige Gebirgszüge im Westen und wie beim Rio Madeira unüberwindliche Stromschnellen im Osten trennen all diese Tiere von ihrem alten angestammten Lebensraum, dem Meer. Inzwischen haben sie Anpassungen an das Leben im Süßwasser entwikkelt.

Vor wenigen Jahren kamen den Biologen die Geologen mit einer spektakulären neuen Erkenntnis bei der Lösung des Rätsels zur Hilfe: Der Lauf des gewaltigen Stromsystems hat sich vor Millionen Jahren umgekehrt. Dort, wo in der erdgeschichtlichen Gegenwart die Quellflüsse des Amazonas hoch oben in den Anden entspringen, mündete er einst in den Pazifik, und seine Quellen lagen weit im Osten auf dem Brasilianischen und dem Guayana-Urgesteinsschild. Das läßt sich noch heute auch aus der Form des Amazonasbeckens erkennen. Im Osten, wo der Oberlauf des vorzeitlichen Flußsystems gelegen hat, ist es eng, nach Westen hin weitet es sich immer mehr aus, wie das bei Flüssen gewöhnlich zur Mündung hin der Fall ist.

Der Guayana-Schild und der Brasilianische Schild im Untergrund und um das Amazonas-Becken herum waren einst zusammen mit dem Afrikanischen Schild Bestandteile des sogenannten

In Kolumbien verläßt der Oberlauf des Rio Negro über zahlreiche Stromschnellen die Ausläufer der Anden. Pflanzen der Gattung *Podostemonaceae* haben sich darauf spezialisiert, selbst noch auf den wasserumtosten Felsen zu existieren

Gondwana-Großkontinents, zu dem auch die heutigen Kontinente Antarktis, Australien sowie der indische Subkontinent gehörten. Von jenem Urkontinent flossen die Niederschläge nach allen Richtungen hin ab. Die Wasser des Vor-Amazonas suchten sich ihren Weg in einer Senke, die entlang einer Schwächezone in der Erdkruste entstanden war, nach Westen und mündeten in der Bucht des heutigen Guayaquil in den Pazifik.

Dieser Amazonas-Graben hat sich seit seiner Entstehung bis zur Gegenwart mehrere tausend Meter gesenkt. Parallel dazu wurde der Trog mit Ablagerungen aus den Gebirgen aufgefüllt. Der tief darunter verborgene Graben wurde von Geologen durch Bohrungen und seismische Messungen von Guayaquil bis zur heutigen Amazonasmündung verfolgt. Darüber hinaus setzt er sich im gegenüberliegenden Afrika im Bénoué-Graben fort, der sich über den Tschadsee bis in die zentrale Sahara erstreckt und bei der Oase Quinanga Serir endet. Im unteren Teil dieses afrikanischen Grabens fließt der Niger, dessen Mündung der des Amazonas deshalb genau gegenüberliegt.

Vor etwa 130 Millionen Jahren zerbrach der Riesenkontinent Gondwana; die einzelnen Bruchstücke, von den Geologen als Platten bezeichnet, drifteten tief eingetaucht im zähflüssigen, heißen Magma des Erdinneren – vergleichbar Eisbergen, die im Wasser schwimmen – in ihre heutige Position, und zwischen Afrika und Südamerika weitete sich ein neuer Ozean, der Atlantik.

Die nach Westen abdriftende südamerikanische Kontinentalplatte kollidierte mit einer anderen Platte der Erdkruste, die den Boden des Pazifischen Ozeans bildet. Durch diesen permanenten Zusammenprall, begleitet von gewaltigen Schmelzvorgängen und vulkanischen Aktivitäten, warf sich am Westrand Südamerikas ein neues Gebirge auf, die Anden, die der Kontinent wie eine steinerne Bugwelle vor sich herschiebt. An gewissen Sedimentgesteinen des Anden-Vorlandes können die Geologen ablesen, daß der Vor-Amazonas auch nach der Abspaltung Südamerikas von Afrika noch lange Zeit nach Westen floß. In der noch jungen Andenkette gab es am westlichen Ende des Senkungsgrabens noch eine Lücke, durch die einerseits die Wasser des Vor-Amazonas noch in den Pazifik strömten, andererseits Meerwasser tief in das Amazonasbecken eindrang. Damals erstreckte sich zeitweilig auch ein flaches pazifisches Schelfmeer weit nach Osten über den Kontinent.

Die gebirgsbildenden Kräfte hielten an, und vor etwa drei bis fünf Millionen Jahren wurde jenes sogenannte Tor von Guayaquil geschlossen. Das muß so schnell – vielleicht durch ein einziges gewaltiges Erdbeben – vorgegangen sein, daß den Meerestieren keine Zeit mehr blieb, sich in den Pazifischen Ozean zurückzuziehen. Östlich der Anden von ihrem salzigen Element isoliert, mußten sie sich entweder der sich nun rapide verändernden Umwelt anpassen – oder sie starben aus.

Denn: Von Osten und von dem immer höher emporwachsenden Gebirge herbeiströmendes Regenwasser süßte das abgeschnittene Randmeer am Fuße der Anden immer mehr aus. Zuflüsse, Schlamm und Geröll ließen seinen Wasserspiegel unaufhörlich steigen, bis es endlich die Grenzen des Pebas-Iquitos-Beckens überflutete. Nun strömte es nach Osten durch eine schmale Lücke zwischen den Felsschilden Guayanas und Brasiliens und schuf sich einen Abfluß zum Atlantik.

Besonders eindrucksvoll läßt sich dieser Durchbruch des andinen Binnenmeeres am Lauf des Rio Madeira nachvollziehen. Er fräste sich seinen Abfluß durch härtestes kristallines Gestein. Dreihundert Kilometer Durchbruch mit einundzwanzig Stromschnellen legen Zeugnis ab von der gewaltigen Kraft des Wassers.

Immer mehr Nebenflüsse arbeiteten sich durch rückschreitende Erosion ihres Bettes dem Binnenmeer entgegen und zapften es schließlich an. Das größte und wohl auch älteste Flußsystem der Erde begann sich endgültig umzukehren. Das Flußsystem des heutigen Amazonas hat sich dann rasch entwickelt. Durch den Zusammenfluß des Rio Negro, Rio Solimões und Rio Madeira bei Manaus entstand der eigentliche Amazonas. Sie alle haben ein eigenes Einzugsgebiet. Darüber hinaus ist der Rio Negro auch heute noch dabei, durch den Guayana-Schild hindurch das System des Orinoko anzuzapfen, wie der natürliche Verbindungskanal des Casiquiare eindrucksvoll beweist.

Nach den Auswirkungen der Kontinentaldrift prägte in der jüngeren Erdgeschichte die große Eiszeit, die vor einer Million Jahren begann, das Bild des Amazonasbeckens. Während des Höhepunkts der letzten großen Vereisung vor etwa hunderttausend Jahren war so viel Wasser als Eis in den Polargebieten gebunden, daß der Spiegel der Weltmeere um rund hundert Meter niedriger lag als heute. Entsprechend stärker war damals das Gefälle des Amazonas. Durch gesteigerte Erosion fräste er sein Bett tief in die Ablagerungen am Grunde des Beckens hinein. Angeschwemmter Sand und Schlamm lagerten sich in dem gewaltigen Delta des Stromes ab, das sich tausend Kilometer weit in den Atlantik vorschob. Die von dem amerikanischen Forschungsschiff „Glomar Challenger" im Meer erbohrten Schichtungen stellen eine Art geologisches Tagebuch über die Entwicklung des Amazonas-Flußsystems dar. An ganz bestimmten, aus den Anden stammenden Sedimenten läßt sich beispielsweise genau dokumentieren, wann das andine Binnenmeer angezapft wurde und sich der Lauf des Stromes umkehrte.

Als dann am Ende jener vorerst letzten Kaltperiode die Eismassen an den Polen abtauten, stieg der Meeresspiegel weltweit um rund hundert Meter. Das eiszeitlich tiefe Flußbett des Amazonas mitsamt dem gewaltigen Delta versank nun in den Fluten. Deshalb auch weist der Rio Negro heute vor Manaus die für einen Fluß gewaltige Tiefe von hundert Metern auf. Der Rückstau des Flußwassers ließ die Flußtäler bis

Zweimal im Monat – bei Vollmond und bei Neumond – läuft eine bis zu fünf Meter hohe Gezeitenwelle vom Meer aus den Fluten des Amazonas entgegen: Die Pororoca baut sich auf

weit hinein in die Nebenflüsse überfluten. Jetzt entstand das heute typische Landschaftsbild mit den breiten Überschwemmungsflächen, den Várzeas, und den Überflutungswäldern, den Igapós. Die gewaltigen Flutwellen, die Pororocas, die zweimal im Monat den Amazonas hochlaufen, beweisen eindrucksvoll, wie sich das Meer Zugang ins Amazonasbecken verschafft, und es sieht so aus, als wolle der Strom nun wieder westwärts fließen.

Seit etwa einem Jahrzehnt scheint das Hochwasser des Amazonas nicht mehr regelmäßig abzulaufen; riesige Areale des Überflutungswaldes stehen ständig unter Wasser, so daß die Bäume abzusterben beginnen. Die Ursache? Seit hundert Jahren etwa, seit dem Beginn der industriellen Revolution, verzeichnen die Meteorologen einen leichten, aber beständigen Anstieg der Temperaturen in der Atmosphäre. In der Folge davon tauen Gletscher und polare Eismassen verstärkt ab, steigt der Meeresspiegel weiter an. Wenn das auch nur wenige Zentimeter im Jahrhundert ausmacht, so reicht es doch wohl aus, um den Rückstau des Flußwassers im Amazonasbecken weiter zu verstärken. Für die globale Erwärmung aber machen die Meteorologen den Anstieg des Kohlendioxidgehalts in der Atmosphäre durch menschliche Aktivitäten verantwortlich, hauptsächlich durch das Verbrennen fossiler Energien wie Kohle, Öl und Gas. Welche dramatischen Klimaveränderungen der Erde auch durch das Abholzen der Tropenwälder bevorstehen, ist Inhalt des vorerst letzten Kapitels ihrer langen Naturgeschichte.

Grünes Universum oder rote Wüste

Der lebenserhaltende Organismus der Erde, der tropische Regenwald, war während der ganzen Menschheitsgeschichte Heimat vieler Völker, die ihn zu nutzen wußten, ohne ihn zu zerstören. Nun ist er zur Beute weltbeherrschender Wirtschaftssysteme geworden. Bevölkerungsdruck und Profitgier vernichten ihn schneller, als er erforscht werden kann. Die Folge: Klimakatastrophen und menschengemachte Wüste bedrohen unsere Zukunft

Kupferstich aus dem Reisewerk von Prinz Maximilian zu Wied-Neuwied über seine Brasilien-Expedition 1815–1817

Männer vom Stamm der Gimmi auf Neuguinea blasen Flöten, denen sie Zauberkraft zuschreiben: Sie beschwören die Macht über das andere Geschlecht und den Fortbestand des Clans

Trotz Überfülle an Leben im tropischen Regenwald zwingt Nahrungsknappheit die Menschen – hier Yanomami-Indianer im nördlichen Amazonasbecken – oft zu nomadischer Lebensweise. Während die Frauen bei der Rast ihre Kleinkinder stillen, suchen die Männer nach Eßbarem

Kamayurá / Südamerika

Mianmin / Neuguinea

Gimmi / Neuguinea

Yanomami / Südame

Kabano Yra / Südamerika

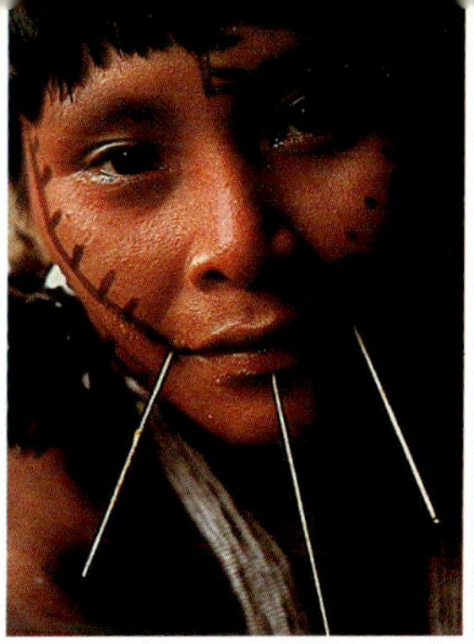
Yanomami / Südamerika

Colorado / Südamerika

Kamayurá / Südamerika

Die große Artenvielfalt des Regenwaldes findet ihr Abbild auch in der kulturellen Diversität seiner Menschen – hier ein brasilianischer Erigbatska-Indianer im Kriegsputz. In ihren Riten, ihren Sprachen, ihren Körperbemalungen, ihrem Schmuck unterscheiden sich die Stämme voneinander ähnlich wie Vogelarten

Männer vom Stamm der Baka-Pygmäen haben im Regenwald Kameruns mit ihren Lanzen einen Gorilla erlegt. Das 1,80 Meter große und 200 Kilo schwere Tier ist das Leibgericht der steinzeitlichen Wildbeuter

Die Menschen des Regenwaldes – hier ein Mädchen vom Stamm der Kamayurá-Indianer – leben mit ihrer Umwelt in Harmonie. Wie unsere stammesgeschichtlichen Verwandten, die Orang Utans auf Borneo, nutzen sie ihren Lebensraum, ohne ihn zu zerstören

Im September 1970 begannen Bulldozer ihr Vernichtungswerk in der größten zusammenhängenden Urwaldregion der Erde. Der Bau der Transamazonika quer durch den südamerikanischen Kontinent sollte Siedlungsgebiet für Hunderttausende hungernder Menschen erschließen

5600 Kilometer weit zieht sich die Transamazonika von der Atlantikküste bis Peru durch das Amazonasbecken. Die unbefestigte, rote lehmige Piste wird in der meisten Zeit des Jahres wegen der heftigen Regenfälle unbefahrbar. Die Menschen, die hier siedeln sollten, blieben weitgehend aus

Am Rio Jarí in Brasilien haben Grundbesitzer ihr Vernichtungswerk am Regenwald begonnen. Sie zerstören die vielfältigste Lebensgemeinschaft der Erde, um sie durch Monokulturen schnellwachsender Bäume für die Papierindustrie zu ersetzen

Mit deutscher Gründlichkeit äscherte 1974 die „Volkswagen do Brasil" 8000 Quadratkilometer ursprünglichen Regenwaldes ein – der größte Waldbrand in der Geschichte des Kontinents. Die Erde in diesem Gebiet, halb so groß wie Schleswig-Holstein, brannte viele Wochen

Die Nährstoffe des Waldes, die sich in einem Jahrmillionen währenden Kreislauf in der Biomasse angereichert haben, sollen in der Asche die geplanten Plantagen düngen. Doch die kommende Regenzeit wird bereits einen großen Teil davon wegspülen und den Boden der Erosion aussetzen

Allenfalls werden vor dem großen Brand noch Edelhölzer aus dem Wald herausgezogen. Fast alle anderen Arten fallen der Vernichtung anheim. Die südamerikanischen Babassu-Palmen sind wegen ihrer harten Rinde freilich weder durch Feuer noch durch die Säge kleinzukriegen. Nach der nächsten Regenzeit grünen sie wieder — aber die komplexe Lebensgemeinschaft des Regenwaldes stellt sich nie wieder ein

Ein kleiner Fluß ist das einzig Lebendige in dieser Landschaft geblieben. Bald werden riesige Planierraupen beginnen, Ordnung in dieser Aschenwüste zu schaffen. Flugzeuge werden Gras aussäen und dort, wo vor kurzem noch ein tropisches Universum vibrierte, wird sich eine öde Grassteppe ausdehnen, die eine vieltausendköpfige Rinderherde ernähren soll

Rinder, fleischgewordene Überreste vernichteter Wälder, werden aus dem Hungerland Brasilien nach Nordamerika und Europa exportiert, wo ein großer Teil als „Hamburger" für ohnehin schon satte Menschen vermarktet wird

Am Rand der Transamazonika entstehen vom Reißbrett neue Siedlungen, die jedoch schon zu Ruinen zerfallen, noch bevor sie fertig sind. Die Menschen, denen hier eine Zukunft verheißen wurde, bleiben aus: Unfruchtbare Böden und neuartige Epidemien schrecken sie ab

Auch der Abbau von Bodenschätzen frißt Wald. In Brasilien, in der Serra Pelada, wurde ein mit Gold durchsetzter Berg entdeckt. Wie Ameisen fielen die Schürfer über ihn her. Wo er sich einst erhob, gähnt nun ein tiefer Krater. 30 Tonnen Gold haben die Menschen der Erde inzwischen entrissen – doch Unzählige hoffen auf mehr

Sackschlepper müssen die goldhaltige Erde über steile und schlüpfrige Treppen und Leitern zu den Waschanlagen tragen – 40 mal am Tag mit bis zu 50 Kilo schwerer Last

Die meisten Goldwäscher stammen aus dem Nordosten Brasiliens, dem Land der Dürre und des Hungers. Ihr ganzes Leben stehen sie als Tagelöhner im Dienst der Claim-Besitzer. Auch wenn ihr Chef Millionen einstreicht, bleiben sie arm

Zwischen den zentnerschweren Stauden grüner, harter Kochbananen liege ich nicht sonderlich bequem, zumal die Piste durch den Ituri-Wald im entlegenen Osten von Zaïre auch diese niedrigste Klassifizierung einer Verkehrsverbindung kaum noch verdient. Fünfzig Meter unter den Baumkronen führt eine Schneise durch den Wald von meeresgleicher Ausdehnung. Ihre Ränder laufen in der Ferne zusammen wie Eisenbahnschienen. Der Kleinlaster, auf dessen Fracht ich mir einen Platz erkauft habe, bringt es bestenfalls auf doppeltes Schrittempo. Die längst blankgefahrenen Reifen finden kaum Halt in dem nach langer Regenzeit zu bodenlosem Morast verwandelten Grund. Hinzu kommt, daß die Räder schwerer Lastwagen zwei tiefe, weit auseinanderklaffende Spuren in die ockergelbe Masse gedrückt haben, in die unser Fahrzeug mit seinem schmäleren Radstand mal links, mal rechts abrutscht. Dabei droht es mit seiner Bananen- und Menschenfracht jedesmal umzustürzen. Obwohl wir beim ersten Morgenschimmer in dem kleinen Marktflecken Andudu aufgebrochen sind, haben wir bis zum Mittag kaum mehr als fünfzig Kilometer zurückgelegt.

Mir kann das Schneckentempo nur recht sein, denn so bekomme ich Gelegenheit, die pflanzliche und tierische Natur am Rande der Piste eingehender zu beobachten.

Die Regenzeit hat ihren Höhepunkt gerade überschritten. So bin ich einem Wechselbad von Sonnenschein und schweren, warmen Güssen ausgesetzt, die sich aus düsteren, gewaltigen Stratokumuluswolken verströmen. Mit einer Plane vermag ich mich einigermaßen gegen die Himmelsfluten zu schützen.

Die Sonnenwärme läßt den Wald dampfen und entfaltet den Duft herabgefallener, in den Fahrspuren zerquetschter faulender Früchte. Ihr schwerer, aufdringlicher Geruch hat Tausende wunderbarer Faltergestalten aus der Tiefe des Waldes herbeigelockt. Nun berauschen sie sich am Saft der fermentierten Früchte. Vor dem Auto stieben sie in farbigen Wolken empor, prächtige, handtellergroße Exemplare darunter, auf deren Flügeln sich das Licht irisierend bricht. Aber nicht allen gelingt der Abflug, und ich brauche eine Weile, um mich an den Anblick zu gewöhnen, wie diese Abbilder paradiesischer Ästhetik von den Rädern mit Lehm und Früchten zermahlen werden. Die bunten Fragmente der Schmetterlingsflügel im Schlamm erinnern mich daran, wie kurzgeschlossen der Nahrungskreislauf dieses Waldes ist, ein Stirb- und Werde-Biotop, in dem ein Blatt, kaum herabgefallen, verfaulend seinen Baum wieder ernährt. Überall sehe ich neben den Stämmen die vom Regen freigespülten Wurzeln, die sich wie lange Tentakeln in den Lehm-, Früchte-, Schmetterlingsbrei vortasten, um daraus neue Lebenskraft zu saugen.

So angestrengt ich aber von meinem schwankenden Beobachtungsstand schaue – außer den Schmetterlingen entdecke ich keine anderen Lebewesen. Ein dichter Vorhang von Lianengewächsen, die das Lichtangebot an der für die Piste geschlagenen Schneise zu schnellem Wachstum genutzt haben, verwehrt jeden Einblick in den Wald. Nur dort, wo ein herabgestürzter Ast oder gar ein umgefallener Stamm eine Lücke in die grüne Wand gerissen haben, gibt es Fenster. Aber auch dort werden meine suchenden Blicke nicht fündig; die Dunkelheit im Inneren des Waldes verschluckt jedes Detail. Ab und zu schießt ein Vogel aus dem Lianenvorhang hervor, flüchtet aber, geblendet vom hellen Sonnenlicht, sofort wieder ins blättrige Dunkel.

Daß ich nichts entdecken kann, beflügelt meine Phantasie. Ich weiß, daß in den Tiefen dieses grünen Universums Millionen Kreaturen hausen. Der Ituri-Wald liegt weithin noch so unberührt, daß er für die Entdeckung jeglichen Geheimnisses gut ist. Während ich mich auf dem Wagen an die Bananenstauden klammere, um nicht herabzufallen, denke ich daran, wie ich als Kind fasziniert von der Entdeckung der „Waldgiraffe" – des Okapis –, des Riesenwaldschweins und des Kongopfaus gelesen hatte. Diese Großtiere im Kongobecken wurden der Wissenschaft erst zu Beginn des 20. Jahrhunderts bekannt. Bis dahin hatte man sie, obwohl sie von Eingeborenen genau beschrieben worden waren, für bloße Fabelwesen gehalten.

An einigen Stellen ist die Piste so stark zerfahren, daß metertiefe Löcher entstanden sind. Ein Ausweichen ist mitunter nicht möglich. Obwohl ich auf den ersten Blick erkenne, daß wir nie wieder herauskommen, lenkt der Fahrer ohne zu zögern in ein Schlammloch hinein – und hält mittendrin. Die ebenholzfarbenen schweißnassen Gesichter meiner Begleiter bleiben gelassen. Unverzüglich nutzen die Afrikaner den Aufenthalt, um aus der Fracht reife Bananen herauszuklauben und sich einen nahrhaften Matoke-Brei zu kochen.

Wir warten ab. Nach mehr als vier Stunden kommt uns ein größerer Lastwagen entgegen. Er hat griffige Doppelreifen und zieht uns heraus. Doch dann versinkt er in demselben Loch. Der Fahrer versucht noch, aus dem tiefen Morast zu entrinnen, doch dann gibt er schicksalsergeben auf. Der Helfer wartet nun selber auf Hilfe, und die kann bei dem Gewicht seines Fahrzeugs Tage auf sich warten lassen. In der Zeitlosigkeit des Waldes regt das niemanden auf.

Als wir – nach meinem Zeitgefühl als Europäer „endlich" – weiterfahren, weicht der Tag bereits der tropischen Nacht. Die bunten Schmetterlinge sind verschwunden. Stattdessen beherrschen jetzt Fledermäuse den Luftraum in der Waldschneise. Bald strahlt das Funkeln von Leuchtinsekten heller als das rasch verglimmende Tageslicht.

Stunden vergehen, in denen ich im Lichtkegel der Autoscheinwerfer außer Insekten und sie jagende Fledermäuse nichts entdecke. Doch dann, als ein Wolkenbruch gerade alles in triefende Nässe getaucht hat, bemerke ich am Waldrand eine kleine Bewegung. Winzige Gestalten, insgesamt sechs, lösen sich eine nach der anderen aus dem grünen Lianenvorhang und eilen, flüchtig in das grelle Scheinwerferlicht blikkend, durch den Schlamm der gegenüberliegenden Seite des Waldes zu. Was scheu und schnell wie Wild über die Piste wechselt, sind beutesuchende Mouti-Pygmäen vom Stamme der lange Zeit legendären Waldmenschen. Ich höre, wie die Bantu unter mir im Fahrerhaus aufgeregt auf die Begegnung reagieren. Mir bleibt gerade noch Zeit zu erkennen, daß die Zwergmenschen Bündel langer Speere und ein Netz tragen. Dann sind sie hinter dem Lianenvorhang verschwunden, aufgesogen von dem Wald, der ihr Zuhause ist.

Am nächsten Morgen, nach der Nacht an meinem Zielort, weckt mich ein dumpfes, rhythmisches Pochen und der Geruch von schwelendem Holz. Taghelles Licht hat die Geister der Finsternis vertrieben. Der Wald dampft. Er schwitzt das Übermaß an Feuchtigkeit, die er aus den von ihm selbst produzierten Regenwolken in der Nacht erhalten hat, wieder aus. Meine Hütte liegt am Rande ausgedehnter Maniokpflanzungen und kleiner Bananenhaine. Vor mir entfaltet sich eine Welt wie aus „Gullivers Reisen". Auf den Feldern arbeiten Zwergmenschen, noch nicht einmal anderthalb Meter groß. Sie verrichten ihre Arbeit ungeschickt wie Kinder. Eine Pygmäenfrau, nur so groß wie bei uns eine Sechsjährige, zerstampft vor einer wellblechbedeckten Hütte frisch geschälte Maniokknollen in einem Mörser. Auf ihrem Rücken trägt sie ein Baby, viel zu groß im Verhältnis, und ihr Bauch ist prall von einer neuen Leibesfrucht. Im Eingang der Hütte sitzt der Vater: ein Bantu – ein Riese im Vergleich zu seinen drei Pygmäenfrauen.

Es geht den Zwergmenschen nicht gut. Die meisten machen einen niedergeschlagenen Eindruck und verbergen ihre Nacktheit unter viel zu großen, verlausten Zivilisationsfetzen. Einige halten mir blicklos die Hände entgegen; sie betteln um Aspirin und Zigaretten. Diese Pygmäen sind nicht mehr zu vergleichen mit jenen freien, wilden

Gestalten, die während der Nacht über die Piste gehuscht waren. Diese Pygmäen hier sind Lohnsklaven der herrschenden Schicht der Bantu, die als ackerbautreibende Siedler in den großen Wald gekommen sind. Hier beutet nicht der weiße, sondern der schwarze Mann den Eingeborenen aus.

Die Pygmäen führen ein Paria-Dasein, von Weiß und Schwarz gleichermaßen gering geachtet. Obwohl schon Aristoteles von der Existenz der Zwergmenschen wußte und die Römer sie mitsamt ihren Behausungen naturgetreu in Mosaiken abbildeten, galten die zwerghaften Bewohner der afrikanischen Regenwälder später in Europa noch viele Jahrhunderte lang als Wesen der Fabel. Als ein Anatom im 17. Jahrhundert ein Pygmäen-Skelett untersuchte, kam er zu dem Ergebnis, daß die sagenumwobenen Wesen mit Sicherheit keine Menschen seien. Noch Ende des 19. Jahrhunderts wurden die kleinwüchsigen Menschen in den Verwaltungsregistern der belgischen Kongo-Kolonie der Fauna des Regenwaldes zugeordnet.

Für die widerstands- und anpassungsfähigen Bantu waren die Pygmäen weiterhin Menschen niedrigster Klasse, eigentlich sogar Tiere des Waldes, die sich nur kraft der ihnen zugeschriebenen Zauberkünste in menschenähnliche Wesen verwandeln konnten, aber auch dann noch mit den Geistern und Teufeln des Waldes in enger Beziehung standen. In gewisser Weise schürten die Pygmäen diese Einschätzung der Bantu, indem sie tolle Geschichten über Waldgeister erzählten – um ihre Nachbarstämme aus dem Wald herauszuhalten, der nach eigener Überzeugung ihnen allein gehört. Aber diese Geschichten wirken nicht mehr gegen die Straßenbautrupps und profitsüchtigen Holzfällerbrigaden, die den Wald systematisch vernichten und neue Siedler nach sich ziehen. Dadurch verlieren die Pygmäen unwiederbringlich ihre Lebensgrundlage. Ohne den großen Wald verfallen die ehedem so zähen Jäger physisch und psychisch. In den tristen Wellblechsiedlungen, in denen sie immer zahlreicher als Sklaven der Bantu hausen, grassieren Lepra, Tuberkulose, Malaria, Darm- und Geschlechtskrankheiten. Die Kindersterblichkeit nimmt rapide zu. Herzerkrankungen, Kreislaufstörungen, ja selbst Depressionen und Neurosen überwältigen die kleinen Menschen. In gleichem Maße, wie der Regenwald vernichtet wird, verringert sich die Kopfzahl der Pygmäen. Von den noch vor einem halben Jahrhundert auf 300 000 geschätzten Zwergmenschen leben heute allenfalls noch 100 000 in den letzten geschlossenen Waldgebieten von Zaïre, Gabun, Kongo und Kamerun – die wenigsten davon in traditioneller Lebensweise.

Eine solche noch ursprüngliche Gruppe von Pygmäen will ich im Ituri-Wald zu finden versuchen. Dieser Wald ist bis heute aufgrund der Verkehrsferne noch einigermaßen sicher vor den Nutzholzjägern, die in diesem Teil der Welt hauptsächlich aus Deutschland kommen. Ich frage den Bantu, der seiner Pygmäenfrau beim Maniokstampfen zusieht; er versichert mir, daß mein Wunsch sich erfüllen lasse: Die Sippe seiner Frau lebe größtenteils noch in den Tiefen des Waldes, und einer ihrer Brüder, der gerade Honig wilder Bienen aus dem Wald gebracht hat, könne mich dorthin mitnehmen. Wie weit es ist, weiß er jedoch nicht, und er kann es merkwürdigerweise auch weder bei seiner Frau noch bei deren Bruder herausbekommen.

Durch einen Spalt zwischen den Lianen schlüpfe ich hinter meinem Führer in die grüne Mauer des Waldrandes hinein. Auf der Stelle sind der größte Teil des Lichtes und die betriebsamen Geräusche der Siedlung vom Säulenspalier der Stämme und der Blattmasse um mich herum verschluckt. Es fällt mir schwer, dem wendigen Pygmäen zu folgen. Seine dunkle, nackte Gestalt verschmilzt mit der Dunkelheit am Grunde des Waldes. Bei meiner Körpergröße bin ich hier im Nachteil. Mit den Händen versuche ich die Vorhänge riesiger Blätter zu teilen. Blattrippen und Lianen schlagen mir blutende

Striemen ins Gesicht und auf die Arme. Meine langen Hosen halten solche Peitschenhiebe ab, aber dennoch verfluche ich sie, da ich nicht schnell genug an die Ameisen herankomme, die in ihnen hochkriechen. Bald pocht mir das Blut in den Schläfen. Die dumpfe Treibhausschwüle läßt den Schweiß nicht mehr verdunsten; er rinnt in Bächen an mir herab.

So geht das fünf Stunden, und ich weiß letztlich nicht mehr, wie weit wir vorangekommen sind. Zehn Kilometer? Fünfzehn?

Dann, genauso abrupt, wie mich der Wald aufgenommen hat, gibt er mich wieder frei. Plötzlich ist da eine Lücke im Wald – geschlagen von einem gestürzten Baumgiganten –, voller blendender Lichtfülle und vibrierender Geräusche. Im Nu bin ich umringt von einem Schwarm freundlicher kleiner Menschen, die, merkwürdig selbstbewußt, noch nicht einmal allzu erstaunt zu sein scheinen über den Besuch eines weißen Kolosses in ihrer Siedlung. An meinem Fernglas vor der Brust und einem Buch mit vielen Bildern von Vögeln ihres Waldes in meiner Hand erkennen diese aufgeschlossenen Menschen sofort, welche Absicht mich zu ihnen verschlagen hat.

Ich bleibe mehrere Tage bei ihnen und begleite Männer und Frauen, wenn sie zu zweit oder zu dritt in den Wald ziehen, um zu jagen und zu sammeln. Diese Ureinwohner des afrikanischen Regenwaldes zeichnet eine sensible Intelligenz aus, gepaart mit einem liebenswerten Wesen, wie ich es nirgendwo zuvor erlebt habe. In einer Umwelt, die so vielgestaltig, so divers ist, daß für den Unerfahrenen, der ich nach wie vor bin, jeder und jedes den anderen verbirgt, zeigen mir diese Menschen Tiere und Pflanzen, die ich nie gesehen habe, und offenbaren mir Zusammenhänge, die mir sonst für immer verborgen geblieben wären.

Diese Pygmäen haben mehr Kenntnisse über den Wald als alle Naturwissenschaftler zusammengenommen. Sie haben sie, weil sie Bestandteil des Waldes sind. Sie selbst sind Wald. Er ist für die Pygmäen Universum und Nahrungsquelle, Jenseits und Diesseits, Vater und Mutter.

Ich fühle mich an Heines Gedicht „Waldeinsamkeit" erinnert, fühle mich für einen Moment in Eintracht mit seinen Feen und Elfen.

Ich lerne, in welchen Lianen stets herrliches, klares Trinkwasser fließt, in welchen anderen aber gefährliche, weil giftige Ameisen zwischen ihren Jagdgründen hoch oben in den Baumkronen und ihren unterirdischen Behausungen verkehren, und ich gewinne Einblicke in das für mich Uneinsehbare, in die Metamorphose, in den ständigen Gestaltenwandel dieses Waldes.

Ohne diese naturverbundenen Menschen hätte ich Jahre gebraucht, um herauszufinden, aus welcher der vielen Raupenvariationen der herrlich schillernde Falter hoch über mir hervorgegangen ist. Und nie hätte ich durch eigene Erkenntnis erfahren können, welche der niedrigen Pflanzen mit riesigen, weichen Blättern am Grunde des Waldes zu einem 50 Meter hohen Baum heranwachsen kann. Diese Pygmäen wissen es.

Schwierigkeiten mit der Verständigung habe ich praktisch nicht. Als mein Blick einmal auf eine Gruppe prächtiger, weißer Pilze fällt, machte mir eine Frau mit einer vollendeten Pantomime unmißverständlich klar, welch furchtbarer Tod mir bevorstehen würde, äße ich davon.

Die wache Intelligenz dieser Menschen gewährleistet ihr Überleben in einer Umwelt, in deren Konkurrenzkampf auch der Mensch eingeschlossen ist. Ja, noch mehr: Diese Intelligenz ist das erzwungene Produkt des Kampfes um die Existenz. Intelligenz und Überleben stehen in unauflöslicher Wechselbeziehung.

Eine Hypothese über die Entstehung der menschlichen Intelligenz besagt, daß sie auch ein Produkt des tropischen Regenwaldes ist, eines Lebensraumes, in dem Nahrungsbeschaffung alles andere als einfach ist. Erinnern wir uns: Die hohe Diversität der Arten im Regenwald bedeutet eine entsprechend

Der Orang-Utan, „Roter Waldmensch", muß auf der Suche nach Fruchtbäumen komplizierte Überlegungen anstellen. Auf diese Weise mag – so eine Hypothese – einst auch die menschliche Intelligenz im Regenwald entstanden sein

geringe Dichte genießbarer Tiere und Pflanzen.

Einen Hinweis, wie menschliche Intelligenz durch eben jenen Mangel und den Zwang zum Überleben im tropischen Regenwald überhaupt erst entstanden sein könnte, lieferten Verhaltensstudien an unseren stammesgeschichtlichen Vettern, den Orang Utans auf Borneo, durch den britischen Biologen John Mac Kinnon: „Zu den Dingen, die mich an diesen ‚Roten Waldmenschen' am meisten beeindruckten, zählte die Fähigkeit, die komplizierten Probleme der Nahrungsbeschaffung zu meistern. Wenn sie planlos durch denWald streifen würden, fänden sie nur selten Früchte. Um zu überleben, müssen sie sorgfältig die ökonomischsten Routen planen und genau vorausbestimmen können, wo zu verschiedenen Zeiten des Jahres jeweils Nahrung zu erwarten ist. Im verwirrenden Labyrinth des Kronendaches des Regenwaldes ist das alles andere als einfach. Manche Bäume tragen alle paar Monate oder sogar noch häufiger Früchte, andere lassen sich dagegen nur jedes dritte, fünfte Jahr oder noch seltener abernten. Nur weil sein gutes und genaues Gedächtnis solche Erfahrungen für die Ernte speichert, kann der Orang Utan wissen, welche Bäume wann Früchte tragen.

Auch über kurze Zeit muß er schwierige Berechnungen anstellen. So weiß er beispielsweise, daß ein bestimmter Feigenbaum ihm noch für zwei oder drei Tage reichen wird und dann ein Durianbaum, den er von früher kennt, reif sein dürfte. Der Weg zu diesem Baum kann aber zwei Tage dauern, und unterwegs gibt es wenig Nahrung. Er muß also entscheiden, ob er sich mit einem für die Reise ausreichenden Konsum von Feigen eindecken oder einen Umweg einplanen soll, der ihn an eßbaren Schlingpflanzen oder Bambusgewächsen vorbeiführt – nicht gerade seine Lieblingskost, aber geeignet, den Hunger zu stillen, bis er die Durianfrüchte erreicht."

In einem Lebensraum, in dem ich als hochzivilisierter Europäer aufgrund fehlender Erfahrung binnen kurzem verhungern müßte, führen die Pygmäen ein recht gutes Leben. Beobachtet man sie bei der Jagd oder beim Sammeln von Tieren, genießbaren Früchten, Knollen und Pilzen, so wirkt es fast spielerisch. Aus Ruten und großen Blättern errichten sie in kürzester Zeit eine Unterkunft, und ihr Besitz an Hausrat ist so klein, daß er sie nicht belastet. So haben sie Zeit und Muße, lange, verwobene Geschichten über den Wald zu erzählen, ihre Kinder in dessen Geheimnisse einzuweihen und auf ihrem Lieblingsinstrument, einer Bambusflöte, zu spielen. Zweimal wird mir die Gunst zuteil, diesem Spiel zu lauschen. Mehrere Flötenspieler beginnen unabhängig voneinander zu spielen. Ganz allmählich stimmen sie sich dann aufeinander ein, bis am Ende ein wunderschönes synchrones Spiel, eine Symphonie, als Ausdruck höchster Harmonie mit sich und ihrer Umwelt erklingt.

Die Lebensbedingungen im Regenwald zwangen die Pygmäen genau wie unsere stammesgeschichtlichen Verwandten – die Orang Utans – dazu, eine nomadische Lebensweise zu führen. Ist ein Areal abgejagt und abgesammelt, lassen die Sippen ihren alten Siedlungsplatz unbeschadet durch Raubbau zurück und ziehen weiter. In Jahrtausenden entstanden, stellt die nomadische Wildbeuter- und Sammlerkultur der Pygmäen zweifellos eine optimale Lebensform in den afrikanischen Regenwäldern dar.

Die verbliebenen Tropenwälder zählen bis heute zu den menschenärmsten Großräumen der Erde, obwohl das Klima durchaus nicht menschenfeindlich ist. Weder Krankheiten noch gefährliche Tiere haben bis vor kurzem der Erschließung der Tropenwälder Grenzen gesetzt, sondern in erster Linie die schwierigen Ernährungsmöglichkeiten. Viele Anzeichen weisen darauf hin, daß im Verlauf der Menschheitsgeschichte auch immer wieder Volksstämme, die anderen unterlegen waren, in die Wälder verdrängt wurden. Hier waren sie, wie die Bewohner der Wüste, meist zu nomadischer Lebensweise in kleinen Horden gezwungen; ihr Daseinskampf ließ wenig Raum für den Ausbau materieller Kultur. Überleben konnten nur diejenigen, die sich dem Wald völlig anpaßten, sich seinen Gesetzen unterwarfen.

Der Lebensrhythmus des Waldes bestimmt alles: Die Größe der einzelnen Gruppen, ob sie seßhaft bleiben oder umherziehen, ihre Fortpflanzungsriten, ihre religiösen Strukturen, ob sie sich kriegerisch oder friedlich geben – all das steht in unauflöslicher Beziehung zu den Gegebenheiten ihrer Umwelt, insbesondere zur natürlichen Produktivität des Waldes. Fast alle seine noch ursprünglichen Bewohner stellen die von ihrer Umwelt zu verkraftende Bevölkerungsdichte sehr genau durch raffinierte empfängnisverhütende Mittel, aber auch durch rigorose Abtreibungen ein. Das entspricht dem Druck, den die Umwelt ausübt. Das geringe Nahrungsangebot zwingt die Regenwaldbewohner, ihre Gemeinschaften klein und weit auseinander zu halten. Eine Folge der Konkurrenz um das Wenige waren permanente Fehden und Kriege zwischen den Gruppen. Und ebenso wie der Überlebenskampf der Tier- und Pflanzenarten die Lebensgemeinschaft des Waldes in langen erdgeschichtlichen Zeiträumen immer diverser hatte werden lassen, differenzierten sich auch die einzelnen Menschengruppen mehr und mehr voneinander. Die Diversität des Waldes fand ihre Fortsetzung in der kulturellen Diversität seiner menschlichen Bewohner. Auf diese Weise waren die schätzungsweise mehr als 300 verschiedenen Stämme entstanden, die im größten zusammenhängenden Regenwaldgebiet der Erde, im Amazonasbecken, vor dem Einbruch fremder europäischer Kultur existierten. In ihren Riten, ihren Sprachen, ihren Körperbemalungen, ihrem Schmuck unterschieden sie sich voneinander bereits fast so wie 300 verschiedene Vogelarten des Regenwaldes.

Die Kulturen dieser Stämme waren genauso wenig paradiesisch wie der Regenwald selbst. Es herrschte ständige

Auf einer Urwaldlichtung im Kongobecken haben die Frauen von Pygmäen Laubhütten errichtet. Sie dienen für ein paar Wochen als Behausungen – bis die Männer die Umgebung leergejagt haben. Dann muß der Stamm weiterziehen. Die nomadische Wildbeuter- und Sammlerkultur der Pygmäen stellt die optimale Lebensform in ihrem Lebensraum, dem Regenwald, dar

Angst vor Überfall, Mord, Raub und Verschleppung. In Notzeiten, wenn die Jagd schlecht ausgefallen war, zerfielen sogar ganze Stämme in verfeindete Horden. Dann wurden Mitglieder des eigenen Stammes genauso leichthändig gespeert wie stammesfremde Eindringlinge. Alte und Kranke wurden umgebracht, weil es üblich war, alles Schwache und Unproduktive auszumerzen, zumal die Jagd während all der Kämpfe zu kurz kam und die Nahrung immer knapper wurde. Das einzige, was dann noch herrschte, war das brutale Naturgesetz der Wildnis. Eines jedoch konnte – genau wie in der Tier- und Pflanzenwelt des Waldes – nicht passieren: Die Art als Ganzes oder gar der gesamte Lebensraum war niemals gefährdet. Geringe Siedlungsdichte und hohe Diversität boten Schutz und gewährleisteten Stabilität.

Meistens reichen die Erträge von Jagd und Sammeln nicht zum Überleben. Die Bewohner des Waldes sind gezwungen, zusätzlich Landwirtschaft zu betreiben – unter denkbar ungünstigen Umständen. Mitte des 19. Jahrhunderts schrieb der geniale Mitautor der Evolutionstheorie, der britische Naturforscher Alfred Russell Wallace, nach der Beobachtung ackerbautreibender Regenwaldbewohner: „Wenn ich bedenke, wie wenig Arbeit erforderlich ist, um den jungfräulichen Wald in grüne Lichtungen und fruchtbare Plantagen zu verwandeln, dann erwacht in mir der Wunsch, hierher mit einem halben Dutzend Freunden zurückzukehren, zu arbeiten, das Land zu genießen und den Eingeborenen zu zeigen, wie schnell sich ein irdisches Paradies schaffen läßt."

In diesem Punkt irrte Wallace gründlich. Die bis heute nicht auszumerzende Fehleinschätzung tropischer Natur als eines auch für den Anbau von Nahrungsmitteln unendlich fruchtbaren, produktionsstarken Lebensraumes sollte zu furchtbarem Raubbau und schrecklicher Verwüstung führen. Die ursprünglichen Bewohner des Waldes wußten aufgrund von Erfahrung natürlich immer, was moderne Naturwissenschaftler erst seit wenigen Jahren akzeptieren: Daß der Wald sich in einem kurzgeschlossenen Kreislauf aus sich selbst erhält und daß die Böden, wenn der Wald erst einmal gefällt ist, aufgrund extremer Nährstoffarmut nur noch wenig hergeben. Im Laufe seiner langen Entwicklungsgeschichte hat der Regenwald dem Grund, auf dem er steht, fast alle Nährstoffe entzogen und seinem System einverleibt.

Einem ökologischen Zwang gehorchend, praktizieren die meisten Bewohner des Regenwaldes weltweit – in Südostasien ebenso wie in Afrika und in Südamerika – seit mindestens 2000 Jahren eine Landbaumethode, die in der Fachsprache als „shifting cultivation", Wanderfeldbau, bezeichnet wird. Die Waorani Südamerikas, auch unter dem Namen Auca bekannt geworden, bieten ein repräsentatives Beispiel für diese Form der Ackerbaukultur. Der nur etwa 600 Menschen umfassende Stamm bewohnt eine noch weitgehend unkartierte Region des ecuadorianischen Regenwaldes, die von zahlreichen Nebenflüssen des Amazonas durchflossen wird. Ihre Umwelt versorgt die Waorani mit allem, was sie zum Überleben brauchen. Holz und große Blätter zum Hausbau sind im Überfluß vorhanden. Blätter wie die des Barbasco-Strauches liefern ein Gift, das, in stille Flußarme geträufelt, die Fische betäubt und an die Oberfläche steigen läßt, wo sie sich dann mit Keschern leicht absammeln lassen. Man räuchert Wildbienen aus, um den Honig zu bergen und bricht fette, eßbare Larven aus verfaulenden Baumstämmen heraus. Die Männer jagen mit Speeren im schütteren Unterholz des Waldes Hirsche und Wildschweine.

Das weitaus größte Nahrungsangebot aber liegt hoch über dem dunklen Grund, im obersten Stockwerk des Waldes. Hier, im lichtdurchfluteten Kronendach, gedeiht eine Vielzahl ebenso köstlicher wie nahrhafter Früchte, die Scharen von nomadisierenden Affen, von Vögeln und anderen Tieren als Nahrung dienen. Im Gegensatz zu den anderen Lebewesen, vermögen allein die Waorani alle Möglichkeiten des vielschichtig aufgebauten Waldes zu nutzen. An einen großen Teil der Beutetiere im Dach des Waldes gelangen sie vom Boden aus. Mit ihren kleinen, hochgiftigen Pfeilen, abgeschossen aus Blasrohren, können die Jäger der Vögel und Affen in einer Höhe von 30 Metern habhaft werden. Bei der Verfolgung ihrer Beute, die vom Boden nicht zu sehen oder zu erreichen ist, oder um Früchte zu sammeln, klettern die Männer aber auch bis in die höchsten Wipfel empor, obwohl die Baumsäulen unterhalb ihrer Kronen meist keinerlei Äste besitzen.

Um sich von den Ungewißheiten des Jagd- und Sammlerglücks unabhängig zu machen, bauen die Waorani einige wildwachsende Fruchtpflanzen des Waldes an. Dazu gehört auch die Chonta-Palme. Frühestens nach sechs Jahren wirft sie alljährlich eine reiche Ernte schmackhafter, nährstoffreicher Früchte ab. Selbst wenn die Waorani längst weggezogen sind, vergessen sie die Standorte dieser kleinen Plantagen nie und kehren alljährlich dorthin zurück, um die Ernte einzuholen.

Die Rinde des Chonta-Baumes starrt, wie viele Baumarten des Regenwaldes, vor nadelspitzen Stacheln, um Kletterern den Raub der Früchte schwer zu machen. Doch die Waorani haben auch hier vorgesorgt. Direkt neben die Chonta-Bäume pflanzen sie einen dornenfreien Kletterbaum, der genauso schnell wächst.

Die Landbauaktivitäten der Waorani beschränken sich keinesfalls nur auf das Anlegen solcher Plantagen. Zu Beginn der Trockenzeit schlagen die Männer mit Macheten und Äxten kleine Lichtungen in den Wald. Zur Rodung eines halben Hektars benötigt ein Mann gewöhnlich zwei bis drei Wochen. Gefällt werden dabei aller Unterwuchs, Lianen sowie dünn- bis mittelstämmige Bäume. Die Wurzelstöcke bleiben dabei im Boden; sie schützen ihn vor Auslaugung und Erosion. Die größeren Bäume läßt man stehen.

Kurz vor Beginn der neuen Regenzeit wird das getrocknete Material in Brand gesetzt. Die in ihm enthaltenen mineralischen Nährstoffe des ehemaligen Waldes werden freigesetzt und düngen als fruchtbare Aschenschicht den Boden. Sobald der Regen wieder einsetzt, werden mit Hilfe eines Grabstockes zwischen die Stubben und kreuz und quer liegenden halbverkohlten Stämme Mais, Bohnen und Süßkartoffeln in den Boden gebracht. Außer dem Einstechen der Pflanzlöcher bleibt der Boden unberührt. Kurz nach der Ernte werden dann auf dasselbe Feld mehrjährige Knollen- und Fruchtgewächse wie Maniok, Yams, Bananen und Papaya gepflanzt.

In der Regenzeit wachsen alle diese Kulturpflanzen schnell, mit ihnen aber auch all die Wildpflanzen, die am Grunde des Waldes bisher unterdrückt waren, nun aber unter der neuen Lichtfülle für die Pflanzer schnell zur Plage werden. Viel Zeit müssen sie darauf verwenden, ihre Kulturen von den wuchernden „Unkräutern" freizuhalten.

In der nächsten Reifezeit wird ein Teil der Maniokknollen geerntet. Andere ebenfalls reife Knollen können, ohne zu verfaulen, noch ein weiteres Jahr im Boden gelassen werden. Nach nur etwa drei Jahren ist die Fruchtbarkeit des Bodens für die Kulturpflanzen erschöpft. Ein Teil der durch die Aschendüngung angefallenen Nährstoffe ist über die Feldfrüchte auf den Menschen übergegangen, der Rest vom Regen fortgespült.

Während die Ernteerträge bald rapide zurückgehen, erobern wilde Pionierarten des umliegenden Waldes, etwa die schnell wachsenden Schößlinge des Balsabaumes, die kleine Rodung zurück. Ein wenig fördern und steuern die Waorani das neue Wachstum des Waldes sogar durch Ansiedlung verschiedener Wildpflanzen – beispielsweise des Chonta-Baumes –, deren Früchte und Wurzeln für den Menschen nutzbar sind oder aber Tiere anlocken, die sich jagen lassen.

Im Gegensatz zu den Kulturpflanzen leben die Bäume des Waldes ja mit Wurzelpilzen in einer Lebensgemeinschaft. Sie sichern die Ernährung der

Bäume, da sie das Recycling der von ihnen selbst produzierten Nährstoffe besorgen. So läßt sich der scheinbare Widerspruch zwischen der hohen Produktionskraft des Tropenwaldes einerseits und der Produktionsschwäche bei Kulturgewächsen andererseits erklären, die man anstelle des Waldes pflanzt.

Die Waorani warten nicht, bis akuter Mangel einsetzt. Jeweils zwischen den Regenzeiten legen sie neben neuen Hütten weitere Rodungen an und bepflanzen sie, wobei sie Sorge tragen, daß die Erntezeiten ihrer drei oder vier Felder nicht zusammenfallen. Oft liegen die Pflanzungen viele Kilometer voneinander entfernt, verborgen in der Tiefe des Waldes.

Natürlich könnten die Waorani eine größere Anzahl von Feldern auch zusammenhängend anlegen, doch das würde bedeuten, daß sich dort bald kein jagdbares Wild mehr fände. Außerdem gibt es noch einen anderen Grund für diese Siedlungsweise: Bei Überfällen feindlicher Stämme oder Gruppen vermögen sie stets an einen Ort auszuweichen, der für das Überleben bereits vorbereitet ist. Auch in diesem Falle bedeutet Diversität also Sicherheit. Nach einer Reihe von Jahren, wenn die Produktionskraft des zuletzt angelegten Feldes erschöpft ist, kehren die Waldbauern wieder an die erste, inzwischen dem Wald anheimgefallene Anbauparzelle zurück.

Dieser rotierende, die Umwelt schonende Wanderfeldbau kann indes nicht verhindern, daß die nach einer jahrelangen Brachzeit wieder in Kultur genommenen Flächen bereits geringere Ernten liefern und sich der Ertragsrückgang immer schneller einstellt. Denn die paar Jahre haben natürlich nicht ausgereicht, um den Wald mit seinem Nährstoffreservoir wieder zur vollen Höhe heranreifen zu lassen. Entsprechend weniger Nährstoffe stehen nach der nächsten Brandrodung für die Kulturen zur Verfügung.

Das ganze System dieser Anbauflächen wird also schnell immer ertragsärmer, bis es eines Tages aufgegeben und dem Wald endgültig überlassen werden

Die Yanomami leben im Regenwald des Amazonasbeckens als Halbnomaden. Da die Erträge von Sammeln und Jagen zum Überleben oft nicht ausreichen, betreiben sie auf kleinen Rodungen Landwirtschaft. Eines der wichtigsten Produkte sind die stärkehaltigen Maniokknollen

muß. Die Waldbauern sind dann gezwungen, weiterzuziehen und an ganz anderer Stelle, oft sehr weit entfernt, neu zu beginnen.

Der Geschäftsführer einer großen Hazienda am Rande des Amazonasbekkens im südöstlichen Brasilien hat mich eingeladen, einem Schauspiel beizuwohnen. An diesem Morgen soll der Wald brennen. Vor Monaten, als die Trockenzeit begann, waren hier 35 Quadratkilometer Urwald mit Motorsägen und Bulldozern gefällt worden. Was in Jahrtausenden gewachsen war, wurde in wenigen Wochen niedergemacht. Was sich nutzen ließ und schnellen Profit versprach, war aus dem Schlachtfeld herausgeschleppt worden – doch kaum mehr als jeder fünfhundertste Baum. Sobald der schützende Schirm des Kronendaches zusammengebrochen war, konnte die heiße Tropensonne ihr Werk verrichten. Jetzt, am Ende der Trockenzeit, sind zumindest die Blätter und die kleineren Äste der am Boden zerschmetterten Baumkronen trocken wie Zunder.

Wie auf einer gespenstischen Leichenschau fahren wir in einem Ford Bronco, dessen glitzernde Goldmetalliklackierung längst stumpf geworden ist, die von der Trockenzeit zerrissenen Pisten entlang, welche die Rodung wie ein geometrisches System durchziehen. Der rote Staub, den das Auto wie einen Raketenschweif hinter sich aufwirbelt, kriecht wie eine zähplastische Masse an der Heckscheibe hoch und verschafft sich Einlaß durch Schlitze in den zerrüttelten Türrahmen. Vier Winchestergewehre scheppern in ihren Halterungen. Vor mir stehen Mythen, wie sie das Kino aus Nordamerikas Wildem Westen überliefert hat, wieder auf. Die Flinten sind nicht etwa für den Einsatz gegen Tiere oder gar gegen Indianer vorgesehen, sondern gegen landhungrige Habenichtse, die mit dem Mut der Verzweiflung wie damals auf dem Nordteil des Doppelkontinents ihr Heil im Westen suchen.

Wir sind am Rande des Waldes angelangt, der die Rodung wie eine grüne, sich am Horizont verlierende Mauer umgibt. Nun beginnen die Brandstifter mit ihrer Arbeit. Des Benzins, welches sie im Überfluß verschütten, bedürfte es gar nicht.

Das Feuer, an mehreren Stellen gleichzeitig gelegt, verbreitet sich mit rasender Geschwindigkeit. Zunächst springt es von einer zerborstenen Baumkrone zur anderen, dann wird die Glut so groß, daß sich auch die Stämme entzünden. Dunkle, ockergelbe Wolken aus Qualm und Wasserdampf wälzen sich in die Atmosphäre empor. Die Sonne beginnt sich zu verfinstern.

Bald werden die Qualmwolken von unten durch die Glut des Feuers beleuchtet wie bei einem Vulkanausbruch. Hochgesogen von seiner eigenen Thermik, drängt der Qualm wie in einem gewaltigen Kamin Tausende von Metern zum Himmel empor, dehnt sich aus und nimmt die Form eines grausigen Atompilzes an.

Und dann, plötzlich, bricht ein Sturm über das Land herein. Das Feuer und der himmelhohe Rauchkamin im Zentrum des Infernos saugen die Luft von allen Seiten an. Meine Begleiter haben sich mit mir längst auf einem kleinen Hügel am Rande des Regenwaldes in Sicherheit gebracht. An mir vorbei stürmt feuchte Luft aus den Tiefen des Waldes. Sie läßt den Rauchpilz noch mehr in die Höhe wachsen. Der Sog ist so stark, daß große, farbig schillernde Schmetterlinge aus ihrem Lebensraum herausgerissen werden. Dem windlosen Inneren des Waldes angepaßt, haben sie keine Möglichkeit, dem Sog entgegenzuwirken. Torkelnd wie ein Fetzen Papier, verschwindet direkt vor mir ein herrlich blauer Morphofalter in Glut und Qualm.

Bald hat der Wolkenpilz eine Höhe von zehn-, ja vielleicht zwölftausend Metern erreicht. Nun beginnt er sich in der charakteristischen Weise von Gewitterwolken hoch oben abzuflachen. Blitze durchzucken den schwarzen, amboßförmigen Wolkenturm. Erste Regentropfen bilden sich hoch oben in Qualm und Dampf. Doch sie erreichen nicht den Boden, sondern verdampfen über der unabsehbaren Glutglocke. Es ist, als demonstriere der sterbende Wald noch einmal, ein letztes Mal, den Kreislauf von Verdunstung und Niederschlag, der ihn so lange am Leben erhalten hat.

Wie in Hypnose starre ich Stunde um Stunde in das schaurige Szenarium, das Erschaffung der Welt und Jüngstes Gericht zugleich sein könnte.

Es brennt drei Tage und drei Nächte. Als ich wiederkomme, ist der Feuersturm erloschen. So weit ich sehen kann, bedeckt graue Asche den zusammengefallenen Scheiterhaufen des Waldes. Wo einst ein grünes Universum vibrierte, herrscht nun Totenstille. So muß es nach dem Abwurf der Atombombe auf Hiroshima gewesen sein. Hier und da sinken unendlich langsam Fragmente von Blättern, Schmetterlingsflügeln und Vogelfedern herab und legen sich in den Staub. Im Inneren mächtiger Baumstämme schwelt noch eine unheimliche Glut. Die Überreste von Bäumen, die den Motorsägen widerstanden haben, stehen wie rauchende Kamine im Nichts.

Das ist Krieg – Krieg gegen die Natur, gegen die Erde, Krieg des Menschen gegen sich selbst. Bald werden riesige Planierraupen damit beginnen, eine künstliche Ordnung zu schaffen; Flugzeuge werden Gras aussäen, und binnen kurzem wird sich dort, wo vor Monaten noch die vielfältigste Lebensgemeinschaft der Erde existierte, eine öde, arme Grassteppe ausdehnen, die nach dem Willen ihrer Besitzer eine vieltausendköpfige Rinderherde nähren soll. Meine Gastgeber fühlen sich ihrem erträumten Ziel – die grüne Hölle, den unnützen Wald, der nichts abwirft, wie sie sagen, in eine gigantische Produktionsfläche zu verwandeln – ein ganzes Stück näher. So verschieden können Träume sein.

Das Inferno, dessen Augenzeuge ich geworden bin, war noch bescheiden, verglichen mit den Aktivitäten eines der größten Landeigner in Südamerika, der „Volkswagen do Brasil". Dieser Konzern war mit Abstand der größte Brandstifter im tropischen Regenwald. Mit deutscher Gründlichkeit hat man 1974 auf dem Besitz des Multis südlich von Tacurui fast achttausend Quadratkilometer Wald eingeäschert, nachdem man ihn zuvor mit hochgiftigen Entlaubungsmitteln getötet hatte, die von den Amerikanern auch im Vietnamkrieg eingesetzt worden waren. Die Erde in diesem Gebiet, das halb so groß wie Schleswig-Holstein ist, brannte viele Wochen. Erst Monate später, anhand von Satellitenaufnahmen, wurde die brasilianische Regierung gewahr, daß sie die größte Waldvernichtung in der Geschichte des Kontinents geduldet hatte.

Nie hat der Mensch während seiner kurzen Existenz im Laufe der langen Erdgeschichte schlimmer gegen seine Umwelt gewütet als gegenwärtig in den Tropenwäldern. Sie werden schneller zerstört als irgendein anderer Lebensraum. Noch vor nur hundertfünfzig Jahren – zu der Zeit, als Alexander von Humboldt den tropischen Regenwald als neues Wunder erkundete – waren zwölf Prozent der Oberfläche der Erde von Regenwäldern bedeckt. Seitdem hat der Mensch die Hälfte davon unwiederbringlich zerstört. Richtig dramatisch wurde dieser Mord am Wald erst vor vierzig Jahren, seit dem Ende des Zweiten Weltkriegs. Die Reste der tropischen Regenwälder liegen heute mit 57 Prozent des Gesamtbestandes in Lateinamerika, mit 25 Prozent in Südostasien einschließlich der großen Inseln von Borneo bis Neuguinea, mit 18 Prozent in Afrika.

Das Massaker am Regenwald ist weltweit längst außer Kontrolle geraten. Fast keiner der 37 Staaten, in denen Regenwälder vorkommen, weiß Genaues oder will Genaues über Ausmaß und Geschwindigkeit der Zerstörungen wissen. Jede Regierung färbt die Zahlen anders. Einigermaßen sichere Werte lassen sich nur mit Hilfe von Satelliten ermitteln, die inzwischen fast alles auf der Erde vermessen und registrieren können. Die Auswertung dieser Fotos und Daten ist bedrückend; sie dokumentiert das ganze Ausmaß der globalen Entwaldung.

1979 veröffentlichten die Vereinten Nationen eine Studie, nach der jährlich 57 000 Quadratkilometer Regenwald zerstört werden – etwa 120 000 Quadratmeter in jeder Minute. Bereits ein Jahr später, nach Auswertung von Satellitenaufnahmen, korrigierte die amerikanische Nationale Akademie der Wissenschaften diese Zahl auf 200 000 zerstörte Quadratkilometer pro Jahr. Das entspricht immerhin der halben Fläche der Bundesrepublik Deutschland. Seitdem sind die Schätzungen weiter gestiegen.

Ehemals regenwaldreiche Länder wie Indien, Bangladesch, Haiti und Sri Lanka haben bereits seit längerem fast keine ursprünglichen Wälder mehr. „Wenn der Kahlschlag im bisherigen Tempo weitergeht", so warnt der World Wildlife Fund, „dann werden auch die meisten Staaten Westafrikas, allen voran Nigeria, Sierra Leone und die Elfenbeinküste, mehrere mittelamerikanische Länder sowie das festländische Malaysia, Thailand, große Teile Indonesiens und der Philippinen um die Jahrtausendwende, also in nur 15 Jahren, so gut wie entwaldet sein." Andere Studien verschieben dieses traurige Ergebnis bis ins Jahr 2020. Aber was macht das noch für einen Unterschied? Die Tieflandwälder der südostasiatischen Staaten könnten bis auf ein paar winzige Flecken sogar bereits bis zum Jahre 1990 von der Landkarte ausradiert sein. Viele Wissenschaftler gehen übrigens davon aus, daß die Zerstörungsrate analog zum Bevölkerungswachstum sogar noch ansteigen wird.

Was aber genau führt zur Zerstörung der Regenwälder in einem derart dramatischen Tempo? Die Motive sind vielfältig und äußerst komplex. Da gibt es zunächst psychologische Gründe. Eine Art, die größtenteils noch nicht begriffen hat, daß sie selbst Bestandteil der Natur ist – eben der Mensch –, möchte die Natur unterwerfen, erschließen, leere Räume besetzen. Dabei ist der tropische Regenwald ja keinesfalls ein menschenleerer Raum. Kleine Gruppen – gerade soviel, wie der Wald ernähren kann – haben dort immer gelebt. Überdies spielen bei der Erschließung mit nachfolgender Vernichtung etwa der Regenwälder Brasiliens und Indonesiens oft nationalistische und strategische Motive eine große Rolle. Schwer kontrollierbare Gebiete und ferne Staatsteile sollen besetzt werden. Ein Mitglied der ehemaligen Militärjunta Brasiliens umriß es einmal so: „Wenn wir wissen, daß jeder Winkel der Amazonasregion von echten Brasilianern und nicht von Indianern bewohnt ist, erst dann werden wir sagen können, Amazonien gehört uns."

Der zweite Komplex von Ursachen für den rapiden Untergang der Wälder ist der permanente Menschheitstraum von einer großen Beute, von der Vorstellung, des vielen Holzes in den Wäldern und der darunterliegenden Bodenschätze habhaft zu werden, sowie die Zwänge des völlig außer Kontrolle geratenen Bevölkerungswachstums mit seinem Landhunger. Holzeinschlag und Zunahme der Bevölkerung stehen dabei in einer unglücklichen Wechselbeziehung.

Für das Massaker an den tropischen Wäldern sind vor allem die holzverarbeitenden Industrienationen verantwortlich, die USA, Japan und die europäischen Länder – also wir alle. Für uns ist der Organismus Regenwald in der Ferne genau wie Erdöl oder Eisenerz in der Tiefe nichts weiter als ein Rohstoff, den es kostengünstig und gewinnbringend auszubeuten gilt. Allen voran verbrauchen Japan mehr als 50 Prozent, Europa 32 Prozent und die USA 15 Prozent aller Tropenhölzer, deren Einschlag sich gegen Mitte der achtziger Jahre auf rund 66 Millionen Kubikmeter jährlich belief. Noch 1950 betrug der Weltverbrauch tropischer Harthölzer erst 4 Millionen Kubikmeter – das bedeutet einen Anstieg um fast 1700 Prozent in nur drei Jahrzehnten. Die reichsten 20 Prozent der Menschheit verbrauchen heute 80 Prozent der Weltressourcen.

Nach einer Studie des WWF verdrängen inzwischen in vielen Verbraucherstaaten die qualitativ hochwertigen und dabei billigeren Tropenholzarten, die zur Herstellung von Türen, Fenstern, Möbeln und Furnieren besonders geeignet sind, die einheimischen Hölzer vom Markt. Die Forstwirtschaft in Europa hat auch deshalb zumTeil bereits Absatzschwierigkeiten. In der Schweiz beispielsweise werden jährlich beträchtliche Mengen Abachi-Holz von der Elfenbeinküste zu Särgen verarbeitet. In Kisten aus Tropenholz exportieren die Japaner Motorräder und Autoersatzteile zurück in die Tropen.

Die Lieferländer der Tropenhölzer haben bis heute kaum die technischen Möglichkeiten, ihr Holz selber zu teureren Fertigprodukten zu veredeln. Drei Viertel ihrer Holzausfuhr sind deshalb Stämme, die natürlich viel weniger Gewinn bringen als aufbereitetes Holz, und die Gewinne, die sie durch Holzexport erzielen, werden durch notwendige Importe von Holzprodukten zumeist wieder aufgefressen. Viele dieser Länder importieren inzwischen, meist in Form von Papier, mehr Holz, als sie exportieren. Nigeria, einst ein großer Holzexporteur, doch inzwischen so gut wie kahlgeschlagen, muß heute für Holzimporte hundertmal soviel ausgeben, wie es durch den zur Neige gehenden Holzexport einnimmt. Thailand, einst ein wichtiges Ausfuhrland für Edelhölzer, muß inzwischen für 44 Millionen Dollar im Jahr Bauholz einführen. Die Beispiele lassen sich fortsetzen.

Weltweit aktive Holzeinschlagunternehmen – etwa der deutsche Furnierhersteller Danzer, der sich nach der weitgehenden Vernichtung der westafrikanischen Wälder gerade anschickt, die noch riesigen Regenwälder des Kongobeckens zu „erschließen" – versuchen mit aufwendigen Edelbroschüren, in denen Wissenschaftler ihre neuesten Erkenntnisse über tropische

Nicht die Äxte der Eingeborenen, sondern die Motorsägen der überseeischen Holzfäller-Brigaden gefährden den Regenwald. Mit den Bäumen, aus deren Schnittwunden in dickem Strahl der Saft herausströmt, wird auch das Klima der Wälder zerstört

Ökologie verkaufen, ihr Image aufzumöbeln. Sie sprechen von sanfter, selektiver Nutzung nur weniger Baumarten und von einem produktionsfördernden Umbau ursprünglicher Waldstrukturen zwecks besserer Nutzung. Da heißt es beispielsweise: „Feuchtwälder bieten weder nach ihrer natürlichen Zusammensetzung noch nach natürlichem Aufbau ausreichende Voraussetzungen für eine unmittelbare forstliche Inbetriebnahme nach den Prinzipien der höchstmöglichen nachhaltigen Funktionserfüllung. Die vordringlichste Aufgabe der Forstleute besteht daher in einem Umbau der ursprünglichen Waldstrukturen. Eines der Hauptziele ist dabei die Homogenisierung der Bestände nach Holzsorten und Dimensionen, welche sich durch Vereinfachung von Strukturen und botanischer Zusammensetzung erreichen läßt." Allenfalls arbeiten diese Leute also an der Umwandlung der Lebensgemeinschaft Regenwald in einen Wirtschaftswald, in dem die Erzeugung von Rohstoff gesichert bleiben soll.

Was derartige Literatur verschweigt, ist, daß beim Fällen und Abtransport der wenigen gewinnbringenden Baumstämme durch den Einsatz hochmechanisierter Holzfällerbrigaden bis zu 75 Prozent des umgebenden Waldes zerstört werden. Jeder umstürzende Baum reißt etliche andere mit. Die schweren Bulldozer, die die Stämme aus dem Wald zur Verladung schleppen, zermalmen den Nachwuchs und die lebenswichtige Nährstoffaustauschschicht des Wurzelfilters mit seinen empfindlichen Pilzkulturen und wühlen den Grund auf. In den Spuren der Plünderer setzt die Erosion ein. Durch das zerstörte Kronendach stürzen die tropischen Wolkenbrüche nun ungehindert auf den Grund und spülen die ohnehin schon äußerst dünne Humusschicht des Waldbodens davon.

Die Aktivitäten der Holzeinschläger eröffnen der Bevölkerung den Wald. Landlose Bauern folgen ihnen auf dem Fuße. Leichter könnten sie es nicht haben. Wege sind gebaut, Lichtungen geschlagen und ungenutztes Kronenholz,

Ein Jahrhunderte alter Überständer im Wald der Elfenbeinküste ist im Auftrag europäischer Möbelfabrikanten gefällt worden. Der Nutzen, den er bringt, steht in keinem Verhältnis zu dem ökologischen Schaden, den der Riese beim Sturz in seiner Umgebung angerichtet hat

das sich verbrennen läßt, gibt es im Überfluß. Nach zwei bis drei Ernten aber, wenn die wenigen Nährstoffe, die die Asche geliefert hat, verbraucht sind, stehen die Menschen wieder vor dem Nichts. Der Boden inmitten des zerstörten Waldes fällt der Erosion anheim.

Aus all den Schäden des Holzeinschlages aber folgert die Firma Danzer in ihrer Monatsbroschüre „Holz aktuell" scheinheilig: „Nicht die Axt, das Feuer bedroht den Tropenwald." Das stimmt: Nicht die Äxte der Einheimischen bedrohen den Wald, sondern die Motorsägen und Bulldozer der Männer aus Übersee. Und das Feuer bedroht den Wald erst, wenn der Raubbau der Holzfirmen ihm Vorschub geleistet hat.

Vom Herbst 1982 bis zum Frühjahr 1983 wütete auf Borneo der schlimmste bekannte Waldbrand überhaupt. Allein in der zu Indonesien gehörenden Inselprovinz Kalimantan standen ungefähr 3,5 Millionen Hektar Regenwald in Flammen – das ist vergleichsweise die Hälfte des Waldes in der Bundesrepublik. Vorausgegangen war den Bränden eine monatelange Dürre, wie sie natürlicherweise etwa alle zehn Jahre auftritt. In weiten Teilen Borneos gingen die Niederschläge um zwei Drittel zurück. Infolge des Wassermangels verrottete das abgefallene Laub nicht mehr, sondern sammelte sich am Grunde des Waldes an, wo es mit anderen trockenen Pflanzenteilen eine dicke Schicht leicht entzündbaren Materials bildete. Da bedurfte es dann nur noch des Rodungsfeuers von Siedlern, das außer Kontrolle geriet.

Die Untersuchung der Brandkatastrophe konnte den an der Ausbeutung der Regenwälder verdienenden Firmen nicht gefallen, und so versuchte denn auch die indonesische Regierung, das Ergebnis vor der Weltöffentlichkeit zu verheimlichen. Jene Gebiete des Regenwaldes nämlich, in denen man einzelne Bäume herausgeschlagen hatte, wurden am schwersten vom Feuer geschädigt. Durch die ins Kronendach gerissenen Lücken war der Wald während der Dürre ausgetrocknet. In dem zu-

Für die holzverarbeitende Industrie ist der Regenwald nichts weiter als eine Rohstoffquelle, die es kostengünstig und gewinnbringend auszubeuten gilt. Obwohl aus den Wäldern Westafrikas nur bestimmte Edelhölzer abtransportiert werden, ist dieser Lebensraum durch die Folgeschäden bereits stark bedroht

rückgelassenen Kronenholz und den von den Bulldozern zermalmten kleinen Bäumen des unteren Waldstockwerks fanden die Flammen besonders viel Nahrung.

Am brutalsten treiben es japanische Ausbeuter. Die Firma Jant, ein Tochterunternehmen der Honshu Paper Company, hat seit 1973 in Papua-Neuguinea riesige Flächen jungfräulicher und unerforschter Regenwälder kahlgeschlagen und verschifft Monat für Monat 20 000 Tonnen gehäckselte Rohmasse für Papier nach Japan, ohne sich um die vorgeschriebene Wiederaufforstung zu kümmern.

Die komplexe Lebensgemeinschaft des Regenwaldes ließe sich ohnehin wohl niemals wieder durch den Menschen rekonstruieren. Kein Wissenschaftler weiß bis heute genau, wie lange es dauert, bis der ursprüngliche Wald sich wieder auf einer großen gerodeten und durch den Einsatz schweren Geräts zerstörten Fläche einstellt. Von nur wenigen Baumarten des Regenwaldes ist bisher die Lebensspanne bekannt – beispielsweise *Shorea leprosula* mit 250 Jahren und *Parashorea malaanonan* mit 200 Jahren. Einige Forscher glauben, daß es mindestens hundert Jahre dauert, bis sich die komplexe Artenmischung des Primärwaldes wieder eingestellt hat. Aber sie haben Zweifel, daß es großflächig überhaupt geschieht. Weite Areale bei Angkor Wat in Kampuchea, von denen man weiß, daß sie vor 600 Jahren gerodet wurden und sich seitdem ungestört entwickeln konnten, lassen sich heute noch deutlich von den umliegenden primären Regenwäldern unterscheiden.

Die ganze Strategie von Jant zielt auf eine schnellstmögliche Ausbeutung ihrer Konzession nach alter kolonialer Manier. So führt das Unternehmen beispielsweise noch nicht einmal die vereinbarten Dividenden an das gerade selbständig gewordene Papua ab, noch zahlt es im Land irgendwelche Steuern. Der Trick: Die Holzschnitzel werden an die Muttergesellschaft zu so niedrigem Preis weiterverkauft, daß in den Bilanzen nie Gewinn auftaucht.

In den Wäldern Neuguineas betreiben japanische Konzerne totalen Kahlschlag. Die gesamte Holzmasse wird zerhäckselt und als Rohstoff für die Papierindustrie nach Japan verschifft, das seine eigenen Wälder als Reserve schont

Diese Politik der Ausbeutung hat Methode. Japan, das etwa so viel Tropenholz verbraucht wie alle anderen Industrienationen zusammen, ist selbst zu zwei Dritteln von Wäldern bedeckt, die sich aufgrund fruchtbarer vulkanischer Bodenverhältnisse forstwirtschaftlich gut nutzen ließen. Doch die Japaner holen aus ihrem eigenen Wald weit weniger Holz, als nachzuwachsen vermag. Gegenwärtig werden nur noch zwei Drittel soviel eingeschlagen wie 1966. Seitdem hat sich dagegen die Einfuhr tropischer Hölzer verdoppelt. Japan verfolgt eine sehr klare Strategie; es schützt seine eigenen Wälder so lange wie möglich, während es Südostasien und die Pazifischen Inseln ausbeutet.

In ausschließlicher Sorge, ihre überseeischen Rohstoffquellen könnten bald versiegen, haben die japanischen Papiermühlenbesitzer einen Fond gegründet, mit dessen Hilfe versucht werden soll, auf ausgewählten Flächen schnellwachsende Baumarten, beispielsweise die Karibische Kiefer, zu züchten. Zweifel sind angebracht, ob das gelingt. Auf dem extrem nährstoffarmen Tropenboden können die meisten Baumarten nämlich lediglich mit Hilfe spezieller Wurzelpilze existieren, die den Nährstoffkreislauf sichern. Doch die leben oft nur mit einer ganz bestimmten Baumart zusammen. Förster in Puerto Rico versuchten auf abgeholzten Flächen zwanzig Jahre lang, Pinien anzusiedeln. Sie experimentierten mit 26 verschiedenen Arten, doch immer ohne Erfolg – bis es ihnen eher zufällig gelang, auf eine Baumart die Wurzelpilze einer einheimischen Pinienart zu übertragen. Doch das blieb eine Ausnahme. Bis heute können die verschiedenen Wurzelpilze nicht gezüchtet, in großem Maßstab verpflanzt oder sonstwie übertragen werden.

Auch Kunstdünger ist für die anstelle der vernichteten Regenwälder geplanten Wirtschaftsforsten keine Lösung. Zur Eigenart tropischer Böden gehört, daß sich Nährstoffe wie Phosphate, gefördert durch das feuchtwarme Klima, unwiederbringlich mit Eisen und Aluminium zu den für die Tropen so typischen unfruchtbaren roten Lateritböden verbinden, während andere ebenfalls lebenswichtige Elemente – etwa Calzium und Magnesium – ausgewaschen werden. Außerdem verhindern Kunstdünger die Entwicklung der so effektiven Wurzelpilze vollends.

Die indonesische Regierung hat gegen Mitte der achtziger Jahre damit begonnen, einen gigantischen Fünfjahresplan in die Tat umzusetzen. 500 000 Familien sollen von den heillos übervölkerten Inseln Madura, Bali, Lombok und vor allem Java auf andere Inseln – in den indonesischen Teil Borneos, Kalimantan, und in die ebenfalls an Indonesien gefallene Hälfte Neuguineas, West-Irian – umgesiedelt werden, nachdem dort durch japanische Großrodungen Raum für Kolonisten entstanden ist. Sind es Zwangsumsiedlungen aus staatspolitischer Raison, wie von Kritikern des Projektes immer wieder behauptet wird? Nun, absolute Armut und Hoffnungslosigkeit sind für jene Menschen die persönlichen Zwänge, trotz familiärer und traditioneller Bindungen an ihre jetzige Heimat in eine unbekannte, weit entfernte Region aufzubrechen. Für sie gibt es keine Alternative. Der Staat gewährt jedem Umsiedlungswilligen eine Starthilfe: ein Stück Land zur Bearbeitung, dessen Größe je nach Siedlungsmodell zwischen zwei und vier Hektar beträgt; ein einfaches Holzhaus; Nahrungsmittel und andere Dinge des Grundbedarfs für die Periode zwischen Ankunft und erster Ernte; das notwendige Werkzeug zur Bodenbearbeitung sowie Saatgut für die erste Aussaat. Dafür trifft der Staat aber auch eine strenge Auswahl unter den Kolonisten: Der Bewerber und seine Familie müssen gesund sein, das Höchstalter des Familienoberhauptes ist auf 40 Jahre festgesetzt, die Kinderzahl soll drei nicht übersteigen, der Umsiedlungswillige muß Erfahrungen in der Landwirtschaft haben, zumindest lesen können – und er muß, so die Richtlinien, „politisch zuverlässig sein, um die Bildung einer neuen Gesellschaft in den Ansiedlungsgebieten nicht zu gefährden."

Natürlich spielen auch bei diesem Projekt nationalistische und strategische Überlegungen eine große Rolle. Aus der Sicht der indonesischen Regierung ist es eines der wichtigsten Ziele, aus der Vielvölkerkolonie von einst ein einheitliches, stabiles Staatsgefüge zu machen. Und die Grenzregionen der neuen Territorien werden zumeist mit ehemaligen Angehörigen der Armee besiedelt. Kritiker werfen dem Regime in Djakarta vor, es strebe eine Javanisierung seines gesamten Herrschaftsbereiches an.

Durch fehlgeschlagene kleinere Projekte in der Vergangenheit alarmiert, bemüht sich die indonesische Regierung, ökologisch sinnvolle und schonende Landnutzungsmodelle zu entwickeln. So dürfen wegen der Erosionsgefahr Hänge mit mehr als 8 Prozent Neigung nicht zum Anbau von Feldfrüchten mit mehr als 15 Prozent Gefälle auch nicht zum Anbau von hochstämmigen Plantagen genutzt werden. Ein großer Teil der Rodungen soll mit Baumkulturen bepflanzt werden. Trotzdem ist die Enttäuschung Hunderttausender auch diesmal vorprogrammiert. Die gesunde Ökologie einer Landschaft, in langen Zeiträumen gewachsen, läßt sich von Technokraten und einem Fünfjahresplan nicht wiederherstellen.

Die ungleiche Bevölkerungsverteilung Indonesiens hat ihre Ursache gerade in den unterschiedlichen Bodenqualitäten der einzelnen Inseln und ist deshalb nur sehr schwer, wahrscheinlich jedoch gar nicht zu verändern. So besteht zum Beispiel Java, ganz im Gegensatz zu Kalimantan, aus fruchtbaren vulkanischen Aschen und Gesteinen und ist deshalb nicht zufällig am dichtesten bewohnt. Die Entlastung, die die Aussiedlung den übervölkerten Gebieten bringen soll, wird nicht von langer Dauer sein. Geburten werden die Lükken schnell füllen.

Ein anderer Schauplatz im Kampf gegen den tropischen Regenwald liegt in Südamerika. 1966 hatten Brasiliens regierende Generäle die „Operation Amazonien" befohlen und der wilden Natur des Landes den Krieg erklärt. Nicht blanke Habgier trieb sie an, sondern der missionarische Eifer, Zivilisation und Fortschritt zu verbreiten. Eines der gewaltigsten Kolonisationswerke der Menschheitsgeschichte, das einst mit Orellanas Flußfahrt begonnen hatte und sich im langen Atem der Jahrhunderte dahinzog, sollte nun mit der technologischen Energie des 20. Jahrhunderts vollendet werden. Den Anstoß für die Generäle unter Führung von Emilio Medici hat mein Kollege Peter Schille treffend beschrieben: „Da kam ihnen 1970 die Natur zu Hilfe: Die dürregepeinigten Nordoststaaten Pernambuco, Rio Grande do Norte und Ceará, das Reich der Großgrundbesitzer, wurden von einer grausamen Trokkenheit heimgesucht. Drei Millionen Menschen waren vom Tode bedroht.

Als die Kinder der Pächter, Kleinbauern und Landarbeiter verhungerten, als ihre Väter auf die Straße gingen und Gott und die Generäle verfluchten, da rief Emilio Medici, aus Angst vor Revolution, die Flagelados, die Gegeißelten, zur Amazonas-Offensive auf. Sollten sich ihre Wut und ihr Haß gegen die Regenwälder wenden!

Drei Monate später, im September 1970, fraßen sich Bulldozer in den Urwald. Der Bau der Transamazonika begann, der großen Ostwestverbindung von der Atlantikküste zur peruanischen Grenze, 5600 Kilometer lang, überall 8,6 Meter breit, keine Autobahn, sondern unbefestigte, rote, lehmige Piste, die jenseits des Rio Tocantins endlose 3500 Kilometer durch Urwald führt.

Eilends wurden Kolonisationsprojekte entworfen, so phantasievoll wie Kintopp. Die hungernden und rebellierenden Nordestinos wurden angespornt, sich auf den Weg zu machen. Jeder sollte 100 Hektar Land als Besitz erhalten. Allerorten wurde für die Verbindung von Menschen ohne Land mit Land ohne Menschen und für den Sieg über den Amazonas gebetet."

Man hätte besser nachdenken und jene wissenschaftlichen Publikationen studieren sollen, die schon in den sechziger Jahren ein für allemal die Vorstellung widerlegten, die tropischen Regenwälder wurzelten in einem unendlich fruchtbaren Boden, der sich zur Kornkammer Brasiliens machen lasse. Immer wieder hatte der große alte Mann der Amazonasforschung, der Tropenökologe Professor Harald Sioli, langjähriger Direktor des Max-Planck-Instituts für Limnologie in Plön, gewarnt: Amazonien mit seinen bitterarmen Böden könne agronomischen Zugriff nicht überleben, sondern nur das sanfte System der Nutzung verkraften, wie es Indianer seit erdenklicher Zeit betrieben und Alteingesessene von ihnen übernommen haben.

Als dann die große Offensive gegen die größte zusammenhängende Urwaldregion der Erde begann, schrieb Sioli: „Was drüben in den letzten Naturlandschaften der Erde vor sich geht, ist nichts anderes als eine zweite Welle der Conquista. Ihre erste Welle, die Eroberung Lateinamerikas im 16. Jahrhundert, technisch noch relativ schwach, hatte die meisten Kulturen vernichtet, die Landschaften aber nur zum Teil zerstört, meist nur angekratzt, so daß noch genügend Flächen intakt blieben. Die zweite Welle bricht mit der ganzen Kraft und Überlegenheit der Großtechnik in die noch nicht ‚entwickelten' Räume ein und vernichtet dort alles ursprüngliche Leben, von den Pflanzen und Tieren bis zu den Menschen und Kulturen."

Wie recht der Gelehrte aus Plön behalten sollte! Zunächst wurden wie im Rausch etwa zehntausend Quadratkilometer Wald pro Jahr gerodet und verbrannt. Das erschien den Menschen wie ein Nichts gegen die Illusion unendlicher Größe Amazoniens. Dann aber zeigte 1978 eine Vermessung vom Satelliten Skylab aus, daß gewaltige Feuersbrünste allein in jenem Jahr 100 000 Quadratkilometer Regenwald vernichtet hatten, eine Fläche so groß wie die DDR.

Der Vorstoß der Zivilisation erlitt schon bald heftige Rückschläge. Statt der Millionen Kleinsiedler, die auf den hundert Kilometer breiten Streifen beiderseits der Transamazonika eine neue Heimat finden sollten, waren nur einige Zehntausend gekommen, zumeist Familien ohne viel Erfahrung mit der Landwirtschaft.

Die Straßen wurden Aufmarschbahnen auch für Krankheiten, deren Ausbreitung zuvor durch die Diversität des Waldes verhindert worden war. Malaria, Hirnhaut- und Leberentzündungen, Geschlechtskrankheiten und die mit einer besonderen Art von Wanzen eingeschleppte Chagas-Infektion, die zu Lähmungen, Verblödung und Herztod führt, grassierten unter den Siedlern. Auch ganz neue, bisher unbekannte Krankheiten tauchten auf. Sie wurden längs der Transamazonika nach Orten benannt, wo sie erstmals ausgebrochen waren, etwa das rätselhafte Blutungsfieber von Altamira.

Das Desaster mit den kargen Böden und der gesundheitlichen Gefährdung sprach sich rasch herum. Viele Siedler verkauften ihre Parzellen sofort wieder, ohne dort viel ausgerichtet zu haben. Andere rodeten ihre hundert Hektar, entgegen dem Gesetz, total und verkauften sie an Fazendeiros, reiche Rinderzüchter. Damit hatte der Feldzug gegen die Natur eine gefährliche Eskalation erreicht. Die Fazendeiros errichteten auf den Trümmern der gescheiterten Parzellen-Kolonisation ihre Imperien aus öden Grassteppen, denn afrikanisches Steppengras war das einzige, was hier noch wachsen mochte. Inzwischen beweidet das Zebu, eine dem tropischen Klima angepaßte genügsame Rinderrasse, die Hälfte aller Rodungen in Amazonien.

Internationale Großkonzerne wie der US-Chemiegigant Du Pont, der Reifenmulti Goodyear, die französischen Konzerne Saint Gobain und Liquigaz, die Schweizer Nestlé AG, der deutsche Computerbauer Nixdorf und nicht zuletzt Volkswagen entdeckten plötzlich eine Vorliebe für die Rinderzucht im Wilden Westen Brasiliens. Begünstigt durch großzügige Steuergesetze, legten sie einen großen Teil ihrer brasilianischen Gewinne in Rinderfarmen an.

Eine riskante Investition! Denn Monokulturen sind in Amazonien fast immer als Katastrophenkulturen untergegangen. In ihnen können sich Schädlinge und Krankheiten großräumig ausbreiten. Fordlandia etwa, die gewaltige Gummiplantage von Henry Ford am Rio Tapajós, endete zugleich als ökologisches und ökonomisches Desaster. Das großräumige Unternehmen Jarí, ein Schlagwort, das noch zu Beginn der achtziger Jahre um die Welt ging – der gigantische Versuch des amerikanischen Multimillionärs Daniel K. Ludwig, den „unnützen" Regenwald am Rio Jarí in einen Wirtschaftswald zu verwandeln –, endete als Milliarden-Dollar-Pleite. Auch diese Beispiele ließen sich fortsetzen.

Das jenen öden Steppen abgewonnene Rindfleisch wird nach Nordamerika und Europa exportiert, wo ein großer Teil als „Hamburger" vermarktet wird, die sich ohnehin schon satte Menschen in die Bäuche stopfen. Es geschieht genau das, wovor Harald Sioli unermüdlich gewarnt hat: Brasilien exportiert Eiweiß aus seiner unwiederbringlichen Substanz, den fleischgewordenen Überresten verbrannter Wälder. Und er hält es für ethisch verwerflichen Neokolonialismus.

Inzwischen müssen die brasilianischen Behörden zugeben, daß die Böden auf fast einem Viertel der staatlich geförderten Rindersteppen bereits zerstört sind. Wo die Nährstoffe Jahrzehntausende in den Wäldern zirkulierten, haben sich jetzt wichtige Bestandteile davon, nämlich Phosphate, unwiederbringlich mit Eisen und Aluminium zu dem unfruchtbaren roten Laterit verbunden.

Als erstes traf im Jahre 1978 die ganze ökologische Wahrheit eine 720 Quadratkilometer große Hazienda im brasilianischen Bundesstaat Espirito Santo, auf der alle Urwaldbäume gefällt worden waren, um Weideflächen und Bananenpflanzungen anzulegen. Aus dem vielfältigen Universum, das die Siedler zunächst als Grüne Hölle verflucht hatten, war binnen kurzem eine rote Wüste geworden – unfruchtbarer als alle auf der Erde so genannten Wüsten, in denen nur das Wasser fehlt, der Boden aber oft viele für das pflanzliche Wachstum wichtige mineralische Nährstoffe enthält.

Mit dem Wald verschwinden auf der Erde nirgendwo sonst vorkommende Pflanzen- und Tierarten, noch bevor sie der Wissenschaft bekanntgeworden sind. Ihre Zahl läßt sich kaum schätzen. Nur bei den Menschen weiß man es. Allein in der ersten Hälfte des 20. Jahrhunderts starben nach offiziellen brasilianischen Angaben 98 Indianerstämme aus. Die meisten wurden Opfer von eingeschleppten Krankheiten wie Blattern und Masern, gegen die die Indianer in der Tiefe des Waldes keine Abwehrstoffe entwickelt hatten. Als die Europäer kamen, gab es – so glaubt man – allein in Brasilien noch drei bis vier Millionen Indianer. Heute schätzt Orlando Villas Bóas, ein Brasilianer, der sich die Erhaltung der letzten Indianerkulturen zur Lebensaufgabe gemacht hat, ihre Zahl nur noch auf etwa 100 000. Mit all den Stämmen, die verschwanden, ging auch ein großer Teil kultureller Diversität auf der Erde für immer verloren.

Biologen halten es für möglich, daß allein in den Regenwäldern Südamerikas noch 10 000 bis 15 000 unbekannte Pflanzenarten existieren und in den Flüssen 2000 noch unbenannte Fischarten. Das Heer von unentdeckten Insektenarten wird gar auf Millionen geschätzt. Neuere Berechnungen ergaben, daß etwa zwei Fünftel bis zur Hälfte aller Tier- und Pflanzenarten der Erde in den tropischen Regenwäldern vorkommen, die nur noch sechs Prozent der Landoberfläche bedecken. Insgesamt sind erst etwa 15 Prozent dieser Arten genau beschrieben worden; über ihre Biologie ist immer noch sehr wenig bekannt.

Als gegen Mitte der achtziger Jahre amerikanische Botaniker und Zoologen in die noch so gut wie unerforschte Region des Chocó-Waldes, westlich der Anden in Kolumbien, eindrangen, entdeckten sie ein vermutlich neues Zentrum der Artendiversität. So fanden sich beispielsweise auf der Fläche von noch nicht einmal einer Quadratmeile schon bei den ersten flüchtigen Untersuchungen 1100 verschiedene Pflanzenarten; so gut wie jede zweite davon war für die Wissenschaftler neu. Sie vermuten, daß in der Chocó-Region mehr Tier- und Pflanzenarten zusammenleben als an jedem anderen Ort der Welt. Sie müssen sich mit ihren Forschungen beeilen, denn schon sägen holzversessene Konzerne und landhungrige Menschen auch an diesem Wald.

Der tropische Regenwald stellt mit seiner extrem hohen Diversität ein gewaltiges Reservoir genetischer Information und Möglichkeiten dar, dessen Nutzung der Wissenschaft gerade erst dämmert. Der Welt einzigartigen Gen-Pool zu erhalten und damit auch „all diese Schönheit" – dafür hat sich Professor Sioli und mit ihm inzwischen eine Heerschar anderer Wissenschaftler ganz besonders eingesetzt.

Die Arten des tropischen Regenwaldes haben neben den genetischen Strukturen, die sie wachsen lassen beim Kampf ums Überleben, eine große Menge anderer genetischer Bestandteile ausgebildet. Viele Arten sind giftig, einige davon signalisieren dies durch auffallende Warnfarben, etwa um mit raffinierten Methoden Bestäuber anzulocken oder Insekten, die Feinde bekämpfen. Das Beispiel der Passionsblumenbiologie im 4. Kapitel zeigt, daß diese „Überlebenstricks" praktisch unendlich sind. So ergaben besondere Untersuchungen, daß in den Tropen doppelt soviele Pflanzen und Tiere als in anderen, gemäßigten Klimazonen Alkaloide bilden – eine wichtige Gruppe physiologisch äußerst aktiver Chemikalien; mit ihnen machen sich etwa auch die Pfeilgiftfrösche für ihre Feinde ungenießbar.

Mehr als 40 Prozent der heute gebräuchlichen Medikamente werden aus Pflanzen, Mikroben oder Tieren gewonnen oder aus natürlichen Derivaten hergestellt. Wildwachsende tropische Heilkräuter liefern Medikamente, mit denen beispielsweise Diabetes, Bluthochdruck, Schizophrenie, Bilharziose, Leukämie, Malaria, Amöbenruhr, Asthma, Arthritis und viele andere Krankheiten behandelt werden können. Über die große Rolle, welche starke, aus tropischen Lianen und Fröschen gewonnene Gifte für die Medizin und die Anästhesie spielen, habe ich bereits berichtet. 1984 entdeckten amerikanische Biochemiker in einer einzigen Pflanze aus dem Regenwald, der *Catharanthus roseus*, sechzig verschiedene Alkaloide. Eines davon wirkt, so ergab sich zufällig, gegen Bluthochdruck, und zwei andere revolutionieren inzwischen die Therapie von Leukämie. Fünfzehn Tonnen Blätter dieser Wildpflanze sind erforderlich, um ein paar Gramm jener Substanzen zu gewinnen – ein paar Gramm, die einen Handelswert von Millionen Dollar und schließlich einen Überlebenswert für unzählige Menschen haben. 70 Prozent der dreitausend Pflanzen, die möglicherweise den Stoff gegen die Geißel der industrialisierten Menschheit, gegen den Krebs, enthalten, gehören zu Arten aus dem tropischen Regenwald.

Viele unserer heutigen Nutzpflanzen – Tomaten, Kartoffeln, Reis, Kaffee, Kakao, Bananen, Orangen, Tee, Erdnüsse, Ananas, Papaya; die Liste ließe sich fortsetzen – haben ihren genetischen Ursprung in wilden Tropenpflanzen. Heutzutage in großen Monokulturen angebaut, sind sie alle ständig gefährdet durch Parasiten und Krankheiten. Zu deren Bekämpfung benötigt die Landwirtschaft fortwährend genetisches Material aus dem Gen-Pool des ursprünglichen Lebensraumes.

Ein Beispiel auch hier nur. Ende der sechziger Jahre suchten Wissenschaftler des internationalen Reis-Forschungsinstituts auf den Philippinen in 7000 gesammelten Kornvarietäten aus Reiskulturen verzweifelt nach einem Gen, das resistent gegen eine Viruskrankheit macht, welche den Reisanbau gefährdete. Sie fanden es erst, als sie Wildreisarten untersuchten. Eine von ihnen, *Oryza nivara*, war resistent gegen das bedrohliche Virus. Doch die Samen einer Pflanzenart sind genetisch nicht alle identisch. Von den Hunderten von Samen der *O. nivara*, die das

Institut gesammelt hatte, erwiesen sich nur zwei aus einer ganz bestimmten Gegend in Indien als Träger der genetischen Information gegen die Viruskrankheit. Die Wissenschaftler ließen noch mehr Samen von der wilden Reisart sammeln, doch kein weiteres Korn war Träger des resistenten Gens. Jede Reispflanze aus der Zucht des Instituts hat daher heute ein Gen, das aus den nur zwei resistenten Körnern gezogen wurde.

Das Beispiel zeigt: Mit jeder Art, die wir ausrotten, vernichten wir genetische Reserven, die sich für ein Überleben der Menschheit als unentbehrlich herausstellen könnten. „Kann die Menschheit", so fragt inzwischen auch der WWF, „es sich überhaupt leisten, das Genpotential des tropischen Regenwaldes zugunsten von ‚Hamburgern' und von Holzschnitzeln für die Papierherstellung zu vernichten?"

Und noch etwas kann die Menschheit sich nicht leisten: Das Klima auf der Erde durch die Zerstörung der Regenwälder weithin dramatisch zu verändern. Erinnern wir uns: Der Wald hat sich im Laufe seiner langen Naturgeschichte nicht nur einen geschlossenen Nährstoffkreislauf aufgebaut, sondern auch einen weitgehend geschlossenen Wasserkreislauf. Er hat sich das Klima, das ihn erhält, selbst geschaffen. So mächtig die Flüsse auch sind, welche die großen Urwaldregionen entwässern – sie transportieren nur 25 Prozent der Wassermenge, die im Umlauf ist, zurück in den Ozean. Der weitaus größte Teil, nämlich 75 Prozent, verdunstet aus dem Wald, füllt die Regenwolken auf und schlägt sich über dem Land wieder nieder. Nur so ist es zu verstehen, daß meeresferne Regionen wie das westliche Amazonasbecken überhaupt Regen erhalten.

Dieser lebenserhaltende Kreislauf des Wassers kann nur über großen, zusammenhängenden Waldregionen funktionieren. Daraus ergibt sich für den Naturschutz ein großes Problem: Unter Schutz gestellte Urwaldparzellen sind meist viel zu klein und deshalb klimatisch nicht lebensfähig.

Diese noch jungen Erkenntnisse der Klimaforschung lassen eine ganz neue Erklärung für eine Umweltkatastrophe größten Ausmaßes zu, die in der Weltpresse unter dem Schlagwort Saheldürre nunmehr seit vielen Jahren Schlagzeilen macht. Entlang ihrem Südrand hat sich die größte Wüste der Erde, die Sahara, etwa seit dem Ende des Zweiten Weltkrieges um zweihundert Kilometer nach Süden ausgedehnt und insgesamt ein Territorium von mehr als einer Million Quadratkilometern erobert. Tag für Tag dehnt sie sich um weitere hundert Quadratkilometer aus und dringt gegenwärtig auf breiter Front schon über den eigentlichen Sahelgürtel hinaus ins tropische Westafrika vor. Millionen Menschen sind aktuell vom Hungertod bedroht, und einst blühende afrikanische Kulturen sind zu Empfängern von Hilfsgütern degradiert.

Wo einst der sommerliche Monsun alljährlich regenschwangere Wolken vom Golf von Guinea über Westafrika hinwegtransportierte, oft bis tief in die Sahara hinein, regnet es seit Jahrzehnten immer weniger. Auf den ersten Blick mag es purer Zufall sein, daß dieses Phänomen zeitlich parallel mit der Zerstörung des Regenwaldgürtels in Westafrika auftritt, nicht aber auf den zweiten. Wahrscheinlich funktionierte das Wetter über Westafrika ursprünglich ähnlich wie über Amazonien. Die Wolken zogen mit ihrer Wasserfracht vom tropischen Atlantik nach Norden. Über dem Land kondensierte der Wasserdampf und nährte als Regen den Wald. Der größte Teil kehrte vom Wald in die Atmosphäre zurück und füllte nun die Wolken auf. Wie eine gewaltige, sich wieder und wieder drehende Walze bewegte sich diese Wasserzirkulation weit nach Norden. Als dann die Wälder mehr und mehr abgeholzt wurden, kam dieser Klimakreislauf, von dem auch der Südrand der Sahara profitiert hatte, zum Erliegen.

Während der Weltklimakonferenz 1979 in Genf war es eines der wichtigsten Diskussionsthemen: Die Atmosphäre und die Ozeane heizen sich seit

Mitte des 19. Jahrhunderts – etwa seit dem Beginn der industriellen Revolution– langsam, aber stetig auf. Inzwischen sind sich die Wissenschaftler weitgehend darüber einig, daß der globale Temperaturanstieg durch Kohlendioxid verursacht wird. Mit 0,035 Prozent, das sind immerhin mehr als 2,5 Billionen Tonnen, ist dieses lebenswichtige Gas gegenwärtig an der Zusammensetzung der irdischen Lufthülle beteiligt.

Vor 130 Jahren war der Kohlendioxidgehalt der Atmosphäre noch um ein Fünftel niedriger. Aber seit Beginn der industriellen Revolution quillt das Gas aus Millionen Fabrik- und Hausschornsteinen, strömt aus Schloten von Kohlekraftwerken, wird von Automotoren und Düsentriebwerken ausgestoßen.

Kohlendioxid und Wasser sind die anorganischen Grundsubstanzen der pflanzlichen Photosynthese und die Endprodukte bei der Verbrennung der daraus entstandenen kohlenstoffhaltigen Substanzen wie Kohle, Erdöl, Erdgas und Holz. Während der Verbrennung verbindet sich der Kohlenstoff wieder mit einem Stoffwechselabfallprodukt der Photosynthese, dem Luftsauerstoff, zu Kohlendioxid. Ähnliches geschieht bei der Verrottung kohlenstoffhaltiger organischer Materie, wenn Sauerstoff hinzutritt – das ist im Ergebnis nichts anderes als eine langsame Verbrennung.

Messungen amerikanischer Wissenschaftler am 4171 Meter hohen Mauna Loa auf der Insel Hawaii seit 1958 ergaben, daß jedes Jahr rund zehn Milliarden Tonnen Kohlendioxid zusätzlich in die Atmosphäre gelangen. Das ist etwa die Hälfte dessen, was durch Aktivitäten des Menschen – großenteils durch Verbrennen fossiler Energien – freigesetzt wird. Fast die gesamte andere Hälfte regnet in die Ozeane ab, deren Kohlendioxidgehalt somit ebenfalls ständig wächst.

Was sich in Hunderten von Millionen Jahren als fossile Brennstoffe gebildet hat, wird nun von wenigen Menschengenerationen verbrannt und als Kohlendioxid in die Umwelt freigesetzt.

Der Druck der Überbevölkerung auf Borneo führt dazu, daß die Bauern den Regenwald an immer steileren Berghängen roden. Doch ihr Gewinn ist nur von kurzer Dauer. Die schweren Regenfälle spülen die Nährstoffe fort und bringen den Boden ins Rutschen

Und das ist das Problem. Denn dieses Kohlendioxid kann gar nicht so schnell durch die Pflanzen aufgenommen werden, wie es anfällt.

In der Atmosphäre wirkt Kohlendioxid wie ein Filter. Für den sichtbaren Bereich der Sonnenstrahlung ist es durchlässig, so daß sie die Erde erwärmen kann. In umgekehrter Richtung jedoch absorbieren die Kohlendioxidmoleküle einen großen Teil der in längeren Wellen schwingenden Infrarotstrahlung, die von der Erdoberfläche in den Weltraum zurückgestrahlt wird. Es kommt also zu einem Wärmestau in der unteren Atmosphäre wie unter einer Glasglocke. Da die Scheiben eines Gewächshauses ähnlich wirken, wird dieses physikalische Phänomen als Treibhauseffekt bezeichnet. Je mehr Kohlendioxid sich in der Atmosphäre ansammelt, desto wärmer wird es auf der Erde. Dadurch aber drohen die polaren Eiskappen abzuschmelzen. Träte dieses Ereignis ein, dann würde der Spiegel der Weltmeere um viele Meter ansteigen und riesige tiefliegende Teile der Kontinente, ganze Länder wie Holland oder Landstriche wie die norddeutsche Tiefebene, würden im Meer versinken. „Die Menschheit ist ungewollt dabei", so einer der besten Kenner des Problems, der Amerikaner Roger Revelle, „ein gewaltiges geophysikalisches Experiment durchzuführen, das ihr schweren Schaden zufügen könnte."

Unmittelbar nach dem Ölpreisschock von 1973 machten Wissenschaftler eine rätselhafte Beobachtung: Der Ausstoß von Kohlendioxid halbierte sich wegen des sinkenden Ölverbrauchs, doch der Gehalt des Gases in der Atmosphäre stieg trotzdem, und zwar sogar noch stärker. Wie war das zu erklären? Die Lösung war erschreckend: Als Hauptursache für die Zunahme des Kohlendioxids erwies sich die weiträumige Zerstörung der tropischen Regenwälder. 200 000 Quadratkilometer gefällter, brennender und verrottender Urwälder pro Jahr setzen derzeit – so der führende Experte, der Amerikaner Georg W. Woodwell – mehr Kohlendi-

Wo einst ausgedehnte Regenwälder wuchsen – wie hier auf den Philippinen – hat das Zerstörungswerk des Menschen auf Dauer nur kahle Berge hinterlassen. Weltweit entstehen auf diese Weise alle zwei Jahre neue Wüsten von der Größe der Bundesrepublik

oxid frei als der Verbrauch aller fossilen Brennstoffe zusammen.

Oft werden die tropischen Regenwälder als Sauerstoffproduzenten, als eine Art „Grüner Lunge" unseres Planeten, beschrieben. Den Sauerstoff-Kohlenstoff-Kreislauf, durch die Photosynthese in Gang gesetzt, habe ich im 2. Kapitel dargestellt. Betrachtet man diesen Kreislauf nur an einer einzigen Baumgeneration, so ergibt der Sauerstoffgewinn für die Atmosphäre Null. Den Platz eines abgestorbenen Baumes nimmt aber unverzüglich ein neuer ein, welcher das freigesetzte Kohlendioxid über die Photosynthese sozusagen erbt. Durch die Abfolge unzähliger Baumgenerationen wird so ständig ein Kohlenstoffreservoir in den lebenden Bäumen gebunden: 1760 Milliarden Tonnen Kohlenstoff sind auf diese Weise in der Biosphäre gespeichert – der weitaus größte Teil davon in den Tropenwäldern. Entsprechend groß ist die Menge des durch die Pflanzen in der Atmosphäre aufgebauten Sauerstoffreservoirs.

Mit den tropischen Regenwäldern, wie wir sie heute kennen, erschuf sich die Erde so ein neues Organ, das nicht nur gewaltige Wassermengen auf ansonsten sehr viel trockeneren Kontinenten bindet, sondern auch Kohlendioxid abpuffert und Sauerstoff übrigläßt. Wird aber, wie gegenwärtig, das über lange erdgeschichtliche Perioden stabile Kohlenstoffreservoir der Tropenwälder zerstört, so verbindet sich der Luftsauerstoff mit dem Kohlenstoff der verbrennenden oder verrottenden Substanz endgültig: eben zu Kohlendioxid. Die landwirtschaftlichen Kulturen, die den Wäldern folgen, verarbeiten nur einen Bruchteil des Kohlendioxids, das die Wälder zu binden vermochten.

Zunächst bestand die Hoffnung, daß das erhöhte Nährgasangebot und die damit einhergehende Erwärmung wenigstens jene Wälder besser gedeihen lassen würde, die im gemäßigten und subarktischen Klimagürtel der Erde wachsen und nicht durch Raubbau gefährdet sind. Aber diese Hoffnung trog, denn aus den Verbrennungsanlagen von Industrie und Haushalten quillt nicht nur Kohlendioxid, sondern auch Schwefeldioxid, das den Sauren Regen produziert, der auch diese Wälder angreift. Ebenso erwies sich die Ansicht von Agrarexperten als falsch, daß der steigende Kohlendioxidgehalt der Luft als „Dünger" wirke, der die Ernteerträge in der Dritten Welt steigern könne. Dazu fehlt nämlich weithin das Wasser. Mit dem Tod der Regenwälder dörren ja auch die Kontinente aus.

Was wir mit den Regenwäldern machen, ließe sich mit einem Menschen vergleichen, der sich langsam vergiftet und sich dann selbst noch die Leber entfernt, also das Organ, das diese Gifte aufnehmen und neutralisieren könnte.

Die Forderung vieler Naturschützer, die verbliebenen Regenwälder von sofort an nicht mehr anzutasten, ist völlig gerechtfertigt – aber leider auch eine unerreichbare Illusion. Solange das Hauptproblem einer wirkungsvollen Geburtenkontrolle nicht gelöst ist, wird sich die Menschheit ungezügelt weitervermehren. Tropische Länder wie Brasilien und Indonesien müssen jedes Jahr etliche Millionen Menschen mehr unterbringen und ernähren. Mit dem Mut der Verzweiflung werden viele ihrer Einwohner den Urwald immer wieder angreifen. Eine wahrlich gigantische Erdkatastrophe, eine Art Selbstmord der Menschheit, scheint unausweichlich. Ein Hoffnungsschimmer wäre, wenn sich durch die Potenzierung verschiedenster Egoismen ökologisch sinnvolle Wirtschaftsformen ergäben, mit denen sich ein Teil des Regenwaldes produktiv und dauerhaft nutzen ließe, um einen anderen Teil unangetastet lassen zu können. Das wiederum läßt sich nur durch einen weitgehenden Bann fremder, importierter Wirtschaftsformen zugunsten ursprünglicher, in den Tropen selbst entstandener Agrarkulturen erreichen.

Solche Kulturen gibt es. Als Europa noch in geschichtlichem Dunkel lag, blühte in den Regenwäldern Mittelamerikas das Reich der Maya mit vielen erstaunlichen zivilisatorischen Errungenschaften, die in der Alten Welt noch unbekannt waren. Auf dem Höhepunkt dieser kulturellen Entwicklung im 8. Jahrhundert ernährte die hochstehende Landwirtschaft der Maya aus der tropischen Umwelt 14 Millionen Menschen. Etwa im 10. Jahrhundert jedoch, lange vor Ankunft der Weißen, endete diese Hochkultur aus nie ganz geklärten Umständen. Die Tempelstädte mit Opferstätten für die Götter des Regens und des Waldes wurden vom Urwald überwuchert. Das Volk der Maya aber hatte Nachfahren.

Im 16. Jahrhundert begann der zweihundert Jahre lange Raub- und Vernichtungsfeldzug der Spanier durch das verfallene Reich der Maya. Deren Nachfahren wurden getötet oder als Sklaven in die Plantagen der neuen Herren verschleppt. So wäre das Wissen um die Landbaumethoden der Maya fast verlorengegangen, hätte es nicht eine kleine Gruppe der Maya-Nachfahren, die Lacandonen, gegeben, deren Agrarkultur tief in den Wäldern Yucatans überlebte. Ihnen verdanken wir die Kenntnis, wie ihre Ahnen die tropische Umwelt genutzt hatten, ohne sie zu zerstören.

Die Lacandonen betreiben ihre Landwirtschaft erfolgreicher und effizienter als alle zugezogenen Kolonisten, Geschäftsleute und Agrarexperten. Zu Jahresbeginn roden sie an ganz bestimmten Stellen des Waldes eine kleine, einen bis zwei Hektar große Lichtung, die sie Milpa nennen. Bei der Wahl unterscheiden sie genau zwischen sieben verschiedenen Bodentypen, von denen sich nur drei für die Landwirtschaft eignen. Die jeweilige Qualität des Bodens erkennen die Waldbauern an der Vegetation. Wo beispielsweise Mahagoni- und Zedernbäume wachsen, hat der Boden zu viel Staunässe für den Feldbau. Ramon- und Ceilabäume dagegen zeigen einen nährstoffreichen und gut entwässerten Boden an. Im April wird die inzwischen abgetrocknete Rodung in Brand gesteckt. Die Asche düngt das Feld.

Um die Erosionsgefahr zu bannen, die durch die Lücke im Kronendach entstanden ist, und um die Energie der nun ungehindert einfallenden Sonnenstrahlen zu brechen, pflanzen die Waldbauern zuerst schnellwüchsige große Stauden wie Bananen und Papayabäume an, ferner wurzelreiche Pflanzen wie Taro und Süßkartoffeln, die den Boden verankern. Ein paar Wochen später wird dann Maissaat mit Hilfe eines Grabstocks in den Boden gebracht.

Insgesamt halten die Lacandonen etwa achtzig Pflanzenarten unter Kultur: Bohnen, Zwiebeln, Kartoffeln, Ananas, Tomaten, Ingwer, Maniok, Erdnüsse, Reis, Zuckerrohr, Chili, Pfefferminze, Fenchel, Melonen, Zitronengras, Tabak, Pflaumen, Guaven, Avocado, Kakao, Äpfel, Zitronen, Lemonen, Orangen, Grapefruit, Baumwolle, dazu viele Gewürz- und Heilkräuter. Die Kenntnis um die diffizile Vielfalt der Frucht- und Holzgewächse hat die Lacandonen immer wieder beflügelt, mit der Natur, die sie ernährt und kleidet, stets in Einklang zu leben und nicht, wie die herrschaftsbewußten Menschen aus Europa, sie zu unterwerfen. So ist es ihnen gelungen, Land- und Forstwirtschaft zu einem vielfältigen Ganzen zu verbinden.

Wann es Zeit für die Aussaat ist, lesen die Lacandonen an ihrer Umwelt ab. Wenn beispielsweise der Tamarindbaum im Wald blüht, wissen sie, daß der Tabak ausgebracht werden muß. Diese Methode ist jedem starren Pflanzkalender überlegen, da sie die natürlichen Schwankungen von Regenfall und Temperatur, die auch den Wachstumsrhythmus des Waldes steuern, berücksichtigt.

Die Regenwaldbauern imitieren in ihren Kulturen weitgehend die Dichte, die Diversität und den Stockwerksbau des tropischen Regenwaldes. Keine ihrer Pflanzen wird in Monokultur angebaut, sondern ist immer Bestandteil einer komplexen Mischung. So lassen sich die Nährstoffe optimal nutzen, und Pflanzenkrankheiten sowie Parasiten können sich nicht ausbreiten. Reste von geernteten Pflanzen werden verbrannt, die Asche wird sorgfältig in die Kulturen eingebracht.

Die Mayas opferten in ihren Tempeln den Göttern des Regens und des Waldes. Sie hatten die Abhängigkeit ihrer Existenz von ihrer Umwelt begriffen. Dieses Millionenvolk verstand es, eine hohe Kultur zu entwickeln, ohne das grüne Universum zu zerstören

Bei dieser Art Landbau beschatten Fruchtbäume unterschiedlich hohe Stauden wie Tomaten, Mais und Tabak. Der Boden darunter ist bedeckt mit Melonen und Bohnen sowie den oberirdischen Teilen von Knollengewächsen, die sozusagen den Keller der vielstöckigen Kulturen bilden. Wie im Regenwald drumherum ist auf den Feldern der Lacandonen nichts dem Zufall überlassen. Jede Art in dem Nutzpflanzenmosaik steht an dem Ort, der ihren Ansprüchen an Boden, Wasser, Licht und Schatten entspricht; jede Pflanze steht auch mit einer anderen in natürlicher gedeihlicher Wechselbeziehung. Die Bauern haben all das durch genaues Beobachten ihrer Umwelt und durch Versuch und Irrtum über Jahrhunderte gelernt. Im Alter von zehn Jahren kann ein Lacandonenkind bereits Art und Nutzen Hunderter verschiedener Pflanzen unterscheiden.

Die Produktionskraft der Milpas ist enorm. Auf einer Fläche von einem Hektar lassen sich 600 Kilogramm Getreide und etwa noch einmal die gleiche Menge an Knollen, Gemüse und Früchten im Jahr ernten. Mit ihrer ökologischen Anbaumethode gelingt es den Lacandonen, die Produktionskraft ihrer Milpas bis zu sieben Jahre lang zu erhalten. Erst dann fallen sie wieder dem Urwald anheim. Doch auch die Rückkehr des Waldes steuern diese Ökobauern ein wenig in ihrem Sinne. Sie pflanzen Gummi-, Kakao-, Rahmapfel-, Kaugummi- und Mango-Bäume sowie solche, deren Laub ihren Haustieren als Futter dient.

Diese verwildernden Fruchtgärten der Maya-Abkömmlinge, von denen Besucher immer wieder begeistert als „Orchideen-Gärten" sprechen, werden zur Heimstatt vieler Tierarten, die zu bestimmten Zeiten ihres Lebenszyklus hier oft häufiger anzutreffen sind als im umliegenden Wald.

Während die Lacandonen nun eine andere Milpa bewirtschaften, besuchen sie die alte viele Jahre lang, um zu jagen und Früchte und Fasern von den angepflanzten Waldbäumen zu ernten. Dann, nach bis zu zwanzig Jahren, kehren die Waldbauern auf die inzwischen völlig verwilderte Milpa zurück. Im Gegensatz zu anderen Brandrodungsagrariern, etwa den Waorani in Ecuador, ist der Nutzungszyklus der Lacandonen so produktiv und zugleich so schonend für die Umwelt, daß sie mit einem System von wenigen Milpas auskommen und also nicht immer weiter jungfräulichen Wald zu roden brauchen.

Aber auch diese wohl einzigartigen Fruchtgärten der Maya-Nachfahren und mit ihnen das ganze nicht viel mehr als 400 Köpfe zählende Völkchen selbst sind neuerdings in ihrer Existenz akut bedroht. Eine staatlich verordnete „Landreform" erlaubt den kommerziellen Holzeinschlag größten Stils und treibt landlose, unerfahrene, raubbauende Kolonisten sowie skrupellose Rinderzüchter aus den armen, an Überbevölkerung erstickenden Landesteilen in den Wald der Lacandonen.

Es ist fünf Sekunden vor Zwölf. Doch noch ist es nicht zu spät, die einzigartige, auch für den tropischen Regenwald zukunftsverheißende Agrarkultur der Lacandonen zusammen mit anderen, von Archäologen rekonstruierten Landbaumethoden der Mayas – Terrassenbau, Bewässerung trockener Gebiete und hochentwickelte Aquakulturen in Sümpfen – weiterzuentwickeln. Eine Alternative gibt es nicht, wollen wir eine in der Geschichte der Menschheit beispiellose ökologische Katastrophe noch zu verhindern versuchen.

Zu alledem muß, wie bereits schon für viele Tiere durch das Washingtoner Artenschutzabkommen von 1973, ein international wirksames Ein- und Ausfuhrverbot für gefährdete Tropenhölzer geschaffen werden. Auch sie sind nämlich keine Rohstoffe, sondern Bestandteile einer lebenden Welt. Der tropische Regenwald darf nicht zur Beute der Industrienationen werden, denn er ist eben nicht, wie es gutgläubigen Konsumenten etwa durch die Firma Danzer weisgemacht wird, in erster Linie die Lebensgrundlage der Furnierindustrie, sondern als Teil des Organismus Erde die Lebensgrundlage der ganzen Menschheit.

Die bedrohliche Zerstörung der Artenvielfalt unserer Erde geht einher mit einem kulturellen Verfall. Der Ursprung dieser verhängnisvollen Entwicklung liegt im biblischen Herrschaftsanspruch des Abendlandes, dessen Menschen immer noch zwischen sich und der Natur unterscheiden: „Macht euch die Erde untertan." Viele der Kulturen, die weiße Menschen im Zeichen des Christentums eroberten und zerstörten, hatten diesen verhängnisvollen Dualismus nicht. Das Gedicht eines nordamerikanischen Hopi-Indianers drückt es aus: „Ich bin das Land, meine Augen sind der Himmel, meine Glieder die Bäume, ich bin der Fels, die Wassertiefe. Ich bin nicht hier, um die Natur zu beherrschen oder sie zu nutzen, ich bin selbst Natur."

Stichwort-Verzeichnis
(Kursive Seitenzahlen verweisen auf Bilder)

Stichwort-Verzeichnis

Literatur zum Thema

Andreae, B.
Die Bodenfruchtbarkeit in den Tropen
Parey, Hamburg-Berlin, 1965

Ayensu, E.S. (Hrsg.)
Der Dschungel
Smithsonian Institution, Washington; Christians Verlag, München, 1981

Beck, L.
Droht ein Kreislaufkollaps?
Bild der Wissenschaft, 1974

Bünning, E.
Der tropische Regenwald
Springer, Berlin-Göttingen-Heidelberg, 1956

Caufield, C.
In the Rainforest
Alfred A. Knopf, New York, 1985

Fittkau, E.J.
Urwälder der Tropen
Grzimeks Tierleben – Die Umwelt der Tiere
Kindler, München, 1980

Fogden, M. u. P.
Farbe und Verhalten im Tierreich
Herder, Freiburg-Basel-Wien, 1975

Forsyth, A./ Miyata, K.
Tropical Nature
Charles Scribner's Sons, New York, 1984

Fränzle, O.
Der Wasserhaushalt des amazonischen Regenwaldes und seine Beeinflussung durch den Menschen.
Amazoniana 6, 21 – 46

Gilbert, L.E.
The Coevolution of a Butterfly and a Vine
aus: Scientific American, August 1982

Grabert, H.
Der Amazonas – Geschichte eines Stromes zwischen Pazifik und Atlantik
Natur und Museum, März 1983 Band 113 Heft 3, Senckenbergische Naturforschende Gesellschaft, Frankfurt am Main

Hueck, K.
Die Wälder Südamerikas
Fischer, Stuttgart, 1966

Karata, S.
Nepenthes of Mount Kinabalu
Sabah National Parks Trustees Publications, Kota Kinabalu, Sabah

Lack, E. u. W.
Ein Kontinent wird entdeckt – Pflanzen von Kapitän Cooks erster Weltreise
Kleine Senckenberg Reihe Nr. 14, Senckenbergische Naturforschende Gesellschaft, Frankfurt am Main

Mitchell, A./ Johnson, H.
Die Wälder der Welt
Hallwag, Bern, 1981

Myers, C.W./ Daly, J.W.
Dart-Poison Frogs
aus: Scientific American, Februar 1983

Perry, D.R.
Die Kronenregion des tropischen Regenwaldes
aus: Spektrum der Wissenschaft, Januar 1985

Richards, P.W.
The tropical rain forest
University Press, Cambridge, 1954

Strauss, C.L.
Traurige Tropen
Suhrkamp, Taschenbuch Wissenschaft 240, 1982

– Time Life
Borneo/Die Wildnisse der Welt
Time Life International, 1975

– Time Life
Der Amazonas/Die Wildnisse der Welt
Time Life International, 1973

– Time Life
Ureinwohner des Amazonas-Regenwalds
Die Yanomami
Time Life Amsterdam, 1982

Vareschi, V.
Vegetationsökologie der Tropen
Ulmer, Stuttgart, 1980

Walter, H.
Die Vegetation der Erde
in: öko-physiologische Betrachtung, VEB Verlag Gustav Fischer, Jena, 1973

Weischet, W.
Die ökologische Benachteiligung der Tropen
Teubner, Stuttgart, 1977

Whitmore, T.C.
Tropical rain forests of the Far East
Oxford Science Publications, Clarendon Press, Oxford, 1984

Whittle, T.
Pflanzenjäger
Prestel-Verlag, München, 1971

Bildnachweis

Anordnung im Layout: l. = links, r. = rechts, o. = oben, m. = Mitte, u. = unten

Für seine Beratung bei der Beschaffung und Auswahl von Bildern gebührt Herrn Dr. H.W. Lack vom Botanischen Institut in Berlin besonderer Dank.

Grafische Sammlung Albertina: 39 (2)
Jörg P. Anders: 43 u.
Heather Angel/Biofotos: 116 (1)
Michael J. Balick: 133 o. (2)
Bruno Barbey/Magnum: 136/137
Bayerische Verwaltung der staatl. Schlösser u. Seen: 51
BBC Hulton Picture Library: 59 o., 60 o.
G.J. Bernard/Oxford Scientific Films: 244
Bibliothek des Botanischen Museum Berlin-Dahlem: 20, 21, 24, 25, 40/41 u., 44, 47, 50
Bildarchiv Preußischer Kulturbesitz: 53, 161
S.C. Bisserot: 170, 187, 189 (1)
Jakob Bogenberger: 117 (1)
Ken Brate/Photo Researchers Inc.: 59 r. u.
British Museum (Natural History): 57 r. m. und u.
René Burri/Magnum: 157
Jacques Burlot/Gamma: 354/355
James H. Carmichael/Bruce Coleman Inc.: 125 (1)
James H. Carmichael/NHPA: 124 (2), 125 (1)
Jean L. Charmet: 45 o. und m.
Waina Cheng/Bruce Coleman Ltd.: 124 (1)
Waina Cheng/Oxford Scientific Films: 165 o.
Brian Coates/Bruce Coleman Ltd.: 18, 125 (1), 190
Alain Compost/Bruce Coleman Ltd.: 89 r. u., 96, 168 (1), 214 o.
J.A.L. Cooke/Oxford Scientific Films: 168 (1), 267 u.
Thomas W. Davies: 168 (1), 172 r., 189 (1), 221 (1)
P.J. DeVries/Seaphot/Planet Earth Pictures: 168 (1), 230 (2)
Hans D. Dossenbach: 30 o., 72/73, 117 (1), 121, 156 r. o., 168 (1), 182 (3), 188/189, 205
Victor Englebert: 284/285, 290/291 o., 304/305, 307 o. (1), 346 m. und u., 347 (2)
Mary Evans Picture Library: 48, 49 m., 56 o., 59 r. m.
Douglas Faulkner/Photo Researchers Inc.: 66/67
Klaus Fiedler: 116/117 (2), 124 (1), 195, 247 r. o., 290/291 u.
Michael Fogden: Umschlag: l. o., l. u., r. u., 31 o., 59 l. m., 124 (2), 125 (1), 151, 154, 168 (1), 182/183, 189 (2), 210 u., 217 u. (2), 220 (1), 223 l. u., 224/225 o., 229 u., 236, 237 o., 238 r., 247 m. o., 267 o., 370/371
Michael Fogden/Animals Animals: 178/179, 202 r., 207
Michael Fogden/Bruce Coleman Inc.: 16/17, 30 u., 180/181, 189 (1), 224 u., 229 o., 234, 234/235
Michael Fogden/Bruce Coleman Ltd.: 202 m., 203, 223 l. m., 225 l. u.
Michael Fogden/Earth Scenes: 22/23, 133 r. u., 245
Michael Fogden/Oxford Scientific Films: 202 l., 232 r. o.
Roy P. Fontaine/Photo Researchers: 199
Guy P. de Foy: 308/309, 342/343 (5)
Peter Frey: 291 o., 312/313, 328/329, 330/331, 332/333, 334/335, 334 (1)
Michael Friedel: 352/353, 366/367
C.B. & D.W. Frith: 32/33, 125 (1), 247 l. o.
C.B. & D.W. Frith/Bruce Coleman Inc.: 74/75, 189 (1)
C.B. & D.W. Frith/Bruce Coleman Ltd.: 186
Frithfoto/Bruce Coleman Ltd.: 149 l., 172 l.
Toyoni Fukuda/Discover Magazine/Time Inc.: 92/93, 94 r. u.
Uwe George: Umschlag: r. o., 14/15, 28/29, 64/65, 89 l. u., 100 l. (2), 110/111, 112/113, 116 (1), 118/119, 122/123, 125 (1), 126/127, 131 (2), 148, 153 u., 156 r. u., 223 r. u., 232 l., 247 m. r., 257 l. und r. o., 259, 260, 262, 262/263, 311
Georg Gerster: 90/91
Georg Gerster/Photo Researchers: 346 o.
The Hon. Clive and Mrs. Gibson: 40 r. m.
D. Gillison/Magnum: 302/303, 306 o. (1)
François Gohier/Ardea: 26/27, 149 r. m.
Manfred Grohe: 242/243
Robin Hanbury-Tinison/Robert Harding Picture Library: 306 o. (1)
Robert Harding Picture Library: 55 o.
J. Hobday/Natural Science Photos: 125 (1)
Carol Hughes/Bruce Coleman Inc.: 152 (2)
Carol Hughes/Bruce Coleman Ltd.: 31 u.
Hunt Institute for Botanical Documentation: 42 l. u.
Ibero-amerkanisches Institut/Preußischer Kulturbesitz: 109, 241, 271, 294 (3), 301
Walter Imber: 340
M.P. Kahl/Bruce Coleman Inc.: 106/107
Robert S. Kennedy/Free Ltd.: 171
Malcom S. Kirk: 194, 306 o. (1)
Keith + Liz Laidler/Ardea: 176/177, 176 u.
Frans Lanting: 57 l. u.
Frans Lanting/Photo Researchers Inc.: 56 u.
Till Leeser/Bilderberg: 356/357
Eric Lindgren/Adrea: 191
Linga Bibliothek: 43 o.
The Linnean Society of London: 42 r. u.
Gordon Longsbury/Bruce Coleman Inc.: 156 l.
Shinzo Maeda/The Image Bank: 10/11
Guido Mangold: 6/7, 68/69
L.C. Marigo/Bruce Coleman Ltd.: 147
John L. Mason/Ardea: 35, 124 (1), 168 (1)
Aus Anton W. v. Maurilaun: Pflanzenleben: 63
Bildagentur Mauritius/Cash: 133 l. u.
C. McDougal/Ardea: 364/365
Loren A. McIntyre: 114/115, 149 r. o., 166/167, 252/253, 272/273, 274/275, 276/277, 278/279, 280/281, 288 (2), 293, 295, 296/297, 299, 306/307 u., 306/ 307 o. (3), 310, 316/317, 318/319
Peter Menzel: 116/117 u., 116 (1), 125 (1)
Harald Mertes: 334 (6)
Claus C. Meyer/Black Star: 282/283
Museum beim Solenhofer Aktien-Verein: 107 r.
National Library of Australia: 40 o.
National Maritime Museum London: 40 l. m.
National Portrait Gallery: 55 u., 60 u.
Natural Science Photos: 237 u.
Arnold Newman: 124 (1), 307 o. (1)
Donald R. Perry: 174/175, 209, 210 o. und l. m., 211 (2), 216
Carsten Peter: 12/13, 116 (1)
Ivan Polunin: 83, 89 o., 90 l. o., 92 l., 94 l., 94/95 o., 95 u., 98, 99, 101 (4), 102 l., 103, 105 l., 116 (1), 120, 136 l., 140 l. u., 162, 172/173, 176 r. o., 192/193 o., 210 r. m., 247 m. l. und r. u., 248 (3), 250/251 o. (4), 257 r. u., 261
Ivan Polunin/NHPA: 90 l. u., 100 r., 246/247, 250/251 u.
K.G. Preston-Mafham/Premaphoto Wildlife: 140 l. o., 164 o., 168 (1), 232 r. u.
M.P. Price/Bruce Coleman Ltd.: 37
H. Rivaroca/Bruce Coleman Ltd.: Umschlag: u. m.
Ann Ronan Picture Library: 42 o., 49 o. und u., 52 l. (2)
E.S. Ross/California Academy of Sciences: 125 (1), 140 l. m. o., 142 u., 143, 164 u., 165 u., 168 (1), 192/193 u., 220/221 (5), 227 u., 248 (1), 265 (2), 296 l.
Kjell B. Sandved/Smithsonian Institution: Vorsatz vorn und hinten, 19, 38, 117 (1), 124/125, 124 (2), 125 (1), 153 o. und m., 162/163, 168 (1), 220/221 (3), 225 r. u.
Keith Scholey/Seaphot/Planet Earth Pictures: 70/71
Peter Scoones/Seaphot/Planet Earth Pictures: 81
Nancy Sefton/Photo Researchers Inc.: 105 r.
Senckenbergische Bibliothek: 5
Karlheinz Senghas: 46
Hans W. Silvester/Rapho: 314/315, 320/321, 322/323, 324/325, 326/327, 351
Lynn M. Stone: 76/77
Studio André aus Musée Baron Martin à Gray: 45 u.
K.H. Switak/NHPA: 172 o.
Medford Taylor/Black Star: 176 l. o.
David Thompson/Oxford Scientific Films: 223 l. o.
Merlin D. Tuttle: 184/185, 218
Karen Tweedy-Holmes/Animals Animals: 168/169
Jean-Philippe Varin/Jacana: 248/249
Peter Ward/Bruce Coleman Ltd.: 140 l. m. u., 215, 223 r. o. und r. m., 227 o., 231
Adrian Warren/Ardea: 178
Wardene Weisser/Ardea: 189 (1)
Günter Ziesler: 8/9, 140/141, 217 o., 220/221 (2), 291 r. m.
Günter Ziesler/Bruce Coleman Ltd.: 57 o.

Karte:
Günther Edelmann: 144/145

Illustrationen:
d. & d.–Grafik, Diercks + Giltmann: 78/79, 128/129, 142 o., 149 r. u., 155, 156 m., 196/197, 213, 214 u., 238 l., 239, 254/255

BÜCHER VON GEO Bisher in gleichem Format und gleicher Ausstattung erschienen:

Uwe George
Die Wüste
Vorstoß zu den Grenzen des Lebens.
356 Seiten mit 270 Farbfotos.
ISBN 3-570-01665-X
Ausgezeichnet mit dem Kodak-Fotobuchpreis

Joachim W. Ekrutt
Die Sonne
Die Erforschung des kosmischen Feuers.
368 Seiten mit 274 Farbfotos.
ISBN 3-570-01720-6

Peter-Hannes Lehmann/ Jay Ullal
Tibet
Das stille Drama auf dem Dach der Erde.
374 Seiten mit 357 Farbfotos.
ISBN 3-570-01721-4

Peter Schille/ Hans W. Silvester
Bedrohte Paradiese
Erkundungen in Europas schönsten Naturreservaten.
350 Seiten mit 287 Farbfotos.
ISBN 3-570-04955-8
Ausgezeichnet mit dem Kodak-Fotobuchpreis

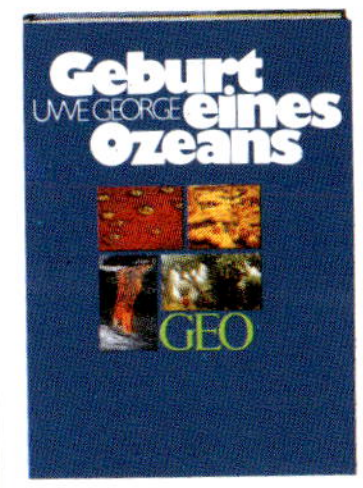

Uwe George
Geburt eines Ozeans
362 Seiten mit 278 Farbfotos.
ISBN 3-570-07030-1
Ausgezeichnet mit dem Kodak-Fotobuchpreis

Loren A. McIntyre
Die amerikanische Reise
Auf den Spuren Alexander von Humboldts.
368 Seiten mit 378 farbigen Abbildungen.
ISBN 3-570-07029-8

Erwin Lausch
Der Planet der Meere
Forscher entschlüsseln die Geheimnisse der Tiefe.
382 Seiten mit 440 farbigen Abbildungen.
ISBN 3-570-02058-4

Dankwart Grube/ Thomas Höpker
Die New York-Story
Wie aus Mannahatin eine Weltstadt wurde.
384 Seiten mit 483 meist farbigen Abbildungen.
ISBN 3-570-02056-8
Ausgezeichnet mit dem Kodak-Fotobuchpreis

Rolf Bökemeier/ Michael Friedel
Verlorene Menschen
Begegnungen mit Völkern, die es morgen nicht mehr gibt.
348 Seiten mit 280 Farbfotos.
ISBN 3-570-04742-3
Ausgezeichnet mit dem Kodak-Fotobuchpreis

Wolf Schneider/ Guido Mangold
Die Alpen
Wildnis – Almrausch – Rummelplatz.
364 Seiten mit 304 farbigen Abbildungen.
ISBN 3-570-02380-X

Eine neue Reihe
Paperback in Farbe
Format 14×21 cm

Egmont R. Koch/ Fritz Vahrenholt
Die Lage der Nation
Umwelt-Atlas der Bundesrepublik. Daten, Analysen, Konsequenzen.
464 Seiten mit 197 farbigen Karten, Diagrammen, Tabellen sowie 176 Farbfotos.
ISBN 3-570-03870-X

Georg Meister/ Christian Schütze/ Georg Sperber
Die Lage des Waldes
Ein Atlas der Bundesrepublik. Daten, Analysen, Konsequenzen.
352 Seiten mit 100 farbigen Karten, Diagrammen, Tabellen sowie 152 Farbfotos.
ISBN 3-570-02141-6

Egmont R. Koch
Die Lage der Nation 1985/1986
Umwelt-Atlas der Bundesrepublik. Daten, Analysen, Konsequenzen.
464 Seiten mit 243 farbigen Karten, Diagrammen, Tabellen sowie 349 Farbfotos.
ISBN 3-570-06705-X

Der Flügel des in Neuguinea heimischen Falters
Glina icarus unter dem Mikroskop